KURT VON WOLFURT   TSCHAIKOWSKI

KURT VON WOLFURT

TSCHAIKOWSKI

ATLANTIS

ZWEITE AUFLAGE 1978

ATLANTIS MUSIKBUCH-VERLAG ZÜRICH/FREIBURG I. BR.
© 1978 ATLANTIS MUSIKBUCH-VERLAG AG, ZÜRICH
UMSCHLAG: HANS FREI, ZÜRICH
DRUCK: FRANZ WEIS KG, FREIBURG I. BR.
ISBN 3 7611 0290 9   PRINTED IN GERMANY

Dem Andenken
meines alten Freundes
Walter von Holst
gewidmet

„Die Vergangenheit bedauern, auf die Zukunft hoffen und nie mit der Gegenwart zufrieden sein, das ist mein Leben."

(Aus einem Briefe Tschaikówskis)

Inhalt

Mütterchen Rußland	9
Beginn einer Freundschaft	14
Armut und Reichtum im Leben einer russischen Frau	19
Kindheits- und Jünglingsjahre	23
Zehn Jahre Moskauer Konservatorium	27
Mussórgski und die anderen Mitglieder des „Mächtigen Häufleins"	35
Tolstói	47
Ein politisches Zwischenspiel	49
Wagner und Mozart	51
Eros und Liebe — Die Katastrophe einer Heirat	55
Hochherziges Mäzenatentum	73
Skeptizismus und Religion	79
Langsame Genesung	82
Konflikt mit dem „Musikgewaltigen"	88
Himmlische und irdische Liebe	91
„Meinem besten Freunde" (Vierte Sinfonie)	93
Über das Wesen der Inspiration	99
Inniges Verständnis und überschwengliche Herzensergießungen	103
„Stinkende Musik"	109
Zwei Wochen in Brailoff	111
Abschied vom Konservatorium	117
Über den Schaffensprozeß	133
Erstes Idyll in Florenz	142

Erneute Begegnung in Paris 154
Aufführung des Eugén Onégin — Zweites Idyll
in Simáki 161
Ein Liebesgeständnis 179
Der ewige Wanderer 184
Debussy 199
Ouvertüre 1812 — Serenade 206
Das Werden einer Oper 214
Unglück und Tod im Freundeskreis 221
Schöpferischer Tiefpunkt 1882—1888 234
Schöpferische Gipfelleistungen 1888—1893 . . . 242
Abbruch der Freundschaft 263
Ende und Ausblick 271

Nachwort 287
Register 289
Verzeichnis der Abbildungen 296

Mütterchen Rußland

Moskau! Welche Erinnerungen werden durch dieses Zauberwort für jeden Rußlandkenner beschworen! Diese uralte Stadt mit den Hunderten von Kirchenkuppeln und Glockentürmen, diese Stadt, wo die russischen Großfürsten und Zaren in orientalischer Pracht und Herrlichkeit residierten! „Und dann der Kreml, der wunderbare Kreml", wie *Mussórgski* sich in einem Brief äußert.

„Ich näherte mich ihm unwillkürlich mit andächtiger Ehrfurcht. Der *„Rote Platz"*, auf dem so viele welthistorische Ereignisse sich vollzogen, verliert etwas vom Kaufhof her — aber die Kathedrale des heiligen Basilius und die Kremlmauer lassen diesen Mangel vergessen. Das ist heiliges Altertum! Die Basilius-Kathedrale belebte in so anziehender und doch sonderbarer Weise meine Einbildungskraft, daß es mir schien, gleich würde ein Bojar im langen Kittel und hoher Pelzmütze vorübergehen. Unter dem Spásski-Tor entblößte ich das Haupt; dieser Volksbrauch gefällt mir. Der neue Palast ist großartig; von seinen Gemächern das schönste der alte Zarensaal (Granowítaja Paláta). In der Archángelski-Kathedrale besichtigte ich mit Ehrfurcht die Grabstätten; unter denen solche, vor denen ich mit Andacht stand, wie die der Zaren Iwán III., Dimítri Donskói und sogar der Románoffs. Ich kletterte auf den Glockenturm Iwán Weljíki, von dem man einen wunderbaren Rundblick auf Moskau genießt."

Wenn Mussórgski, als Russe, sich so begeistert über Moskau äußert, kann das nicht wunder nehmen. Aber auch ungezählte Nicht-Russen, die diese Stadt besuchten, empfinden ähnlich. Man denke an *Rainer Maria Rilke*, der zu Anfang unseres Jahrhunderts zweimal ausgedehnte Rußlandreisen unternahm und Moskau als seine wahre Heimat erklärte. Wer die unbeschreibliche Atmosphäre des Ostens einmal in sich aufgenommen hat, kann sich in Westeuropa nicht mehr zurechtfinden.

Hier in Moskau versteht man, das Leben in vollen Zügen zu genießen. Es ist die Stadt der reichen Kaufleute, der Rubel rollt, aber man hat Verständnis und zeigt Begeisterung für alles Musikalische. Das russische Volk ist zutiefst und von Natur ein von Musik besessenes. In Moskau lebt man geräumig im eigenen Haus, das ein Garten umgibt; alles ist breit und zu ebener Erde angelegt. Die Weite und Helligkeit der Stadt entspricht der Weite und Größe des riesigen Reiches.

Ganz anders Petersburg, die junge Hauptstadt, auf Geheiß Peters des Großen gewaltsam im düsteren Norden errichtet, jeder Fußbreit Boden dem sumpfigen Ufer der Newa abgerungen. Zehntausende von Menschen, die diese Stadt erbauten, siechten am Sumpffieber dahin. Aber Peter erreichte sein Ziel, es gilt das berühmte *„Fenster nach Europa zu schlagen"*. Gewaltig auch diese Stadt mit dem herrlichen Newa-Quai aus finnischem Granit, den spitzen Türmen der Peter-Paul-Festung und der Admiralität, sowie der riesenhaften, im Barockstil entworfenen Kuppel der Isakskathedrale.

„Seltsam — wohin nur die Residenz Rußlands verschlagen wurde —: bis ans Ende der Welt", schreibt Gógol in seinen „Petersburger Skizzen". „Ein merkwürdiges Volk, diese Russen. Einst besaßen sie in Kíjeff eine Hauptstadt, da war es zu heiß, da war es nicht kalt genug; und so verlegte die russische Residenz ihren Wohnsitz nach Moskau — doch nein, auch hier war's nicht kalt genug. Herrgott! Also her mit Petersburg! . . .

Welch ein Unterschied zwischen beiden Städten: Moskau ist noch heute ein langbärtiger russischer Bauer — Petersburg dagegen ist schon ein gewandter Europäer. Wie sich das alte Moskau weit ausdehnt, wie es in die Breite gewachsen ist! Und wie hat sich dagegen das stutzerhafte Petersburg zusammengezogen und in die Länge gestreckt!

In Moskau bringen die Literaten ihr Geld durch, in Petersburg verdienen sie welches. Nach Moskau kommt Rußland mit vollen Taschen und kehrt erleichtert wieder zurück. Nach Petersburg kommen die Leute mit leerem Beutel und fahren mit einem hübschen Kapital nach allen Himmelsgegenden auseinander. Moskau ist für Rußland eine Notwendigkeit. Rußland ist eine Notwendigkeit für Petersburg. In Moskau begegnet man nur selten einem Rock mit Uniformknöpfen, in Petersburg hat jeder Rock solche Knöpfe."

In Moskau schwelgt man in Musik, *in Petersburg schafft man die neue Musik.*

Was für eine herrliche Oper könnte man nach unseren nationalen Gesängen komponieren! Zeigt mir ein Volk, das mehr Lieder hätte! Unsere Ukraine hallt wider von Liedern. Auf der Wolga, von ihrer Quelle bis zum Meer, ertönen — die ganze Reihe der dahintreibenden Barken entlang — die Lieder der Schiffsknechte. Unter Gesang werden in ganz Rußland aus Balken von Fichtenholz Hütten gezimmert. Mit Gesang fliegen die Ziegel von Hand zu Hand und wachsen Städte wie Pilze empor. Alte Frauen singen, wenn das Kind in Windeln gewickelt wird, wenn es sich später verheiratet und dermaleinst zu Grabe getragen wird. Alles, was reist, Adlige und Bürgerliche, fliegt beim Gesang des Kutschers dahin. Am Schwarzen Meer singt der bartlose, braune Kosak mit dem pechschwarzen Schnurrbart, während er seine Flinte ladet, ein altes Lied; und im hohen Norden Rußlands erlegt der russische Händler, rittlings auf einer Eisscholle sitzend, den Walfisch mit seiner Harpune und singt ein Lied dazu. Und da sollte es uns an Material zu einer nationalen Oper fehlen? Die Oper *Glinkas „Das Leben für den Zaren"* ist nur ein schöner Anfang.

Seine Nachfolger schaffen in Petersburg Musik in seinem Sinne, und mit *Mussórgskis „Borís Godunóff"* ist der Höhepunkt erreicht, das nationale *„Musikalische Volksdrama"* geboren.

Hier in Petersburg versteht man das Leben zu genießen und sich musikalischen Genüssen aller Art hinzugeben. Hier hat die Aristokratie, um den Zarenhof geschart, sich niedergelassen und blickt etwas spöttisch und hochmütig auf die alte Zaren-Residenz Moskau, die an die zweite Stelle gerückt ist. Doch gibt der echte Russe Moskau den Vorzug und steht den gewaltsamen Neuerungen des gewaltigen Zaren Peter skeptisch gegenüber.

Aber auch hier im Norden bestürmt die unabsehbare Weite des Landes, die Größe der Wälder und Seen das menschliche Herz, gleich dem Süden mit seiner grenzenlosen Steppe — ob Petersburg, ob Moskau — überall entdecken wir deine mystische, rätselhafte Seele, Urmütterchen Rußland.

Wie leicht lebt es sich hier, und doch welche Rätsel sind hier zu erraten, welche geheimnisvollen Hintergründe zu klären, wieviel unerforschte Gebiete zu entdecken!

Du gleitest dahin, Mütterchen Rußland, wie ein Dreigespann. Wohin geht die Fahrt? Wer vermag dir zu folgen?

„Welcher Russe liebt das schnelle Fahren nicht?" ruft *Gógol* in seinen *„Toten Seelen"* aus:

„Sollte seine Seele, die sich überall und immer nach dem Taumel und Wirbel sehnt und oft ausrufen möchte: ‚Ach was, hol doch alles der Teufel', sollte seine Seele es nicht lieben? Es nicht lieben, wenn etwas so Wundersames, Beseligendes darin liegt? Wie eine unbekannte Gewalt hebt dich's auf seine Flügel, du fliegst dahin und mit dir alles um dich her: die Meilensteine, die Kaufleute auf ihren Wagensitzen, der Wald zu beiden Seiten mit den Reihen dunkler Tannen und Fichten, dem Lärm der Äxte und dem Rabengekrächze, der ganze Weg fliegt vorüber — weit fort in unbekannte Fernen; und etwas Furchtbares, Schreckliches liegt in diesem rasenden Aufblitzen und Verschwinden, wo der vorübergleitende Gegenstand kaum Zeit hat, feste Formen anzunehmen und nur der Himmel über uns, die leichten Wolken und der sich Bahn brechende Mond allein unbeweglich stillzustehen scheinen.

Meine Tróika, o du Vogel Dreigespann! Wer hat dich erfunden? Nur aus einem kecken, mutigen Volk konntest du hervorgehen — in jenem Lande, das nicht zu spassen liebt, sondern sich wie die unendliche Ebene streckt und breitet über die halbe Erde: Versuch's doch, die Meilensteine zu zählen, ohne daß dir's vor den Augen flimmert! Wahrlich kein schlau ersonnenes Gefährt bist du, genietet durch eiserne Klammern. Sondern schnell, aufs Geratewohl, mit Axt und Meißel hat dich ein flinker Bauer verfertigt und zusammengefügt. Und dahin fliegt das Gefährt, die Tróika, fliegt und fliegt!... Und schon sieht man in der Ferne nichts wie eine dichte Staubwolke, und wirbelnd folgt die Luft.

Jagst nicht auch du, Rußland, so dahin wie ein keckes, unerreichbares Dreigespann? Rauchend dampft unter dir der Boden; es dröhnen die Stege. Und alles bleibt zurück, weit hinter dir zurück. Wie durch ein göttliches Wunder betäubt, steht festgebannt der staunende Zuschauer. Ist es ein Blitz, der aus den Wolken zuckte? Was bedeutet diese grauenerweckende Bewegung? Und was für unbekannte Kräfte wohnen in diesen nie gesehenen Rossen? Oh, ihr Rosse! Ihr wunderbaren Rosse! Lebt ein Wirbelwind in euren Mähnen? Bebt ein wachsames Ohr euch in jeder Ader? Lauscht ihr auf ein trautes, altbekanntes Lied von oben, und spannt jetzt einträchtig eure ehernen Brüste? Kaum rühren eure flüchtigen Hufe die Erde, in eine langgestreckte Linie verwandelt, fliegt ihr durch die Lüfte, und fort stürmt das ganze gottbegeisterte!... Rußland?

Wohin jagst du, gib Antwort! Du bleibst stumm. Wundersam ertönt der Gesang des Glöckleins. Wie von Winden zerfetzt, braust und erstarrt die Luft; alles, was auf Erden lebt und webt, fließt vorüber; und es weichen vor dir, treten zur Seite und geben dir Raum alle anderen Staaten und Völker."

Beginn einer Freundschaft

Wir befinden uns in den sechziger und siebziger Jahren des vorigen Jahrhunderts. Der liberale Zar Alexander II. ist auf den gewalttätigen Autokraten Nikolaus I. gefolgt. Ihm liegt das Wohl des russischen Volkes am Herzen, und er verfügt 1861 die lang ersehnte Aufhebung der Leibeigenschaft der Bauern. Doch die Reform ist unzulänglich, sie entspricht nicht den Erwartungen der Bauern. Und als der gutgewillte aber schwankende „*Zarbefreier*" in den siebziger Jahren sein Ohr reaktionären Bestrebungen nicht verschließt, wächst die Unzufriedenheit und es kommt zur Katastrophe. Am 1. März 1881 erliegt Alexander der tödlichen Bombe eines Anarchisten.

Auf Alexander II. folgt der engstirnige Alexander III. Seine Politik unterliegt keinen Schwankungen. Reaktionäre und slawophile Tendenzen beherrschen das Feld und führen 1914 unter dem unfähigen Nikolaus II. zur Katastrophe des Weltkrieges.

Dies die Hintergründe der Begebenheiten, die in diesem Buch geschildert werden.

*

Im Jahre 1866 — einige Jahre, nachdem Mussórgski sich in der eingangs beschriebenen enthusiastischen Weise über Moskau geäußert hatte — kommt der junge Peter Iljítsch Tschaikówski in diese Stadt, die ihm im Verlauf von zehn Jahren zur zweiten Heimat werden soll. Er ist in Petersburg aufgewachsen, hat das von Anton Rubinstein, dem genialen Pianisten, dort gegründete Konservatorium mit der Reifeprüfung beendet und soll eine Anstellung als Theorielehrer am Moskauer Konservatorium antreten. Hier waltet seines Amtes als Direktor Nikolái Rubinstein, Antons jüngerer Bruder, ebenfalls ein hervorragender Pianist und Orchesterdirigent. Im Leben des jungen Mannes wird er noch eine große Rolle spielen. Er betreut ihn väterlich, indem er ihm ein Zimmer in seiner Wohnung einräumt, nutzt als „gestrenges Oberhaupt" seine Arbeitskraft am

Konservatorium weidlich aus und bringt im Verlauf vieler Jahre seine Kompositionen immer wieder in Moskau zur Aufführung.

Peter faßt festen Fuß in Moskau, gewinnt viele liebe Freunde, aber das Unterrichten wird ihm je länger desto mehr zur Qual. Seine Gesundheit ist nicht die allerbeste. So überaus empfindsame und nervöse Naturen wie die seine sind allerhand seelischen Depressionen ausgesetzt. Als Komponist erlebt er beträchtliche Erfolge, aber auch Enttäuschungen. Seine Stimmungen sind einem ständigen Wechsel unterworfen.

„Ich habe mich sehr verändert, seit wir uns nicht gesehen haben", schreibt er nach etwa zehnjährigem Aufenthalt in Moskau einem Freund. „Von Fröhlichkeit und Lust zu übermütigen Scherzen ist keine Spur mehr vorhanden. Das Leben ist entsetzlich leer und eintönig. Ich denke ernstlich an eine Heirat. Das einzige, was unveränderlich in mir fortlebt, ist die Freude am Schaffen. Wenn ich nicht verdammt wäre, auf Schritt und Tritt allerlei Hindernisse zu überwinden — z. B. meine Stunden am Konservatorium, die mich von Jahr zu Jahr mehr anekeln — dann könnte ich wohl wirklich etwas Wertvolles schaffen. Aber o wehe! Ich bin an das Konservatorium gefesselt."

Wir nähern uns dem Schicksals- und Krisenjahr 1877. Da tritt ein Ereignis ein, das dem Leben Tschaikówskis eine ganz neue Wendung geben sollte. Einer seiner Lieblingsschüler, der Geiger Kótek, hat eine Anstellung bei Frau *Nadjéshda Filarétowna von Meck* angetreten, einer sehr reichen Dame der Moskauer Gesellschaft, die eine leidenschaftliche Liebe zur Musik hegt und mit dem Geiger zu Hause musizieren will. Kótek erzählt ihr von Tschaikówski und seiner bedrängten Lage. Sie lernt seine Kompositionen kennen. Bald ist sie von seiner Musik entflammt und beschließt, dem Tondichter zu helfen. Durch Kóteks Vermittlung bestellt sie bei ihm gegen hohe Honorare Bearbeitungen seiner Kompositionen, für Violine und Klavier gesetzt. Wir lassen hier die ersten Briefe folgen:

Moskau, den 18. Dezember 1876

Sehr geehrter Peter Iljítsch!

Gestatten Sie mir, Ihnen meinen aufrichtigen Dank für die so schnelle Erfüllung meiner Bitte auszusprechen. Ich halte es für unangebracht, Ihnen zu sagen, welches Entzücken Ihre Kompositionen in mir auslösen, denn Sie sind gewiß an ganz andere Huldigungen gewöhnt. Und die Verehrung eines im Bereiche der Musik so unbedeutenden Wesens wie ich kann Ihnen nur lächerlich erscheinen. Mir aber ist meine Liebhaberei so teuer, daß niemand darüber lächeln soll. Darum will ich nur das eine sagen und bitte Sie, mir Glauben zu schenken, daß es sich mit Ihrer Musik leichter und angenehmer leben läßt. —

Tschaikówski antwortet:

Moskau, den 19. Dezember 1876

Sehr geehrte Nadjéshda Filarétowna!

Von Herzen danke ich Ihnen für die liebenswürdigen und schmeichelhaften Worte, die Sie mir geschrieben haben. Für einen Musiker, der soviele Mißerfolge und Enttäuschungen erlitten hat wie ich, ist es tröstlich zu wissen, daß es eine kleine Zahl von Menschen gibt, die gleich Ihnen eine so aufrichtige und warme Liebe zur Kunst hegen. —

Zwei Monate später erfolgt eine neue Bestellung, wobei Frau von Meck unter anderem schreibt:

„Gern würde ich Ihnen viel, sehr viel über meine phantastische Schwärmerei für Sie erzählen, befürchte aber, Ihre wenige freie Zeit in Anspruch zu nehmen. Ich will Ihnen nur sagen, daß diese Einstellung, so unsinnig sie auch sein mag, mir teuer ist, als das höchste aller Gefühle, deren die menschliche Natur fähig ist. Halten Sie mich meinethalben für einen Phantasten, sogar für eine Verrückte, nur lachen Sie mich nicht aus."

Der Tondichter antwortete umgehend:

„Ich bedaure, daß Sie mir nicht alles gesagt haben, was Sie auf dem Herzen hatten. Seien Sie versichert,

Nadjéshda Filarétowna von Meck

daß mich Ihre Neigungen sehr fesseln würden, da auch ich von den wärmsten Sympathien für Sie erfüllt bin. Das sind nicht bloß Worte. Ich kenne Sie besser, als Sie vielleicht glauben.
Wenn Sie mir eines schönen Tages alles das schreiben wollten, was Sie mir zu sagen haben, wäre ich Ihnen sehr dankbar..."

Moskau, den 7. März 1877

Sehr geehrter Peter Iljítsch!

Ihre liebe Antwort auf meinen Brief bereitete mir eine solche Freude, wie ich sie schon lange nicht mehr empfunden habe... Nun komme ich mit einer großen Bitte, die Ihnen vielleicht seltsam erscheinen wird. Aber ein Mensch, der wie ich als Einsiedler lebt, muß naturgemäß in eine Geistesverfassung geraten, in der er alles das, was man gesellschaftliche Beziehungen, Anstandsregeln und dergleichen nennt, für leere Begriffe hält. Ich weiß zwar nicht, wie Sie, Peter Iljítsch, darüber denken, aber einige Beobachtungen lassen mich glauben, daß Sie mich weniger als jeder andere dafür verurteilen werden. Sollte ich mich aber täuschen, bitte ich Sie inständig, es mir offen zu sagen und meine Bitte abzuschlagen: Schicken Sie mir Ihre Photographie. Ich besitze bereits zwei Bilder von Ihnen, aber ich möchte eines von Ihnen selbst erhalten. In Ihrem Gesicht möchte ich nach jenen Eingebungen und Gefühlen forschen, unter deren Einfluß Sie Ihre Werke schaffen, die den Menschen in jene Welt der Empfindungen und Wünsche entführen, die das Leben nicht zu bieten vermag. Welchen Genuß und welche Sehnsucht erweckt Ihre Musik!...

Das erste Ihrer Orchesterwerke, das ich hörte, war „Der Sturm". Es ist unmöglich, jene Gefühle zu beschreiben, die diese Musik in mir hervorrief. Tagelang befand ich mich wie im Fieber und konnte mich von diesem Zustand nicht befreien...

Für mich ist der Musiker ein höheres Wesen, und obgleich ich in dieser Hinsicht so viel Enttäuschungen erlebt habe, vermag ich mich doch von dieser Überzeugung nicht loszureißen. Als ich nach dem ersten Eindruck Ihrer Komposition wieder zu mir kam, entbrannte in mir der heftige Wunsch, zu wissen, was das für ein Mensch sei, der solch eine Musik geschaffen hat. Ich begann nach Ihnen zu forschen, nahm jede Gelegenheit wahr, etwas über Sie zu erfahren, fing jede Bemerkung, jedes Sie betreffende Urteil auf und muß Ihnen gestehen, daß oft gerade das, was andere an Ihnen tadelten, mich in Entzücken versetzte. Erst kürzlich hörte ich zufällig von einer Ihrer Ansichten, die mich so begeisterte, daß Sie mir mit einemmal vertraut und teuer wurden.

Wie glücklich bin ich, daß sich in Ihnen der Musiker und der Mensch so harmonisch ergänzen. Wenn Sie wüßten, was ich beim Anhören Ihrer Musik fühle und wie dankbar ich Ihnen für diese Gefühle bin.

Es gab eine Zeit, wo ich sehr gern Ihre persönliche Bekanntschaft gemacht hätte. Jetzt aber, je mehr Sie mich bezaubern, fürchte ich mich vor einer Zusammenkunft mit Ihnen. Sollten wir uns zufällig einmal treffen, könnte ich Ihnen nicht wie einem Fremden begegnen, sondern würde Ihnen nur die Hand drücken, ohne ein Wort hervorbringen zu können. Daher ziehe ich es vor, aus der Ferne an Sie zu denken...

Noch eine Bitte habe ich an Sie: In Ihrer Oper *„Oprítschniki"* gibt es eine Stelle, die, wenn ich sie höre, mich jedesmal geradezu wahnsinnig macht. Für diese Musik, die die Erhabenheit des Todes ausdrückt, wäre ich imstande, mein Leben herzugeben. Aus diesen Motiven machen Sie für mich, wenn es geht, einen Trauermarsch, und zwar für Klavier zu vier Händen. Sollte Ihnen aber meine Bitte lästig sein, so lassen Sie es. Das würde mich zwar betrüben, aber nicht verletzen.

Ferner möchte ich Sie bitten, mir zu gestatten, in meinen Briefen an Sie solche Förmlichkeiten wie „sehr geehrter" fortzulassen. Sie sind nicht nach meinem Geschmack. Und Sie bitte ich um dasselbe in Ihren Briefen an mich. Nicht wahr, Sie werden mir das nicht abschlagen? —

Peter erfüllt alle diese Bitten:

„Schon der Umstand, daß wir beide an derselben

Krankheit leiden, bringt uns einander näher. Diese Krankheit heißt Menschenscheu... Es gab eine Zeit, wo ich dermaßen von dieser Krankheit befallen war, daß ich beinahe den Verstand verlor... Gerettet hat mich die Arbeit, und diese Arbeit ist mir gleichzeitig Bedürfnis und Genuß."

Über den bestellten Trauermarsch gerät Nadjéshda Filarétowna außer sich vor Freude:

„Ihr Marsch ist so wundervoll, daß er mich in eine Art Wahnsinn versetzt, einen Zustand, in dem man alles vergißt, was es Bitteres und Kränkendes in der Welt gibt. Es läßt sich nicht beschreiben, welche chaotischen Gefühle in meinem Kopf und in meinem Herzen bei den Klängen dieses Marsches entstehen. Ein Zittern läßt meine Nerven erbeben, ich möchte weinen, ich möchte sterben, ich sehne mich nach einem anderen Leben, aber nicht nach jenem, an das die Menschen glauben, sondern nach einem anderen, unfaßbaren Leben. Das Blut pocht in den Schläfen, das Herz zittert, es wird dunkel vor den Augen, nur das Ohr berauscht sich an den Klängen dieser zauberhaften Musik... O Gott! Wie groß ist der Mensch, der einem anderen solche Seligkeit zu schenken vermag... Wie herrlich ist Ihre ‚*Francesca da Rimini*‘! Gibt es jemanden, der imstande wäre, die Schrecken der Hölle und den Zauber der Liebe besser zu schildern?"

Wer ist diese Frau von Meck, die berufen war, eine so schicksalhafte Rolle im Leben des Tondichters zu spielen?

Armut und Reichtum
im Leben einer russischen Frau

Nadjéshda von Meck, die Tochter eines russischen Gutsbesitzers, war neun Jahre älter als Tschaikówski. Mit achtzehn Jahren heiratet sie den baltischen Edelmann *Karl Georg von Meck*, dessen Vorfahren einstmals das in der Nähe von Riga gelegene Rittergut *Sunzel* besaßen. Er erbt kein Vermögen und tritt als Ingenieur eine Beamtenstellung an. Das junge Ehepaar hat schwer mit dem Leben zu kämpfen.

„Ich bin nicht immer reich gewesen", schreibt Nadjéshda Filarétowna in einem ihrer Briefe an Peter Iljítsch, „den größten Teil meines Lebens war ich arm, sehr arm. Mein Mann war Ingenieur des Verkehrswesens und stand im Staatsdienst, der ihm jährlich 1500 Rubel einbrachte. Dieses Einkommen mußte für den Lebensunterhalt einer Familie von fünf Kindern reichen. Nicht gerade glänzend, wie Sie sehen. Ich war zugleich Amme, Kinderfrau, Lehrerin, Näherin für die Wäsche meiner Kinder, Kammerdiener und Sekretärin meines Mannes. Es gab viel Arbeit, aber ich verrichtete sie gern.

Doch etwas anderes bedrückte mich. Wissen Sie, Peter Iljítsch, was Beamtendienst ist? Wissen Sie, daß man dabei vergessen muß, daß man ein Mensch mit Verstand, eigenem Willen und Ehrgefühl ist? Daß man Puppe, Automat sein muß? Diese Lage meines Mannes konnte ich nicht ertragen, so daß ich ihn flehentlich bat, die Beamtenstellung aufzugeben. Auf seinen Einwand, daß wir nichts zu essen haben würden, erwiderte ich, wir würden arbeiten und nicht Hungers sterben. Als er endlich meinen Bitten nachgab und seinen Abschied einreichte, gerieten wir bald in große Bedrängnis, so daß wir für unseren Lebensunterhalt nur zwanzig Kopeken täglich ausgeben durften. Und dennoch habe ich unseren damaligen Entschluß nie bereut."

Es war die Zeit der gewaltigen Bahnbauten in Rußland und der großen Möglichkeiten für zielbewußte Unternehmer. Man wirtschaftete und plante im Großen. Als die beiden Hauptstädte Petersburg und Moskau durch eine Bahn verbunden werden sollten, wird Zar Nikolaus I. nach seinen Wünschen befragt. Er läßt sich eine Karte und ein Lineal geben und verbindet mit dem Bleistift beide Städte durch eine Gerade. Genau so ist die fast siebenhundert Kilometer lange Bahn ohne irgendwelche Krümmungen, ohne Rücksicht auf natürliche Hindernisse gebaut worden, so verläuft sie noch heute.

Karl von Meck war ein tüchtiger Ingenieur. Aufgestachelt durch den despotischen Willen seiner Frau, leistet er Ungewöhnliches. Er baut mehrere große Bahnen, aber es erweist sich, daß er kein Geschäftsmann ist. So überläßt er seiner Gattin alles Geschäftliche. Als er Ende 1876 nach achtundzwanzigjähriger Ehe stirbt, hinterläßt er seiner Frau ein Millionenvermögen und elf Kinder. Seine Witwe hat eine Riesenaufgabe zu bewältigen, der sie sich mit größter Energie und Klugheit entledigt. Das jüngste Kind wird erst 1877 geboren. Man beachte, daß Tschaikówski genau in demjenigen Augenblick in ihren Gesichtskreis tritt, in dem ihr Mann stirbt.

Nadjéshda von Meck zieht sich jetzt vom gesellschaftlichen Leben ganz zurück und widmet sich der Erziehung ihrer Kinder, von denen sieben noch zu Hause leben. Die übrigen sind meist verheiratet. Ihr Lieblingssohn Wladímir, der älteste unter seinen Geschwistern, ist eine Herrennatur. Er bezaubert die Menschen mit seiner Liebenswürdigkeit, streut das Geld mit vollen Händen aus und übernimmt neben der Mutter die Aufsicht über die Bahnen, die der Vater gebaut hatte. Man gewinnt aber nicht den Eindruck, daß er geschäftstüchtig und arbeitsam gewesen ist. Was man so häufig beobachten kann, zeigt sich auch hier: Die zweite Generation leistet nicht mehr dasselbe wie die erste. Die Kinder sind im Reichtum aufgewachsen, sie haben nie um ihr tägliches Brot kämpfen müssen und kennen daher den Wert der Arbeit nicht.

Nadjéshda von Meck, jetzt die reichste Frau Moskaus, bewohnt hier ein düsteres Haus mit zweiundfünfzig Zimmern. Es ist im Geschmack der damaligen Zeit überladen eingerichtet — man bevorzugt Plüschstoffe und Makart-Bouquets. Ein Heer von Dienstboten steht zur Verfügung. Hauslehrer und Gouvernanten leiten die Erziehung der Kinder. Vor allem sind ständig mehrere Musiker verpflichtet, die mit der musikbesessenen Hausfrau, einer vortrefflichen Pianistin, Duos und Trios spielen und die Kinder in der Musik unterrichten. Es wird später davon die Rede sein, daß auch der junge *Debussy* in diesem Kreis erscheint, um mit Frau Nadjéshda vierhändig zu spielen und die Tochter Julia zum Gesang zu begleiten.

Frau Nadjéshda besitzt mehrere schöne Güter, vor allem das herrliche *Brailoff* in der Ukraine. Ihre Gesundheit ist nicht die beste. Kälte verträgt sie nicht. Es zieht sie daher in den Süden. Fast beständig sehen wir sie auf Reisen im Ausland, wobei ein ganzer Troß von Lehrern, Erzieherinnen, Köchen, Zofen und Dienern sie und ihre Kinder begleitet. Bis zur Grenze fährt sie, die zu herrschen gewohnt ist, in ihrem eigenen Salonwagen. In den Hotels des Auslandes werden ganze Etagen gemietet, oder sie bezieht eine möblierte Villa. Überall huldigt man ihr wie einer Fürstin.

Mit den Jahren wächst ihre Menschenscheu. Nikolái Rubinstein, Beherrscher des Moskauer Musiklebens, ist einer der wenigen Menschen, der sie gelegentlich besuchen darf. Nicht selten benötigt er Zuschüsse für sein Konservatorium, und sie beweist ihm großzügig ihre offene Hand. Selbst für ihre meisten Verwandten bleibt sie unsichtbar. In Konzerten und im Theater zieht sie sich in eine Loge zurück und ist für niemanden zu sprechen.

Ihre Angehörigen leiden unter ihrem Despotismus. Sie zwingt allen ihren Willen auf. Widersprüche gibt es nicht. Sie befiehlt und alles hat zu gehorchen. Diese Eigenwilligkeit erinnert etwas an den Charakter der „Tante" in *Dostojéwskis* psychologischem Roman „Der Spieler".

Man kennt ihre große, schlanke Gestalt, ihre ausdrucksvollen braunen Augen, ihr volles braunes Haar. Sie ist kapriziös, wie viele russische Frauen und in manchem unberechenbar. Hauptzüge ihres Wesens aber sind ungestüme Leidenschaft und Herrschsucht. Sie verzehrt sich in Sehnsucht nach Menschen, denen sie ihre Liebe schenken kann. Das sind vor allem ihre Kinder, von denen sie einige sehr bevorzugt.

Jetzt aber tritt der siebenunddreißigjährige Tschaikówski in ihren Gesichtskreis. Dieser seltsame Freundschaftsbund wird dreizehn Jahre dauern. Die beiden haben sich nie gesprochen, denn Frau Nadjéshda hat die Bedingung gestellt: nie solle er den Versuch machen, sie persönlich kennen zu lernen. Bereitwillig geht der Tondichter auf ihren Wunsch ein. Nie hat der eine die Stimme des anderen vernommen. Nur ganz selten gab es zufällige flüchtige Begegnungen (meist auf der Straße), wobei beide Teile in Verwirrung gerieten und möglichst schnell wieder auseinanderstrebten.

Es seien nun in Kürze Tschaikówskis Kindheits- und Jünglingsjahre und sein Leben bis zur Begegnung mit Nadjéshda von Meck nachgeholt.

Kindheits- und Jünglingsjahre

Über Tschaikówskis Kinderjahre ist nicht viel Bezeichnendes zu berichten. Sein Vater *Iljá Petrówitsch* war Direktor eines Bergwerkes in Wótkinsk im Gouvernement Wjátka unweit des Uralgebirges, wo Peter am 7. Mai 1840 zur Welt kam. Seine Mutter, *Alexándra Andréjewna Assier* entstammte einer französischen Emigrantenfamilie. Da der Name Tschaikówski sehr häufig in Polen anzutreffen ist, darf vermutet werden, daß die Tschaikówskis ursprünglich polnischer Abstammung waren. In Peter vereinigte sich daher russisches, polnisches und französisches Blut. Von Jugend an hängt er mit großer Liebe an seinen fünf Geschwistern: Nikolái (geb. 1838), Alexándra (geb. 1842), Hypolít (geb. 1844) und besonders an den Zwillingen Anatól und Modést (geb 1850). 1848 gibt der Vater den Staatsdienst auf, übernimmt für kurze Zeit eine Anstellung im weltabgelegenen Alapájewsk und übersiedelt 1852 nach Petersburg.

Hier tritt Peter in die Rechtsschule ein, die in den höheren Klassen Universitätsrang besitzt und die Zöglinge für den Staatsdienst vorbereitet. Da trifft Peter 1854 unerwartet ein großer Schlag: die von ihm vergötterte Mutter stirbt an der Cholera. Auch er sollte dereinst von der Cholera dahingerafft werden. Bald übernimmt die energische Schwester Alexándra (genannt Ssáscha), selbst noch ein Kind, die Führung des Haushalts.

Mit neunzehn Jahren besteht Peter die Abschlußprüfung an der Rechtsschule und tritt als Beamter in das Justizministerium ein. In keiner Weise hat sich bis jetzt eine außergewöhnliche musikalische Begabung bei ihm gezeigt.

Ebenfalls in Petersburg, fast um die gleiche Zeit, wendet sich der um ein Jahr ältere *Mussórgski* der Beamtenlaufbahn zu. Diese beiden sollten einander später als Musiker und Antipoden begegnen; sie sind sich nur in diesem einen Punkt ähnlich, daß sie kein Interesse für die Beamtenlaufbahn bekunden und sie völlig vernachlässigen.

Peter gibt sich den oberflächlichen Zerstreuungen der Großstadt hin. Von Natur ist er weich, von bezaubernder Anmut und bei seinen Kameraden und Verwandten sehr beliebt. Bei verschiedenen Lehrern hat er Musikunterricht erhalten, aber es handelt sich dabei nur um Liebhabereien eines Dilettanten.

1860 heiratet seine Schwester Alexándra den Landwirt *Leo Wassíljewitsch Dawúidoff*, einen Sohn des bekannten „Dekabristen" und siedelt auf das Gut *Kámenka* im Gouvernement *Kíjeff* über. Hier hatte einige Jahrzehnte früher der große *Púschkin* vergnügte Tage verbracht, hier hatte sich ein Zentrum der revolutionären Bewegung befunden, die 1825 zum Dekabristenaufstand führte und den Zaren Nikolaus I. bei seinem Regierungsantritt fast um seinen Thron gebracht hätte. In Kámenka, im Familienkreis der geliebten Schwester Ssáscha, werden wir dem ruhelosen Wanderer Peter immer wieder im Verlauf vieler Jahre als gern gesehenem Gast begegnen. Hier findet seine so oft bedrückte Seele eine Heimat.

Erst seit 1861 vollzieht sich eine innere Wandlung. „Beim Abendessen sprach man von meinem musikalischen Talent", schreibt Peter um diese Zeit seiner

Schwester nach Kámenka. „Vater behauptet, daß es für mich noch nicht zu spät wäre, Künstler zu werden. Wie schön, wenn er recht hätte. Die Sache ist aber die: selbst wenn ich Talent besitzen sollte, dürfte es kaum noch entwicklungsfähig sein. Man hat einen Beamten aus mir gemacht, und zwar einen schlechten. Ich versuche nach Kräften, mich zu bessern... wie soll ich da gleichzeitig den Generalbaß studieren?"

Und weiter heißt es ein halbes Jahr später an die Schwester: „Ich hatte dir, glaube ich, schon geschrieben, daß ich Musiktheorie treibe und zwar recht erfolgreich. Du wirst zugeben, daß es angesichts meines recht großen Talents (hoffentlich faßt Du das nicht als Prahlerei auf) töricht von mir wäre, mein Glück auf diesem Wege nicht zu versuchen. Nur ist mir vor meiner Charakterschwäche bange. Am Ende wird meine Trägheit siegen; wenn aber nicht, so verspreche ich dir, daß ich es noch zu etwas bringe. Zum Glück ist es dazu noch nicht zu spät... Wer weiß, ob du nicht nach drei Jahren meine Opern anhören und meine Arien singen wirst."

1862 tritt Peter in das von *Anton Rubinstein* soeben gegründete Petersburger Konservatorium ein, um seine Studien fortzusetzen. Rubinstein, der als genialer Pianist internationalen Ruf genießt, hat fast ausschließlich ausländische Musiker, vor allem deutsche und italienische, als Lehrer berufen. Als Komponist ist er Kosmopolit. Seine Werke besitzen keinen eigenen Stil. Einflüsse verschiedener Art machen sich in ihnen geltend. Für das typisch Russische in der Musik besitzt er, der Jude, kein Verständnis. Diese Haltung wird ihm von vielen verargt.

Da die Studien am Konservatorium Peter voll in Anspruch nehmen, gibt er 1863 seinen Beamtendienst auf. Der leichtlebige, träge Jüngling hat sich zu einem zielbewußten jungen Mann entwickelt, der sich mit größtem Eifer seinen Arbeiten hingibt und seinen Lebensunterhalt durch Stundengeben verdienen muß.

„Aus deinem heute eingetroffenen Brief an Vater", schreibt er der Schwester, „ersehe ich, welchen Anteil du an meiner Lage nimmst, und daß du den von mir unternommenen Schritt etwas mißtrauisch betrachtest... Meine musikalische Begabung wirst du wohl nicht leugnen wollen, aber ebensowenig die Tatsache, daß dies mein einziges Talent ist. Ist dem so, so versteht es sich von selbst, daß ich die mir von Gott verliehene Gabe pflegen muß. Bis jetzt war es mir möglich, meinen Dienst im Ministerium weiter auszuüben. Nun aber, wo meine Studien immer schwieriger und zeitraubender werden, bin ich genötigt, mich so oder so zu entscheiden. Ich habe meine Stellung gekündigt ... Eines weiß ich bestimmt, daß aus mir ein guter Musiker werden wird und daß ich mein tägliches Brot verdienen werde... Ich träume davon, nach beendetem Studium für ein ganzes Jahr zu dir zu kommen und in dieser stillen Umgebung ein größeres Werk zu schaffen. Dann aber — hinaus in die weite Welt!"

Im Konservatorium freundet sich Peter mit einem Mitschüler *Hermann Larosche* an, dessen spätere Entwicklung nicht das gehalten hat, was seine reiche Begabung versprach. Diese Freundschaft hat viele Jahre standgehalten, und wir verdanken Larosche wertvolle Erinnerungen an den ehemaligen Studienfreund.

Um diese Zeit schreibt Peter sein erstes Orchesterwerk; eine Ouvertüre zu *Ostrówskis* bekanntem Drama „*Das Gewitter*" und im Herbst 1865 für die Abschlußprüfung im Konservatorium eine Kantate „*An die Freude*" (nach Schillers Hymnus). Diese Kompositionen finden nicht den Beifall des Direktors Anton Rubinstein, zu dem unser Tondichter niemals in engere Beziehungen tritt. Diese beiden Naturen sind zu verschieden, als daß eine Verständigung möglich gewesen wäre.

Wohl aber bahnen sich freundschaftliche Beziehungen zu Antons jüngerem Bruder *Nikolái Rubinstein* an, der soeben das Moskauer Konservatorium begründet hat und den sechsundzwanzigjährigen Tschaikówski als Lehrer für Elementartheorie und Harmonielehre an seine Anstalt verpflichtet. So siedelt dieser nach bestandener Abschlußprüfung in Petersburg im Jahre 1866 nach Moskau über.

Zehn Jahre Moskauer Konservatorium

Kaum ist Peter Iljítsch in Moskau eingetroffen, um als neugebackener Professor seine Stellung am Konservatorium anzutreten, als er bereits einige Tage später den von ihm so geliebten Zwillingsbrüdern Anatól und Modést von seinen ersten Erlebnissen berichtet: „Ich wohne bei Rubinstein. Er ist ein guter und sympathischer Mensch, nicht so unnahbar wie sein Bruder. Seine kleine Stube neben seinem Schlafzimmer steht mir zur Verfügung. Immer fürchte ich, ihn abends, wenn er zu Bett gegangen ist, durch das Kratzen meiner Feder zu stören; denn uns trennt nur eine ganz dünne Wand."

Und weiter heißt es in späteren Briefen: „Mein ganzes Gehalt wird für einen neuen Anzug draufgehen. Denn Rubinstein behauptet, daß mein etwas abgetragener Rock für einen Theorieprofessor zu schäbig sei. Er sorgt für mich, als wenn er meine Kinderfrau wäre und will nicht aufhören, diesen Beruf weiter auszuüben. Heute hat er mir gewaltsam sechs neue Hemden geschenkt."

„Ich fange allmählich an, mich an Moskau zu gewöhnen", schreibt Peter der Schwester, „obgleich die Einsamkeit mich traurig stimmt. Die Theoriestunden verlaufen erfolgreich. Meine Ängstlichkeit ist spurlos verschwunden, und ich gewinne nach und nach die wahre Physiognomie eines Professors."

In Moskau macht Peter die Bekanntschaft einiger Persönlichkeiten, die für sein weiteres Leben von Bedeutung sein werden. Da wäre zunächst der berühmte, viel gespielte Dramatiker *Ostrówski* zu nennen, der sich bereit erklärt, sein Drama *„Der Wojewóde"* zu einem Opernlibretto umzuarbeiten.

Wichtiger ist das Zusammentreffen mit dem aus Reval gebürtigen Balten *Peter Jürgenson*, der sich aus kleinen Verhältnissen zu einem großen Musikverleger emporarbeiten wird. Mit Unterstützung von Rubinstein eröffnet er in Moskau einen kleinen Musikladen und verlegt Musikalien, die im Konservatorium gebraucht werden. Bald blüht sein Geschäft. Er begeistert sich für die Musik unseres Tondichters, verlegt Werk um Werk von ihm und wird ihm ein treuer Freund fürs ganze Leben. Sein Aufstieg ist eng mit dem Tschaikówskis verbunden.

In diesen Jahren tritt die Sängerin *Désirée Artôt* in Moskau auf und feiert Triumphe. „Wenn du nur wüßtest, was für eine Sängerin und Schauspielerin die Artôt ist", schreibt Peter an Modést. „Noch nie habe ich einen solchen künstlerischen Genuß gehabt wie diesmal." Bald ist er bis über die Ohren in die Sängerin verliebt und denkt sogar an eine Heirat.

„Da die Gerüchte von meiner Absicht zu heiraten dir wahrscheinlich schon zu Ohren gekommen sind", schreibt er 1868 seinem Vater, „und du jedenfalls unzufrieden bist, daß ich selbst noch nichts geschrieben habe, will ich dir nun gleich alles auseinandersetzen. Die Artôt lernte ich bereits im Frühjahr kennen, war aber damals nur einmal bei ihr. Als sie im Herbst wiederkehrte, habe ich sie einen ganzen Monat nicht besucht. Zufällig begegneten wir einander in einer musikalischen Veranstaltung, und sie gab ihrer Verwunderung darüber Ausdruck, daß ich sie noch nicht besucht habe, worauf ich ihr versprach, sie aufzusuchen. Trotzdem hätte ich das nicht getan, wenn nicht Anton Rubinstein, der sich auf der Durchreise in Moskau befand, mich eines Tages zu ihr geschleppt hätte.

Seitdem erhielt ich fast täglich Einladungen von ihr und gewöhnte mich daran, jeden Tag bei ihr zu verbringen. Sehr bald entbrannten wir in gegenseitiger zärtlicher Neigung, und die Geständnisse folgten unmittelbar darauf. Natürlich besprachen wir sofort die Frage der Heirat und, falls nichts dazwischen kommt, soll die Hochzeit schon künftigen Sommer stattfinden."

Doch ergeben sich bald allerhand Schwierigkeiten. Peter schreibt weiter: „So wie sie sich nicht entschließen kann, der Bühne zu entsagen, so möchte auch ich ihr meine Zukunft nicht opfern. Denn es unterliegt keinem Zweifel, daß ich der Möglichkeit, auf meinem Pfade vorwärtszukommen, beraubt werde, wenn ich ihr blindlings folge. Du siehst, Väterchen, daß meine Lage eine sehr schwierige ist: einerseits habe ich sie von ganzem Herzen und von ganzer Seele lieb, und es erscheint mir unmöglich, ohne sie weiterzuleben; andrerseits zwingt die kühle Vernunft zur Überlegung und näherer Betrachtung all der Schrecken, die meine Freunde mir ausmalen."

Unterdessen ist Désirée Artôt nach Warschau abgereist, und bald enthält ein Brief Peters an Anatól folgendes Geständnis: „Bezüglich des Liebesabenteuers, das ich zu Beginn des Winters erlebt habe, kann ich dir mitteilen, daß es sehr zweifelhaft geworden ist, ob mein Eintritt in Hymens Reich zustande kommen wird. Die Sache beginnt etwas auseinanderzugehen."

Bald heiratet die Sängerin den spanischen Bariton Padilla. „In nächster Zeit steht mir ein Wiedersehen mit der Artôt bevor", schreibt Peter ein Jahr später. „Diese Frau hat mir viel bittere Stunden bereitet, und doch fühle ich mich durch eine unerklärliche Sympathie zu ihr hingezogen, so daß ich mit fieberhafter Ungeduld ihre Ankunft erwarte."

Wieder tritt die Künstlerin im Moskauer Opernhaus auf. Peter sitzt in höchster Aufregung im Parkett und neben ihm der Kritiker Káschkin, der in seinen „Erinnerungen" erwähnt: „Beim Erscheinen der Sängerin hob Peter Iljítsch das Opernglas an die Augen und setzte es während der ganzen Vorstellung nicht wieder ab. Er konnte aber schwerlich etwas sehen, denn Träne über Träne rollte seine Wangen herab."

Sechs Jahre später hört Peter die Artôt wiederum im Theater. „Sie ist gräßlich dick geworden und hat ihre Stimme gänzlich verloren", berichtet er. „Ihr Talent hat aber dennoch den Sieg davongetragen, denn nach dem vierten Akt der ‚Hugenotten' wurde sie zwanzigmal hervorgerufen."

Die Freundschaft zwischen den beiden währt bis zu Peters Tod. Als er ihr 1888 in Berlin begegnet, schreibt er nicht ohne Laune an Modést: „Ihr Mann Padilla erdrückte mich fast mit seinen Umarmungen. Die Alte ist ebenso bezaubernd wie vor zwanzig Jahren."

*

Langsam beginnt Peters Aufstieg. In den ersten Moskauer Jahren hat er eine Menge Werke (Opern, eine Sinfonie, eine Ouvertüre usw.) geschaffen, die heute ziemlich vergessen sind. Aber sie wurden aufgeführt, und sein Name gewann immer mehr an Klang. Uns interessieren hier nur diejenigen Kompositionen, die noch heute Bedeutung besitzen. So vor allem seine Phantasie-Ouvertüre *„Romeo und Julia"* (1869) und sein erstes *Streichquartett op. 11* mit dem berühmten *Andante cantabile*, das Leo Tolstói zu Tränen rührte.

Dieser langsame Satz ist überaus bezeichnend für die Kompositionsweise Tschaikówskis. Das erste Thema greift die bezaubernde Melodie eines russischen Volksliedes auf, das in Kámenka von einem Gärtner gesungen und von Peter aufgezeichnet wurde. Das zweite Thema entstammt eigener Erfindung und entfernt sich weit vom Melos russischer Volksmusik. Es ist einschmeichelnd und ganz auf sinnlichen Klang gestellt, streift aber doch schon hart die Grenze einer überfeinert empfundenen Artistik. Dieses Nebeneinanderstellen so verschiedenartiger Elemente gefährdet die Einheitlichkeit des Satzes, ist aber typisch für viele Kompositionen unseres Tondichters.

Mit den Jahren hat sich seine Lage in Moskau ständig gebessert. Seine Einnahmen und sein Ansehen sind gestiegen, die Zahl der Freunde und Anhänger seiner Musik ist gewachsen. Viele Jahre lang betätigt er sich als ständiger Mitarbeiter der *„Moskauer Nachrichten"*, in denen er eine beträchtliche Anzahl von Aufsätzen über Musik veröffentlicht.

Längst ist das Zusammenleben mit Rubinstein aufgegeben und eine eigene bescheidene Wohnung bezogen worden. Doch wird das Unterrichten am Konservatorium ihm immer lästiger. Die vielen Theoriestunden, die er erteilen muß, rauben ihm kostbare Zeit für das eigene Schaffen. In einem Brief an seinen Schüler Tanéjeff heißt es, er habe viele Jahre lang „mit dem eines besseren Zieles würdigen Eifer jene schwerwiegende Wahrheit verkündet, daß Quintenparallelen sündhaft wären". Besonders verhaßt ist ihm das Unterrichten der vielen jungen Mädchen. „Man kann nicht behaupten", schreibt er, „daß die jungen Damen fauler seien als die Jünglinge. Eher umgekehrt. Die Damen sind gewissenhafter und fleißiger, ja sogar aufnahmefähiger, aber nur bis zu einer gewissen Grenze. Sobald es gilt, die betreffenden Regeln nicht mechanisch, sondern aus eigener Initiative anzuwenden, werden alle diese jungen Geschöpfe geradezu unausstehlich. Ich verliere oft meine ganze Geduld, ja meine Vernunft. Ich sehe und höre nicht, was um mich herum geschieht und gerate in eine unbeschreibliche Wut. Ein anderer, ein Geduldigerer könnte viel bessere Resultate erzielen. Das Schlimmste, das, was mich zur Verzweiflung bringt, ist das Bewußtsein, daß dies alles umsonst ist. Von der ganzen Masse der Schülerinnen tritt ja nur eine ganz geringe Zahl mit ernsthaften Zielen ins Konservatorium ein. Wie wenige sind es wert, daß man um ihretwillen sich abmüht, quält und aus der Haut fährt."

Kennzeichnend das Geständnis: „Mir ist's recht, wenn meine Schüler kühner und fortschrittlicher sind, als ich selbst zu sein wage."

Unter den Kompositionen, die bis zum Jahre 1876 geschaffen wurden, steht an erster Stelle die Orchesterfantasie *„Francesca da Rimini"* (1876), die jenen herrlichen Liebesgesang enthält, eine Eingebung höchsten Ranges. Über dieses Werk äußert sich Peter: „Ich habe mit Liebe daran gearbeitet und glaube daher, daß die Schilderung der Liebe mir gut gelungen ist." Wenn diese Fantasie leider verhältnismäßig selten auf den Programmen der Konzerte zu finden ist, so liegt dies daran, daß die Schilderung der Schrecknisse der Hölle allzu gleichmäßig düster und zu wenig kontrastreich durchgeführt wurde. Dantes „Göttliche Komödie" hat schon viele Künstler (Dichter, Musiker, Maler) zu eigenem Schaffen angeregt. Hier handelt es sich um jene Episode (aus dem 5. Gesang des „Inferno"), wo Dante beschreibt, wie er in die Hölle gelangt. Dort begegnet er den Schatten verstorbener Geister, darunter auch dem Liebespaar Francesca und Páolo. Francesca war gegen ihren Willen dem Tyrann Gianciotto Malatesta von Rimini vermählt worden, liebte aber dessen Bruder Páolo. Eines Abends überraschte der Tyrann die Liebenden und erstach sie.

Tschaikówski kommt es niemals darauf an, Einzelheiten seiner literarischen Vorwürfe als genaues Programm mit seiner Musik zu illustrieren. Sondern er greift nur die Hauptgeschehnisse heraus und malt sie mit seiner farbenfrohen Orchesterpalette. So verfährt er in „Romeo und Julia", so auch hier, wo es gilt, die Schrecknisse der Hölle, die glühende Liebe Francescas und Páolos und ihren Untergang zu schildern.

Das Formenschema der Ouvertüren und Fantasien Tschaikówskis bleibt überall annähernd das gleiche: auf eine mehr oder weniger ausgedehnte Einleitung folgt als Hauptthema ein Allegrosatz, dem ein Belcanto-Thema als wirkungsvoller Kontrast gegenübergestellt wird. An diese Exposition schließt sich meistens der Durchführungsteil an, die Reprise (meist verkürzt) und ein Epilog.

Die „Francesca-Fantasie" beginnt mit einer langsamen Einleitung. In aschfahlem Licht (düstere Akkorde der Trompeten und Posaunen) wird die Hölle geschildert, leise Tamtam-Schläge deuten den unheimlichen Hintergrund an. Es erhebt sich ein Wind (langsam anschwellender Paukenwirbel), der Wind steigert sich zum Orkan, es kommt zu Fortissimo-Entladungen des ganzen Orchesters: die Schrecknisse der Hölle sind entfesselt. Bald aber läßt der Sturm nach, fast völlige Stille tritt ein, und wir erleben die lastenden Bläserakkorde des Anfangs.

Nun beginnt der Allegro-Teil (Takt 67). Die chromatischen Motive dieses Abschnittes sind dem Thema der Einleitung entnommen. Beckenschläge deuten die wachsende Erregung an. Wilde chromatische Streicherfiguren erhöhen die Spannung und jetzt erst (nach 72 Takten des Allegro-Teiles) repräsentiert sich das Hauptthema in seiner endgültigen Gestalt:

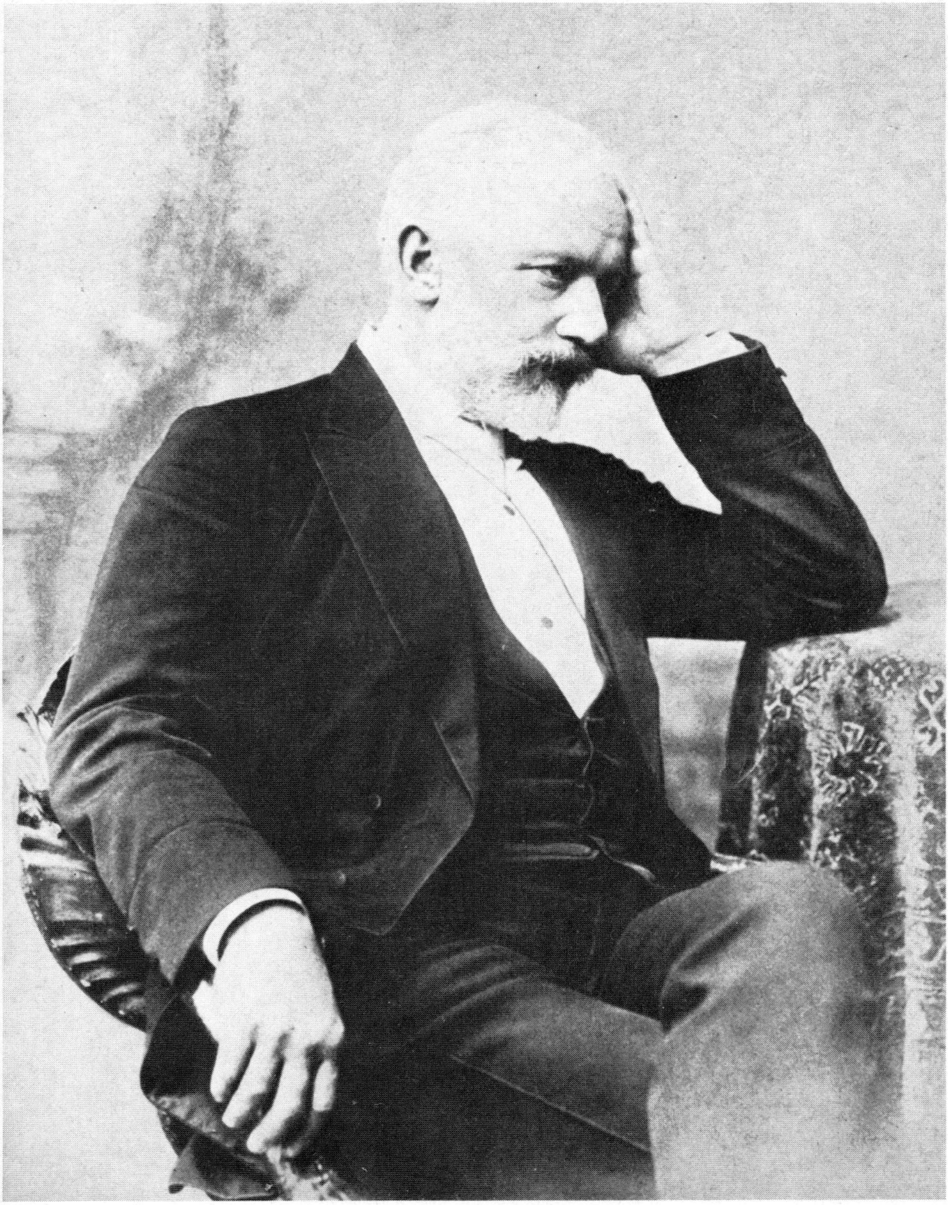

Ein zweiter Höhepunkt wird nach 94 Takten, ein dritter nach weiteren 29 Takten erreicht. Ausgiebig malt der Tondichter das düstere Schreckensbild. Doch der Sturm läßt nach, nochmals erleben wir das Höllenmotiv des Anfangs (Eulenburg-Partitur Seite 63), aber nun tut sich eine andere Welt auf: die Schatten der Liebenden nahen. Ein Rezitativ der Celli und Bässe, sowie der Klarinette, leitet zum zweiten Teil (Andante cantabile) über, einer Melodie, wie sie Tschaikówski kaum jemals schöner gelungen ist:

Andante cantabile

Erst nach 30 Takten ebbt sie ab, aber nur, um nach einigen überleitenden Takten von neuem ihren berückenden Schmelz zu entfalten (Eulenburg Seite 68). Doch nicht genug damit: Umspielt von zwitschernden Flötenmotiven in der Höhe, erscheint der Liebesgesang mit kleinen Abwandlungen zum dritten Mal (Seite 75), diesmal von den Celli vorgetragen. Allen Zauber seiner meisterhaften Instrumentationskunst bietet der

Tondichter auf, um diesen berauschenden Gesang mit immer neuen Farben zu malen. Er kann sich an dieser Musik nicht satt hören. Ein Seitenthema dieses zweiten Teiles (Seite 78), entwickelt aus dem Melos der letzten Takte, sorgt für Abwechslung. Harfenklänge rauschen auf, der Rhythmus steigert sich, und die wogenden Läufe der Geigen umbranden den Liebesgesang (Seite 93), der nun zum vierten Mal erklingt. Und das Unwahrscheinliche ereignet sich: noch eine weitere Steigerung ist möglich. Das volle Orchester (mit Stärkegraden bis fff) wird aufgeboten, um zum fünften Mal (Seite 97) alle Ekstasen dieses Themas zu entfesseln, das noch volle 38 Takte in leidenschaftlicher Glut ausschwingt und allmählich bis zum zarten Piano zurücksinkt.

Nun erklingen gleichsam aus der Ferne Hornfanfaren (Seite 106), ein Crescendo-Paukenwirbel mit anschließenden Fortissimo-Schlägen des ganzen Orchesters kennzeichnet den Ausgang der Liebestragödie: die Ermordung des Liebespaares. Fahle Posaunen-Akkorde (Seite 109) weisen darauf hin, daß wir uns in der Hölle befinden.

Die auf die Generalpause folgende Wiederholung des Allegroteiles schildert nochmals die Schrecknisse der Hölle. An diese Reprise (wohlweislich verkürzt) schließt sich ein kurzer Epilog (Seite 136). Wuchtige Akkorde des vollen Orchesters beschließen die Tondichtung.

Hier gibt es für viele Dirigenten noch eine Aufgabe: diese viel zu wenig bekannte „Francesca-Fantasie" häufiger aufzuführen. Sie ist ungleich bedeutender als die immer wieder gebotene, etwas blasse „Romeo-und-Julia-Ouvertüre".

*

Zu den Jugend-Kompositionen Tschaikówskis gehören außerdem: das noch heute viel gespielte *Klavierkonzert in b-moll* (op. 23), *die zweite und dritte Sinfonie* — beide nicht sehr bedeutend — und schließlich das *zweite und dritte Streichquartett*. Letzteres enthält den ergreifenden trauermarschartigen langsamen Satz in es-moll, der vor Jahren in Petersburg bei einer Aufführung durch ein großes Streichorchester einen hinreißenden Eindruck auf mich ausübte, während bei einer Wiedergabe durch ein einfaches Streichquartett die Intensität dieses Satzes nicht voll zur Geltung kommt.

Die Orchesterfantasie „*Der Sturm*" wird 1875 auf Anregung von *Wladímir Stássoff* komponiert und findet bei den Mitgliedern des sogenannten „*Mächtigen Häufleins*", namentlich bei *Rímski-Kórssakoff* und *Balákireff*, warme Anerkennung. Von diesem Kreis wird im nächsten Kapitel die Rede sein. Auch Nadjéshda von Meck wurde später — wie oben berichtet — durch dieses sie begeisternde Werk auf Tschaikówskis Musik aufmerksam.

Peter führt ein recht unstetes Leben. Besuche in Kámenka bei der Schwester während der Sommerferien, in Petersburg beim Vater und den Brüdern wechseln mit einem Aufenthalt im Ausland ab.

Mussórgski und die anderen Mitglieder des „Mächtigen Häufleins"

Es ist jetzt an der Zeit, auf eine Erscheinung im Musikleben Petersburgs hinzuweisen, die von weittragender Bedeutung sein wird. Hier haben sich zu Anfang der sechziger Jahre fünf schaffende Musiker zusammengefunden: *Balákireff, Borodín, Cui, Rímski-Kórssakoff* und als größter unter ihnen *Mussórgski*, die bald als sogenanntes „*Mächtiges Häuflein*" die allgemeine Aufmerksamkeit auf sich lenken werden. Balákireff, obgleich selbst kaum mehr als fünfundzwanzig Jahre alt, wird das anerkannte Haupt dieses Kreises, zu dem sich noch der bedeutende Schriftsteller und einflußreiche Musikkritiker *Wladímir Stássoff* gesellt.

Was propagierte diese „*Neurussische Schule*" und welche Ziele verfolgte sie?

Sie betont die Bodenständigkeit der russischen Musik und greift auf den unerschöpflichen Born der nationalen

Volkslieder und Tänze zurück, deren Verwertung sich in den Kompositionen dieser Tondichter als fruchtbar erweisen sollte. Es gilt den Kampf gegen alle Äußerungen der Konvention, der Routine und gegen das Eindringen kosmopolitischer Anschauungen in das Musikleben Petersburgs. Nach wie vor sind die Italiener und ihre Musik „Trumpf", die „Novatoren" haben anfangs einen schweren Stand, da die tonangebende Petersburger Gesellschaft kein Verständnis für deren nationale Bestrebungen aufbringt.

„*Frisch gewagt, vorwärts zu neuen Ufern*", das ist die Parole Mussórgskis, der unermüdlich und am radikalsten die neue Richtung vertritt und mit seinen Kompositionen seinen Gefährten den Weg weist.

Vor allem soll auch die Oper reformiert werden. Die dramatische Musik müsse sich in voller Übereinstimmung mit dem Libretto befinden, dessen Güte von ausschlaggebender Bedeutung sei. Es wären daher die Dramen der großen Dichter für die Opernkomposition heranzuziehen. Es sei aber durchaus nicht erforderlich, die Ensembleszenen und Chöre aus der Oper auszustoßen. Notwendig aber wäre es, daß die Ensembleszenen durch die Situation ernsthaft begründet wären, daß die Handlung des Dramas dadurch nicht aufgehalten würde. Der Chor hätte das Volk darzustellen und aktiv in die Handlung einzugreifen. Ferner müsse der Charakter einer jeden Person musikalisch-plastisch gezeichnet sein.

Besonderen Wert legt die „*Neurussische Schule*" auf Hervorhebung und Bevorzugung der Singstimme, der gegenüber das Orchester stets in eine dienende Stellung gewiesen wird.

Man kann es als Schicksal, vielleicht sogar als Tragik bezeichnen, daß Tschaikówski den Weg und den Zugang zur Musik dieser gleichaltrigen, epochemachenden Kollegen, die in dem gleichen Petersburg lebten, nicht gefunden hat. Er wird zwar in seinen Kompositionen nicht den internationalen Tendenzen von Anton Rubinstein folgen, aber er vertritt auch nicht die nationalen Bestrebungen der Mitglieder des „Mächtigen Häufleins". Er steht zwischen beiden Richtungen und gerät von vornherein in einen Gegensatz zu den fünf „Novatoren".

Wohl bahnen sich später zu Balákireff und Rímski-Kórssakoff freundschaftliche Beziehungen von Mensch zu Mensch an, aber die sachlichen Gegensätze bleiben bestehen. Das geringste gegenseitige Verständnis will sich zwischen ihm und Mussórgski einstellen. Stärkste Gegensätze bestehen von Natur zwischen beiden Komponisten. Für den unentwegten Stürmer und Dränger Mussórgski kann der viel zahmere Tschaikówski, der sich zum Ideal des *„absoluten Schönen"* in der Musik bekennt, nur wenig Sympathien aufbringen.

„Mussórgski kokettiert mit seinem Mangel an musiktechnischen Kenntnissen", schreibt Peter Iljítsch viel später, „er rühmt sich seiner Unwissenheit und komponiert, wie es ihm gerade einfällt, indem er blind der Unfehlbarkeit seines Genius vertraut. Dabei blitzen in der Tat talentvolle und eigenartige Einfälle bei ihm auf. Bei all seinen Scheußlichkeiten spricht er eine neue Sprache. Sie ist nicht schön, aber unverbraucht."

Mussórgski erwidert solche Gefühle mit der gleichen starken Abneigung, wovon sein drastischer Brief an Wladímir Stássoff vom 26. Dezember 1872 deutlich Zeugnis ablegt:

Mein teurer Generalissimus (Spitzname für Stássoff)!

Alle diese Tage bin ich oft mit Anbetern der bedingungslosen *musikalischen Schönheit* zusammengetroffen und habe ein seltsames Gefühl von Leere im Gespräch mit ihnen empfunden... Sadyk Pascha (Spitzname für Tschaikówski im Kreise des „Mächtigen Häufleins") befand sich in einem Dämmerzustand, träumte vielleicht von Sorbét, vielleicht aber auch vom Moskauer*) „Sauerteig", in den er sich beim Anhören von Bruchstücken aus *„Borís Godunóff"* verwandelte. Zuhörer

---

*) Im Kreis des Moskauer Konservatoriums wurden die Mitglieder des Kreises um Balákireff bekämpft.

pflege ich immer zu beobachten (das ist lehrreich!), und als ich bei Sadyk Pascha die Neigung bemerkte, sich ernstlich von der Säuernis durchdringen zu lassen, erwartete ich Gärung, und wirklich geriet der Teig nach dem Vortrag der „*Papageierzählung*" (aus dem „Borís") in Gärung, und die Bläschen fingen an mit stumpfem, trägem, faulem, häßlichen Ton zu platzen. Aus der Summe dieser Töne (es gab ihrer nicht viele) behielt ich folgendes: „Welche Kraft! (Wer gemeint ist, das wissen Sie), aber die Kräfte werden verzettelt... Es wäre nützlich, sich mit einer Sinfonie zu befassen (en forme — versteht sich). Ich Kraftmensch bedankte mich bei Sadyk Pascha, und das war alles.

Gestern traf ich Sadyk Pascha zufällig bei Bessel. Wieder dasselbe Lied: „Gebt mir musikalische Schönheit — einzig und allein musikalische Schönheit." Balákireff kam und wir spielten gemeinsam die *„Finnische Fantasie"* von *Dargomúishski*... Sadyk Pascha lehnte sie ab. Nach Balákireffs Weggang wünschte man den „Borís" zu hören. Sadyk Pascha verlangte nach der „Papageierzählung" und geriet wieder in Gärung, bis zur Bewußtlosigkeit, bis zum Verlust der Fähigkeit, ruhig zuzuhören. Mit der *„Polonäse"* (aus dem Borís) konnte er sich nicht befreunden. Damit machte ich Schluß.

Die „*Opritschniki*" (Oper von Tschaikówski) sind mit der Absicht komponiert, Berühmtheit zu erlangen und sich einen Namen zu machen; der Autor schmeichelte dem Geschmack des Publikums (oh Pascha!) und arbeitete doch gleichzeitig mit viel Eifer und Aufrichtigkeit an der Oper (oh Sadyk!). Erstens ist der Geschmack veränderlich, zweitens erwartet das Publikum von russischen Künstlern russische Musik und drittens ist es schimpflich, mit der Kunst zu persönlichen Zwecken Spiel zu treiben. Daraus folgt, daß es Sadyk, wie jedem wahren Pascha, an Zynismus nicht fehlt, und daß er sich offen zur „Religion" der *„bedingungslosen Schönheit"* bekennt.

Tschaikówski erhielt von einigen Teilen des *„Borís Godunóff"* (wie zum Beispiel von der oben erwähnten

„Papageierzählung") gute Eindrücke, aber das ganze gewaltige Volksdrama hat er nie gehört. Es war ihm nicht gegeben, Mussórgskis umstürzlerisches Genie zu erkennen und er hat nicht geahnt, daß wir heute den „Borís Godunóff" (Drama von Púschkin) für die stärkste und ursprünglichste musikalische Schöpfung halten, welche die Russen bis auf den heutigen Tag hervorgebracht haben.

*

Über die übrigen Mitglieder des *„Mächtigen Häufleins"* äußerte sich Tschaikówski in einem Brief an Frau von Meck aus einer sehr viel späteren Zeit:

„Hier meine aufrichtige Meinung über diese Herren", schreibt er im Dezember 1877 aus San Remo. „Welch traurige Erscheinung! Welch große Begabungen, von denen man aber, mit Ausnahme von Rímski-Kórssakoff, nichts Ernsthaftes erwarten kann. Sie zeichnen sich durch eine fürchterliche Überheblichkeit aus und glauben, daß sie der ganzen übrigen Musikwelt überlegen wären. Eine Ausnahme macht in letzter Zeit *Rímski-Kórssakoff*.

Er ist zwar auch Autodidakt wie die übrigen, aber er hat zuletzt eine Wandlung durchgemacht. Das ist ein sehr ernsthafter, aufrichtiger und gewissenhafter Mensch. Ganz jung geriet er in jenen Kreis, wo ihm versichert wurde, er wäre ein Genie und ein Studium der Musiktheorie nicht erforderlich, weil dadurch die schöpferische Kraft verkümmere. Anfangs glaubte er diesen Theorien. Seine frühesten Kompositionen bezeugen ein großes Talent, dem jedoch das theoretische Wissen fehlt... Kórssakoff ist der einzige unter ihnen, der vor fünf Jahren zu der Einsicht gelangte, daß die Anschauungen seiner Freunde falsch seien, daß ihre Geringschätzung des Studiums und der klassischen Musik, ihre Ablehnung aller Autoritäten nichts anderes bedeuten als Unwissenheit.

Ich besitze noch einen Brief von ihm aus jener Zeit, der mich gerührt und erschüttert hat. Er war in Verzweiflung geraten, als er eines Tages einsah, daß soviele Jahre nutzlos verstrichen waren und er sich auf einem falschen Weg befand. Er fragte mich damals um Rat. Hier gab es nur eine Antwort: lernen. Das tat er dann auch. Im Laufe eines Sommers schrieb er eine Unmenge kontrapunktischer Studien und vierundsechzig Fugen, von denen er mir zehn zur Durchsicht übersandte. Die Fugen erwiesen sich als makellos, aber schon damals beobachtete ich, daß die Reaktion zu scharf war. Aus einem Verächter des Studiums war ein Anbeter der musikalischen Technik geworden. Bald darauf erschien seine erste Sinfonie sowie sein Streichquartett. Beide Kompositionen enthalten eine Unmenge kontrapunktischer Kunststücke, zeichnen sich aber — wie Sie ganz richtig bemerken — durch Trockenheit und Pedanterie aus. Offenbar macht er jetzt eine Krisis durch. Womit das enden wird, läßt sich schwer voraussagen.

Cui ist ein talentvoller Dilettant. Seiner Musik fehlt es an Ursprünglichkeit, aber sie ist hübsch und elegant, kokett und gewissermaßen geleckt. Anfangs gefällt diese Musik, aber man wird ihrer bald überdrüssig. Von Beruf ist Cui nicht Musiker, sondern ein sehr beschäftigter Professor der Festungskunde, der in den Militärschulen Petersburgs eine Menge Vorlesungen hält.

Borodin, ein fünfzigjähriger Professor der Chemie an der Medizinischen Akademie, besitzt Talent, sogar ein sehr großes, das aber infolge von Mangel an theoretischen Kenntnissen nicht zur Entwicklung gelangt ist. Diese sind so gering, daß er keine Zeile ohne fremde Hilfe schreiben kann.

Die stärkste Persönlichkeit dieses Kreises ist *Balákireff*. Aber er ist verstummt, nachdem er sehr wenig geschaffen hat. Er besitzt eine gewaltige Begabung, die aber infolge gewisser verhängnisvoller Umstände zu Grunde gegangen ist. Nachdem er sich lange mit seinem Unglauben gebrüstet hat, ist er jetzt unter die Heiligen gegangen. Er verbringt ganze Tage in der Kirche, fastet, betet, kniet vor Reliquien und tut sonst gar nichts. Trotz seiner außergewöhnlichen Begabung hat er viel Unheil angestiftet. So richtete er zum Beispiel Kórssakoff zugrunde, indem er ihm einredete, Lernen wäre schädlich. Er ist der Erfinder der Theorien dieses seltsamen Kreises, in dem soviel urwüchsige, falsch geleitete und vorzeitig zu Grunde gegangene Talente vereinigt sind."

Und nun seien diesem Urteil von Tschaikówski Äußerungen Mussórgskis gegenübergestellt, entnommen einigen Briefen aus dem Jahre 1875 an seinen Freund Wladímir Stássoff:

„Neulich begegnete ich Rímski-Kórssakoff. Gleichzeitig sprangen wir beiden aus unseren Droschken und umarmten uns. Was erfahre ich: er hat zehn Fugen geschrieben, eine komplizierter als die andere und sonst nichts...

Wann werden die Leute endlich einmal, statt Fugen und konventionelle Dreiakter (Cui) zu komponieren, einen Blick in gescheite Bücher tun und so Zwiesprache mit gescheiten Menschen halten, oder ist es dazu schon zu spät? Nicht das verlangt der heutige Mensch von der Kunst, nicht darin erschöpft sich die Aufgabe des Künstlers. Das *Leben*, wo immer es sich äußert; die *Wahrheit*, wie bitter sie sei; die kühne, aufrichtige Rede von Mensch zu Mensch — Aug in Aug — das ist meine Art, das ist es, was ich will, und dieses Ziel zu verfehlen, täte mir weh. Dazu treibt es mich, und so will ich bleiben.

Denke ich an gewisse Künstler, die *hinter dem Schlagbaum stecken bleiben* (Kórssakoff und Cui), so überkommt mich Betrübnis wie ein feuchtkalter Nachtspuk. Das ganze Streben solcher Künstler ist darauf gerichtet, Tropfen um Tropfen rieseln zu lassen, und jeder dieser Tropfen ist mit Liebe abgemessen und abgewogen; ihnen macht's Spaß, unsereinem aber verursacht es Trübsal und Langeweile; brecht euch Bahn, Verehrteste, so wie lebendige Menschen sich Bahn brechen; zeigt, ob ihr Krallen oder Samtpfötchen habt; ob ihr Raubtiere oder fischblütige Amphibien seid. Wo denkt ihr hin! Und der Schlagbaum? Ohne Sinn und Verstand, ohne Willen haben diese Künstler sich selbst in die Fesseln der Tradition verstrickt, sie bestätigen so das Gesetz der Trägheit und bilden sich ein, daß sie

Taten vollbringen. Dieses alles wäre nichts weiter als unerquicklich und bis zu einem gewissen Grade antipathisch, wenn diese Künstler nicht einst nach einem anderen Banner gegriffen hätten, um es stolz vor der Menschengemeinschaft aufzupflanzen.

Denn solange *Balákireffs eiserne Faust* sie (Kórssakoff und Cui) noch zusammenhielt, da atmeten sie mit seinen mächtigen Lungen — doch nicht aus seiner vollen Heldenbrust — und stellten sich Aufgaben, die schon bedeutende Männer bewegt hatten. Nun aber hat Balákireffs eiserne Faust sich gelockert — und da fühlen sie sich sogleich schlaff und ruhebedürftig; wo aber diese Ruhe finden? In der Tradition, versteht sich: ‚Wie die Alten sungen, so zwitschern auch die Jungen.'

Das ‚*Mächtige Häuflein*' ist zu einer Schar hirnloser Verräter entartet; ihre ‚Geißel' wurde zur Kinderpeitsche. Sie haben nicht teil am Kern des Lebens, sie sind ohne Belang für das heutige Schaffen, und ich glaube, man wird diese Künstler vergebens im ‚himmlischen Imperium' suchen."

Der unentwegt von einem inneren Dämon getriebene Mussórgski will nicht anerkennen, daß die Beherrschung der musikalischen Technik Voraussetzung ist für das künstlerische Schaffen. Dieser Einsicht verschließt er sich hartnäckig, und es ist tragisch zu beobachten, wie dieser geniale Künstler, behindert durch seine mangelhafte Technik, sich abmüht, seine himmelstürmenden Einfälle nicht nur zu fixieren, sondern auch zu gestalten. So hinterläßt er am Schluß seines Lebens eine Menge Fragmente, darunter auch seine Oper „*Chowántschtina*", die Tschaikówski in einem Brief vom Jahre 1884 nicht mit Unrecht folgendermaßen charakterisiert: „Neigung zum Realismus, ungenügende Technik, viele talentvolle musikalische Episoden in einem Meer harmonischer Ungereimtheiten."

Es ist bekannt, daß Mussórgskis „*Borís Godunóff*" fast ausschließlich in der Bearbeitung von Rímski-Kórssakoff aufgeführt wird. Diese Bearbeitung wird den ursprünglichen Intentionen des Autors nicht gerecht. Kórssakoff ist leider nicht dabei stehen geblieben, nur die technischen Mängel auszumerzen, sondern darüber hinaus ersetzte er viele Ecken und Kanten des urwüchsigen Mussórgskischen Stiles durch eine glättende Überarbeitung und griff damit in den Organismus des Werkes ein. Da aber der „*Original-Boris*" nicht unwesentliche Schwächen aufweist (vor allem wegen der ungenügenden Instrumentation), müßte eine dritte Lösung gefunden werden. Die Originalfassung müßte neu instrumentiert werden unter Beibehaltung der vielen, durchaus zu billigenden Verbesserungen Kórssakoffs und Ausschaltung seiner auf „Glättung" zielenden Eingriffe. In diesen schwierigen Fragen die richtige Mitte zu finden, dürfte nicht leicht sein. Nur ein mit Takt, Stilgefühl und Kenntnissen ausgerüsteter Musiker könnte eine solche Umgestaltung wagen. In meiner *Mussórgski-Biographie* (Deutsche Verlagsanstalt, Stuttgart) habe ich diese Dinge eingehend behandelt.

Kórssakoff hat, wie sowohl aus den Briefen Mussórgskis als auch Tschaikówskis hervorgeht, für seine Person eine innere Umkehr, eine Wendung vollzogen, über die Mussórgski sich erbittert äußert. Er verzichtet auf kühne Neuerungen, sucht den Anschluß an die Tradition, wodurch sein Stil, wie schon Tschaikówski hervorhebt, gelegentlich der Trockenheit und Pedanterie verfällt.

Überblicken wir heute Kórssakoffs Gesamtwerk, so läßt sich feststellen, daß er nach seiner Umkehr eine große Anzahl von Opern geschrieben hat, die gewiß viel wertvolle Musik enthalten. Als Ausdruck seiner Entwicklung zeigen seine Schöpfungen jedoch, daß diese auf Kosten des Fortschritts und einer unmittelbar sprudelnden Erfindung in ruhige, gemäßigte, oft auch recht trockene akademische Bahnen einlenkte. Selten hat sich in der Geistesgeschichte ein Beispiel gefunden, wie dieses, das eine so klare und deutliche Abgrenzung der zwei Begabungen „Genie" und „Talent" ermöglicht. Hier stehen einander gegenüber: das *Genie* Mussórgski und das große *Talent* Rímski-Kórssakoff.

Um 1875 herum war das „*Mächtige Häuflein*" zerfallen. Einst hatten die vier Künstler sich als vier unentwickelte Küchlein um den fünften, um Balákireff geschart. Im Verlauf der Jahre waren sie flügge geworden, jeder von ihnen nahm seine eigene Entwicklung, und die gegenseitigen Bindungen lösten sich, zumal Balákireff dem Mystizismus der Kirche verfiel. Nur Mussórgski und Borodín blieben den ursprünglichen Losungen des Kreises treu.

Zusammenfassend ergeben sich aus der Stellungnahme Mussórgskis und Tschaikówskis zum „Mächtigen Häuflein" folgende Gesichtspunkte: Im absprechenden Urteil über Cui sind sich beide einig, wobei hervorgehoben sei, daß Cui weniger Musikschaffender als vielmehr Musikkritiker war. Seine Kompositionen sind heute fast vergessen. In bezug auf Kórssakoff dagegen stimmen die beiden Tondichter in ihrem Urteil nicht überein. Mussórgski schätzt vor allem Kórssakoffs früheste Werke, wie zum Beispiel seine Oper: *„Das Mädchen von Pskoff"* („Iwán der Schreckliche"), die sich auch nach heutigem Urteil durch Frische in der Erfindung auszeichnet. Seine zahlreichen späteren Opern, die nach Kórssakoffs „Wandlung" entstanden, hat Mussórgski nicht mehr erlebt, da er bereits 1881 starb. Eine Überschätzung der musikalischen Technik, wie sie gerade in unseren heutigen Tagen wieder bemerkbar wird, birgt zweifellos Gefahren in sich. Nicht ganz mit Unrecht weist Mussórgski darauf hin, daß die „schöpferische Kraft verkümmern" kann, falls sie von „Technik" überwuchert wird. Leider übertreibt er diese Erkenntnis in der Auswirkung, wenn er „Technik" als solche überhaupt ablehnt. Kórssakoff entwickelt sich nach Mussórgskis Tod zu einem Beherrscher der musikalischen Form, und vor allem zu einem Meister der *Instrumentationskunst*. Auf diesem Gebiet hat er Entscheidendes und völlig Neuartiges geleistet, was seinen zukünftigen Bearbeitungen der Werke seines einstigen Freundes Mussórgski zugute kommen sollte.

Tschaikówski verwirft Kórssakoffs frühe Kompositionen um ihrer unzureichenden Technik willen und begrüßt dessen „Wandlung". Er verkennt aber nicht, daß es manchen seiner späteren Schöpfungen an Frische fehlt, da die „Reaktion zu scharf" war. Doch hat Kórssakoff nur in bezug auf seine technischen Errungenschaften eine Abkehr von den Losungen des „Mächtigen Häufleins" vollzogen. In der Hauptsache ist er ihnen treu geblieben, nämlich durch die grundsätzliche Betonung des *Bodenständigen,* des *nationalen-russischen* Charakters seiner Musik. Seine zahlreichen Opern legen Zeugnis davon ab.

Tschaikówski aber, der ständig seine Technik zu vervollkommnen sucht, der immer wieder Depressionszuständen ausgesetzt ist und von Werk zu Werk neue Anläufe nimmt in seinem Bemühen, Gipfelleistungen zu vollbringen, verkennt Kórssakoffs nationale Bestrebungen und bleibt selbst allzusehr der westeuropäischen Musik verhaftet. Hier gibt es innere Berührungspunkte zwischen ihm und Anton Rubinstein, dessen Kompositionen allerdings gänzlich kosmopolitischen Charakter tragen, der als schaffender Künstler nicht im entferntesten an Tschaikówski heranreicht.

*

Daß es zwischen Mussórgski und Anton Rubinstein noch weniger Berührungspunkte geben konnte als zwischen Mussórgski und Tschaikówski, darf nicht wunder nehmen. Den „Einfallskünstler" Tschaikówski zeichnet eine ungewöhnliche musikalische Erfindungskraft aus, die die „Novatoren" zu würdigen wissen. Weit unter ihm steht Rubinstein, der schnell schreibende, wenig wählerische Komponist. Anfang der siebziger Jahre führt dieser seine später so erfolgreiche Oper *„Dämon"* den Mitgliedern des *„Mächtigen Häufleins"* am Klavier vor. Sein rassiges Pianistentum findet uneingeschränkte Anerkennung, während die Musik seiner Oper von den versammelten Freunden abgelehnt wird. Auf diese Episode spielt Mussórgski in seinem von Witz und Humor übersprudelnden Brief an Stássoff vom 11. September 1874 an:

„Allervortrefflichster, unvergleichlichster, fürtrefflicher Aufpflüger meines Hirns, dessen Mark Sie zu immer ersprießlicherer Vervollkommnung anspornen — hören Sie mich an!

Für den Fall, daß wir uns heute beim Meister architektonischer Künste Hartmann (Architekt und Maler) nicht sehen sollten, verfasse ich diese Epistel. Worin sie besteht, darüber belehren unverzüglich folgende Absätze:

1. Gestern habe ich den lieben Rubin (Rubinstein) von Angesicht zu Angesicht gesehen — er dürstet ebenso begierig wie wir nach einer Zusammenkunft.
2. Er bestimmt für diese Angelegenheit den Mittwoch.
3. Er will Mittwoch mit seiner neuen Oper kommen und sie uns zeigen, als da sind: dem General Bach (Spitzname für Stássoff), Dimítri Wassíljewitsch (Stássoffs Bruder), der Admiralität (Rimski-Kórssakoff, ehemaliger Marineoffizier), Kwei (Cui) und mir großem Sünder.
4. Er nannte für die Zusammensetzung des Auditoriums auch Balákireff und Borodín, doch dürften diese schwerlich kommen.
5. Er will seine Oper selbst vortragen und bat inständig, daß niemand außer uns zugegen sei... Rubin war feurig zum Entzücken; welch lebendiger und hinreißender Künstler!"

Auch Tschaikówski hat niemals ein inneres Verhältnis zu den Kompositionen Anton Rubinsteins finden können. Er sieht in ihm — was er in späteren Jahren bekennt — einen Vielschreiber, der es für seine Pflicht hält, die Welt fast täglich mit neuen Schöpfungen zu beglücken. So hätte er seine von Natur nicht unbeträchtliche schöpferische Begabung mißbraucht, indem er mit seinen Werken nur „gangbare kleine Münze" lieferte.

Tolstói

Seit langem zählt Peter Iljítsch zu den glühenden Verehrern Leo Tolstóis. In dem Schöpfer von „*Krieg und Frieden*", jenem gewaltigen Epos, dem nur wenige Prosawerke der Weltliteratur an die Seite gestellt werden können, erblickt er geradezu einen Halbgott.

1876 erfolgt die erste Begegnung zwischen beiden Männern, worüber Tschaikówski seiner Schwester berichtet: „Graf Leo Tolstói war vor weniger Zeit hier. Er hat mich besucht, und ich bin stolz darauf, sein Interesse erweckt zu haben. Von seiner Persönlichkeit bin ich ganz begeistert."

Zehn Jahre später beschreibt er in seinem Tagebuch diese Begegnung ausführlich: „Als ich die Bekanntschaft Tolstóis machte, hatte ich eine namenlose Furcht vor ihm. Es schien mir, als ob dieser große Herzenskenner nur einen Blick auf mich zu werfen brauchte, um in die geheimsten Winkel meiner Seele einzudringen. Seinem Auge konnte — so glaubte ich — auch nicht die geringste Schlechtigkeit meines Inneren verborgen bleiben, so daß es müßig wäre, ihm nur die guten Seiten zeigen zu wollen. In Wirklichkeit kam es ganz anders. Der größte aller Menschenkenner erwies sich als ein sehr einfaches, liebevolles Wesen, dem gar nichts daran zu liegen schien, jene Allwissenheit, die ich so fürchtete, vor jedermann zu betonen ... offenbar sah er in mir nicht ein Objekt seiner Forschungen, sondern er wollte mit mir ein wenig über Musik plaudern."

Bald nach dieser Begegnung wird zu Ehren Tolstóis im Konservatorium in Moskau ein Konzert veranstaltet, in dem unter anderem das nachmals so berühmte „Andante cantabile" aus Tschaikówskis erstem Streichquartett zur Aufführung gelangt. „Nie in meinem Leben war mein Ehrgeiz so überaus befriedigt", heißt es im Tagebuch des Tondichters, „nie mein Autorenselbstbewußtsein so beglückt wie damals, als Tolstói, neben mir sitzend, den Klängen meines Andante lauschte und Tränen über Tränen seinen Augen entströmten."

Kaum ist der berühmte Dichter wieder nach seinem

Gut Jássnaja Poljána in der Nähe von Túla zurückgekehrt, als er dem Tondichter schreibt: „Gar nichts habe ich Ihnen gesagt, von dem, was mich bewegte. Es war aber auch keine Zeit dazu. Ich genoß nur. Mein letzter Aufenthalt in Moskau wird für mich eine der schönsten Erinnerungen bleiben. Noch nie ist mir für meine literarischen Bemühungen ein so schöner Lohn zuteil geworden als an jenem wundervollen Abend."

Ein Jahr später erwähnt Peter Iljítsch in einem Brief jene Begegnung: „Letzten Winter führte ich einige interessante Gespräche mit Tolstói, welche mir über vieles die Augen geöffnet haben. Er hat mich überzeugt, daß derjenige Künstler, der nicht aus innerstem Antrieb schafft, sondern berechnend nach Effekt schielt in der Absicht, dem Publikum zu gefallen, kein wahrer Künstler ist. Seine Schöpfungen sind vergänglich, die Erfolge nur vorübergehend. Von dieser Wahrheit bin ich völlig durchdrungen."

So sehr Peter Iljítsch den Künstler in Tolstói verehrte, so wenig konnte er sich mit dessen philosophischen und ethischen Schriften aus späteren Jahren befreunden. Im Tagebuch Peters von 1886 finden wir folgende Stelle: „Liest man Autobiographien unserer großen Männer, so stößt man jeden Augenblick auf Gedanken, Eindrücke, Gefühle, die man oft gedacht hat. Nur *einen* gibt es, der unbegreiflich ist, der unerreicht und einzig dasteht in seiner Größe: Leo Tolstói. Oft ärgere ich mich über ihn und hasse ihn beinah. Warum, denke ich, muß dieser Mann, der die köstliche Gabe besitzt, die Seele eines Menschen so wundervoll harmonisch zu stimmen, der über die Kraft verfügt, unsere schwachen Köpfe zum Begreifen der geheimsten Regungen des Herzens zu zwingen — warum muß dieser Mann den Moralprediger spielen? ... Früher konnte er durch die einfache Erzählung eines alltäglichen Vorgangs die tiefsten Eindrücke hervorrufen. Jetzt kommentiert er Texte und beansprucht ein ausschließliches Monopol in Sachen des Glaubens und der Ethik.

Der frühere Tolstói, der Erzähler, war ein Gott. Der jetzige ist nur ein Priester."

Ein politisches Zwischenspiel

In der Zeit des russisch-türkischen Krieges 1877/1878 finden wir Tschaikówskis Stellung zu den politischen Geschehnissen dieser Tage deutlich ausgesprochen. Er bangt um die Zukunft Rußlands und beobachtet die anfänglichen militärischen Mißerfolge der Russen mit Sorge. Zugleich ist er erschreckt und doch auch gepackt durch die Haltung der russischen Bevölkerung, deren gesamte Intelligenz sich in heftiger Opposition zu der schwachen und schwankenden Haltung der Regierung in Petersburg befindet.

Nach Überwindung heftigen Widerstandes haben die Russen die starke türkische Festung Plewna erobert und sind im Begriff, Adrianopel und womöglich Konstantinopel zu besetzen. Wird der uralte Traum der Russen in Erfüllung gehen? Im Russischen heißt Konstantinopel „Zargrad", das heißt Zarenstadt. Seit bald tausend Jahren streben die russischen Großfürsten und Zaren unentwegt nach der Eroberung dieser Stadt. Tschaikówski und Frau Nadjéshda sind eines Sinnes. Sie fühlen als echte Russen. Mit brennendem Interesse verfolgen sie die Entwicklung der Ereignisse. Sie spüren den Widerstand Englands und mißtrauen der Politik Bismarcks, der auf dem kommenden *„Berliner Kongreß"* den *„ehrlichen Makler"* (gibt es ehrliche Makler?) spielen will. In Wirklichkeit wird er als Staatsmann den verhängnisvollsten Fehler seiner Laufbahn begehen. Die Bismarcklegende verhindert, diese Zusammenhänge klar zu erkennen.

In Berlin werden die Russen gezwungen, auf ihre Eroberungen und auf Konstantinopel zu verzichten. Der schlaue Lord Beaconsfield (sein eigener Name ist Disraeli), der Vertreter Englands auf dem Berliner Kongreß, setzt seine von Österreich unterstützten Forderungen durch. Als Triumphator ohnegleichen wird er nach seiner Rückkehr bei seinem Einzug in London gefeiert, (England erhielt die Insel Cypern zugesprochen), während Rußlands Vertreter Fürst Gortschakóff als ein geschlagener Mann heimkehrt. Trotz des später abgeschlossenen Rückversicherungsvertrages hat Rußland diese Demütigung nie vergessen. Bereits in diesen Tagen und nicht erst durch die Fehler Wilhelms II. beginnt die später so verhängnisvolle Entfremdung und Spannung zwischen Deutschland und Rußland. Bismarcks Politik lief unglücklicherweise darauf hinaus, das schwache, in viele Nationen gespaltene, bereits zersetzte und nicht mehr lebensfähige Österreich zu stützen. Damit stößt er Rußland vor den Kopf.

Um wieviel positiver hätte die Zukunft und das Zusammenwirken der beiden Staaten Deutschland und Rußland sich gestalten können, wenn Bismarck, indem er Österreich fallen ließ, Rußlands Forderungen unterstützt und dessen auf die Dauer nicht aufzuhaltende Expansionsbestrebungen nach Südosten auf den Balkan hingelenkt und damit von Deutschland abgelenkt hätte?

Hat England seinen Staatsmann Disraeli in den Adelsstand erhoben und ihm den stolzen Titel eines Lord Beaconsfield verliehen, so gibt es auch anderwärts ähnliche Bestrebungen. Spöttisch berichtet darüber Frau von Meck: „Ihr Rubinstein macht jetzt Konzertreisen zugunsten des Roten Kreuzes. Auch hier erlebte ich in bezug auf ihn eine Enttäuschung. Ich glaubte, daß er diese Konzerte aus patriotischer Begeisterung veranstaltet und höre plötzlich, daß dem nicht so ist. Was glauben Sie wohl, was er damit anstrebt? ... Die Erhebung in den Adelsstand! Ist das nicht lächerlich? Wozu hat ein Künstler das nötig? Man muß als Edelmann geboren sein ... O diese Menschen! Immer kommt es ihnen auf Äußerlichkeiten an ... Heute kehrte Rubinstein aus Petersburg zurück, ich weiß nicht, ob mit oder ohne Adel. Nikolai von Rubinstein! Es wäre spassig zu wissen, welchen Adel man ihm verleihen könnte; den von Jerusalem oder einen Allerweltsadel."

Wagner und Mozart

1876 besucht Peter die Festspiele in Bayreuth und bemüht sich, einen Eindruck von der Musik Richard Wagners zu gewinnen, die er zum Teil anstaunt, die ihm aber zeitlebens fremd bleiben wird. „Ich begegnete einer ganzen Anzahl bekannter Persönlichkeiten", schreibt er am 2. August 1876 an Modést, „und geriet sofort in den Strudel des Bayreuther Festgetriebes, in dem ich mich den ganzen Tag wie ein Besessener herumdrehte. Dabei machte ich die Bekanntschaft *Liszts*, der mich äußerst liebenswürdig empfing."

Und weiter heißt es in einem Bericht für die „Russischen Nachrichten" über die Ankunft Kaiser Wilhelms: „Ich sah dem Schauspiel aus dem Fenster eines benachbarten Hauses zu. Vor mir tauchten einige glänzende Uniformen auf, dann erschien die Prozession der Musiker des Wagner-Theaters mit *Hans Richter* an der Spitze, hierauf die hohe Gestalt und der Charakterkopf des *Abbé Liszt*, dessen Bild ich schon früher oft bewundert hatte, schließlich in einem eleganten Wagen ein kleiner Mann mit Adlernase und feinen, spöttischen Lippen: *Richard Wagner*, der Urheber dieses kosmopolitisch-künstlerischen Festes...

Die kleine Stadt bietet den Fremden zwar genügend Unterkunft, ist aber nicht in der Lage, alle ihre Gäste zu ernähren. So kam es, daß ich gleich am ersten Tag erfuhr, was der ‚Kampf ums Dasein' bedeutet: ein jedes Stück Brot, ein jedes Glas Bier kann nur durch Kampf, durch List oder durch eiserne Ausdauer erbeutet werden...

Brausender Jubel ertönte aus Tausenden von Kehlen, als der kaiserliche Zug langsam in die Bahnhofshalle einlief. Der betagte Kaiser bestieg den bereitstehenden Wagen und fuhr ins Schloß. Wagner, der ihm unmittelbar folgte, wurde nicht minder jubelnd begrüßt. Welch stolze Gefühle mußten das Herz jenes kleinen Mannes erfüllen, der ungeachtet aller Schwierigkeiten kraft seiner Energie und seines enormen Talents seine kühnsten Ideale und verwegensten Pläne verwirklichen konnte."

Über das Werk des Bayreuther Meisters berichtet er: „Ich habe den Eindruck gewonnen, daß die *Ring-Tetralogie* außerordentlich schöne Musik enthält, namentlich in sinfonischer Beziehung, was doch sehr merkwürdig ist, da Wagner kaum die Absicht gehabt haben kann, eine Oper im sinfonischen Stil zu schreiben. Ich bewundere aufrichtig das gewaltige Talent des Komponisten und seine ungeheure, noch nie dagewesene Technik. Und doch zweifle ich sehr an der Richtigkeit des Wagnerschen Opernprinzips, gedenke aber das Studium dieser so überaus komplizierten Musik fortzusetzen."

Drei Jahre später schreibt unser Tondichter: „Gestern begann ich die *Lohengrin*-Partitur zu studieren. Für die Person Wagners hege ich keine Sympathie, doch muß ich seinem musikalischen Genie Gerechtigkeit widerfahren lassen. Dieses Talent ist am stärksten im „Lohengrin" zur Geltung gekommen, der Krone aller Wagnerschen Schöpfungen. Nach „Lohengrin" begann der Abstieg seines Talents ... Er verlor alles Maß und fing an, über die Schnur zu hauen."

1884 läßt Peter sich folgendermaßen vernehmen: Es wäre nicht verwunderlich, wenn so ausgezeichnete Opern, wie „*Lohengrin*", „*Tannhäuser*" und „*Der Fliegende Holländer*" sich auf dem Repertoire halten sollten. Diese von einem Meister ersten Ranges stammenden Bühnenwerke müssen früher oder später Allgemeingut werden. Die Opern der letzten Periode dagegen sind voller Lügen und im Prinzip falsch angelegt: es fehlt ihnen an Einfachheit und Wahrhaftigkeit.

Man weiß, daß Wagner etwa seit 1870 und seitdem fast ein halbes Jahrhundert lang einen ungeheuren Einfluß auf die schaffenden Musiker fast der ganzen Welt ausgeübt hat. Ganze Generationen von Komponisten waren ihm verfallen und mußten ihm ihren Tribut zahlen auf Kosten ihrer Selbständigkeit. Den bedeutendsten unter ihnen, wie zum Beispiel dem jungen *Richard Strauss, Pfitzner* und *Debussy* gelang es, sich von diesem Einfluß zu befreien und in späteren Werken ihren eigenen Stil zu finden. Selbst der mit Wagner gleichaltrige *Verdi* (beide 1813 geboren) konnte sich in seiner Spätzeit diesem Eindruck nicht ganz entziehen, und es wird behauptet, die lange Schaffenspause zwischen seiner *„Aida"* und dem *„Othello"* wäre dadurch hervorgerufen, daß Verdi nach dem Studium Wagnerscher Partituren an seinen bisherigen Leistungen irre wurde, vor allem an der Form der sogenannten *„Großen Oper"*, der Wagner den Kampf angesagt hatte. So entstand nach langer Schaffenspause Verdis *„Othello"*, dessen Musik keine Anleihe bei Wagner macht, dessen Form jedoch — ein Musikdrama — unmittelbar auf Wagners reformatorisch-dramaturgische Bühnen-Vorschriften zurückgeht. *Aida war Verdis letzte Oper, Othello ist sein erstes Musikdrama.*

Auf Tschaikówski hat Wagner einen nur sehr geringen Einfluß ausgeübt.

Seinem Schüler Tanéjeff bekennt er zwar 1877, nachdem er kurz zuvor seine sinfonische Fantasie *„Francesca da Rimini"* beendet hatte:

„Cuis Äußerung, ich hätte meine *„Francesca"* unter dem Eindruck der *„Nibelungen"* von Richard Wagner geschrieben, ist durchaus richtig. Ich habe das selbst während der Arbeit bemerkt. Wenn ich mich nicht täusche, ist das besonders in der Einleitung spürbar. Ist es nicht seltsam, daß ich dem Einfluß eines Kunstwerks verfiel, für das ich eine Abneigung hege?"

Trotz dieses Bekenntnisses ist es fast unmöglich in Tschaikówskis *„Francesca"* Reminiszenzen an Wagner zu entdecken, auch nicht in der Einleitung. Nur gegen Schluß, nachdem die ebenso bezaubernde als betörende Melodie des schier endlosen unsterblichen Liebesgesanges verklungen ist, ertönen nach einem Crescendo-Paukenwirbel mit anschließenden Fortissimo-Schlägen des ganzen Orchesters *fahle Akkorde der Posaunen* (Eulenburg-Partitur Seite 109), die ganz entfernt an Wagners *„Nibelungenring"* erinnern. Sonst aber dürfte man in keinem anderen Werk des russischen Meisters irgendwelche Spuren Wagnerschen Geistes entdecken.

*

Wenn Peter vorurteilslos Wagners schöpferisches Genie anerkennt, so empfindet er doch nicht die geringsten Sympathien für dessen Musik. Leidenschaftliche Liebe dagegen bringt er seinem Abgott *Mozart* entgegen, vor allem dessen „*Don Juan*". Diese Oper begleitete ihn von seiner frühesten Jugend bis zu seinen letzten Schaffensjahren und bedeutete ihm den Höhepunkt schöpferischer Gestaltung. Frau Nadjéshda kann ihm hierin nicht folgen.

„Warum lieben Sie nicht Mozart?" schreibt er ihr am 16. März 1878 aus Clarens. „Ich liebe ihn nicht nur, ich vergöttere ihn. *Für mich ist die Krone aller jemals geschaffenen Opern der ‚Don Juan'*. Da Sie solch ein feines Verständnis für Musik besitzen, müßten Sie dieses Ideal von einem Künstler verehren... Betrachten Sie seine Opern, zwei oder drei Sinfonien von ihm, sein Requiem, seine sechs Haydn gewidmeten Streichquartette, sein Streichquintett in g-moll. Finden Sie denn gar keinen Gefallen an diesen Werken?

Mozart ist es gelungen, den Typus einer tragischen Figur zu schaffen, die stärkste und hinreißendste Verkörperung einer Person, die jemals der Musik gelungen ist. Ich meine die *Donna Anna* im ‚*Don Juan*'. Ich bin nicht imstande, Ihnen die Empfindungen zu beschreiben, die mich beherrschen, wenn ich den ‚Don Juan' im Theater höre und auf der Bühne die erhabene Gestalt der stolzen, rachedürstigen Donna Anna erscheint. In keiner anderen Oper bin ich so hingerissen. Wenn Donna Anna in Don Juan den Mann erkennt, der ihre Ehre verletzt, ihren Vater erschlagen hat, wenn ihr Zorn in einem genialen Rezitativ wie ein reißender Strom zum Durchbruch gelangt und dann jene wundervolle Arie folgt, wo jeder Akkord, jede Orchesterfigur ihren Zorn und ihren Stolz zum Ausdruck bringen — dann zittre ich am ganzen Körper und bin nahe daran, überwältigt von dem gewaltigen Eindruck, laut aufzuschreien und zu weinen. Und dann: welch ergreifende Töne, wenn sie an der Leiche des Vaters in Klagen ausbricht!

Die Musik des ‚*Don Juan*' liebe ich so heiß, daß in

diesem Augenblick, wo ich schreibe, mir vor Rührung und Aufregung die Tränen in die Augen treten. Ich bin nicht imstande, ruhig darüber zu sprechen. In der Kammermusik besticht Mozart durch die Reinheit und Anmut der Form, sowie durch die erstaunliche Schönheit seiner Stimmführung. Sehen Sie sich das Adagio aus dem g-moll Streichquintett an. Noch nie hat jemand es verstanden, unergründlichen Schmerz so schön durch Musik auszudrücken. Als der Geiger Laub dieses Adagio spielte, versteckte ich mich in der entferntesten Ecke des Saales, damit niemand beobachten konnte, in welchen Zustand mich diese Musik versetzte.

Mozart erfand Musik, so wie die Nachtigallen singen, das heißt, ohne zu überlegen, ohne Anstrengung. Und wie leicht ging ihm die Arbeit von der Hand! Niemals hat er Skizzen entworfen. Seine Genialität war so überwältigend, daß er alle seine Werke unmittelbar in der Partitur niederschrieb. Er pflegte seine Musik bis in die geringsten Einzelheiten im Kopf auszuarbeiten.

Unendlich viel könnte ich Ihnen noch von diesem strahlenden Genius erzählen, mit dem ich geradezu einen Kult treibe... Der ‚Don Juan' ist in meinem Leben die erste Musik gewesen, die mich durch und durch erschüttert hat. Sie entfachte damals in mir eine heilige Begeisterung, die später Früchte tragen sollte. Durch diese Musik wurde mir jene Welt der künstlerischen Schönheit bewußt, die nur den größten Geistern offen steht."

Eros und Liebe

Die Katastrophe einer Heirat

Nachdem wir Peters Werdegang und sein Leben bis zur Fühlungnahme mit Nadjéshda von Meck geschildert haben, fahren wir fort, die Entwicklung dieser seltsamen Freundschaft zu verfolgen und nähern uns der Katastrophe im Leben unseres Tondichters, hervorgerufen durch seine überstürzte Heirat.

„Schon bei Ihren ersten Musikaufträgen", schreibt Peter der Freundin am 1. Mai 1877, „kam mir der Gedanke, daß Sie sich dabei von zwei Gesichtspunkten leiten lassen; einerseits liegt Ihnen daran, Werke von mir in der einen oder anderen Form zu besitzen, andererseits wollten Sie mir helfen, da Ihnen meine ewigen Geldsorgen bekannt sind. Das allzu freigebige Honorar, das Sie mir für meine geringfügigen Arbeiten gewährten, brachte mich auf solche Gedanken. Nachdem ich Ihren mit soviel Güte und Zartgefühl geschriebenen Brief gelesen hatte, spürte ich in der Tiefe meiner Seele eine unüberwindliche Scheu, sofort an die Arbeit zu gehen und schob daher in meinem kurzen Antwortschreiben die Ausführung des Auftrages hinaus. Mir liegt daran, zu vermeiden, daß in unseren Beziehungen sich eine falsche Note, eine Unaufrichtigkeit einschleicht, die unweigerlich in Erscheinung treten würde, wenn ich ohne innere Anteilnahme, ohne in Stimmung zu sein, mich beeilen würde, ‚irgend etwas' für Sie zusammenzuleimen und eine unangemessene Vergütung dafür zu erhalten.

Ist Ihnen niemals der Gedanke gekommen, daß ich es vielleicht abgelehnt hätte, Ihre Bitten zu erfüllen, falls Sie arm wären? Es ist das überhaupt ein peinlicher Umstand in unseren Beziehungen, daß in unserem Briefwechsel soviel von Geld die Rede ist. Gewiß ist es für einen Künstler niemals erniedrigend, eine Vergütung für seine Arbeit zu beanspruchen. Aber um ein Werk zu schaffen, wie Sie es wünschen, ist außer der handwerklichen Arbeit eine gewisse Stimmung erforderlich, das, was man Inspiration nennt. Die aber steht nicht immer zu unserer Verfügung. Und es wäre unehrlich von mir, wollte ich meine Einnahmen verbessern, indem ich mein technisches Können mißbrauchte und Ihnen statt echter unechte Münze aushändige ...

Gerade jetzt, wo ich bald abreisen will, bin ich in eine unangenehme Lage geraten, die ich ohne fremde Hilfe nicht meistern kann. Ich habe nun beschlossen, Sie um diese Hilfe zu bitten. Sie sind der einzige Mensch, den um Geld zu bitten ich mich nicht scheue. Erstens sind

Sie sehr gütig und freigebig, zweitens reich. Mir wäre sehr daran gelegen, alle meine Schulden in die Hände eines einzigen hochherzigen Gläubigers zu legen und mich dadurch aus den Klauen von Wucherern zu befreien. Wenn Sie mir eine Summe vorstrecken wollten, die mich ein für allemal von meinen Verbindlichkeiten löst, wäre ich Ihnen für diesen unschätzbaren Dienst unendlich dankbar. Es handelt sich um eine große Summe, um etwa 3000 Rubel."

Nun macht Peter Vorschläge, auf welche Weise er das Geld im Lauf einiger Jahre zurückzahlen könnte und fährt fort: „Eben arbeite ich an einer Sinfonie, die ich bereits im Winter begonnen habe, die ich Ihnen sehr gern widmen möchte. Denn Sie werden, wie ich glaube, in dieser Musik einen Widerhall Ihrer eigenen Stimmungen und Gedanken wiedererkennen."

Frau Nadjéshda antwortet umgehend:

„Ich danke Ihnen von ganzem Herzen für Ihr Vertrauen und Ihre Freundschaft. Vor allem weiß ich zu schätzen, daß Sie sich mir unmittelbar anvertraut haben, und ich bitte Sie, sich in Zukunft stets an mich zu wenden, als Ihren nahestehenden Freund, der Ihnen tief und aufrichtig zugetan ist. Über die Rückerstattung des Geldes bitte ich Sie, sich keine Gedanken zu machen, das wird sich finden.

Was die Widmung Ihrer Sinfonie betrifft, kann ich Ihnen sagen, daß Sie der einzige Mensch sind, von dem eine solche Widmung mir teuer und lieb wäre.

Ihre Ihnen von Herzen zugetane Freundin

N. v. Meck."

„Gestern verbrachte ich einen der schwersten Tage meines Lebens", antwortete der Tondichter. „Ich habe mich vor Ihnen geschämt. In meinem tiefsten Innern war ich fest davon überzeugt, daß Sie meinen Brief so auffassen würden, wie Sie es getan haben ... Ich machte mir Vorwürfe darüber, daß ich Ihre Güte, Ihre Großherzigkeit und Ihr Zartgefühl vielleicht verletzt haben könnte ... Doch zeigt mir der so herzliche und freundschaftliche Ton Ihres lieben Briefes, daß ich richtig gehandelt habe."

Einige Tage später schreibt er: „Sonntag werde ich aufs Land zu K. S. Schilówski fahren. Dort will ich eifrig an der Oper arbeiten, für die mein Gastgeber nach meinen Angaben das Textbuch verfaßt. Es handelt sich um Púschkins *„Eugén Onégin"*. Ist das nicht ein kühner Gedanke?

Meine Sinfonie habe ich in der Skizze abgeschlossen. Gegen Ende des Sommers will ich sie instrumentieren. Man sagte mir, daß Sie Widmungen niemals annehmen. Nur für mich haben Sie eine Ausnahme gemacht, wofür ich Ihnen herzlich dankbar bin. Sollten Sie den Wunsch haben, daß Ihr Name auf dem Titelblatt der Sinfonie nicht genannt wird, könnte das unterbleiben. Außer uns beiden soll niemand wissen, wem die Sinfonie zugeeignet ist."

„Sie schrieben mir über Ihre Sinfonie, Peter Iljítsch", antwortet Frau Nadjéshda, „und wollten meine Wünsche hinsichtlich der Widmung wissen. Ich aber möchte zuerst die Frage an Sie richten: halten Sie mich für Ihre Freundin? Ich, die ich grenzenlosen Anteil an Ihrem Leben nehme, habe allen Grund, mich für Ihre Freundin zu halten. Aber da Sie mich noch keinmal so angeredet haben, weiß ich nicht, wie Sie zu mir stehen. Falls Sie auf meine Frage mit einem deutlichen Ja antworten können, würde ich mich sehr freuen, wenn die Widmung auf dem Titelblatt der Sinfonie ohne Namensnennung einfach so lauten könnte: ‚Gewidmet meinem Freunde'."

Es handelt sich um die *„Vierte Sinfonie"*, die erste unter Tschaikówskis Sinfonien, die Weltgeltung erlangen sollte. Auf dem Titelblatt steht zu lesen: *„Gewidmet meinem besten Freund."* *) Außer dieser Sinfonie entsteht um die gleiche Zeit auch die Oper *„Eugén Onégin"*, die es ebenfalls zu einem Welterfolg bringt. Es ist kein Zufall, daß gerade diese beiden Werke aus dem Krisenjahr 1877 bis auf den heutigen

---

*) Im Russischen kann auch eine Frau mit „Freund" bezeichnet werden. Im Deutschen gewinnt das Wort „Freundin" leicht einen ungewollten Beigeschmack.

Tag die Gemüter leidenschaftlich bewegt haben. Sie sind ein Abbild der Seelenverfassung ihres Autors, sie enthalten sozusagen autobiographische Züge aus diesen Tagen, wo der Tondichter am Rande eines Abgrundes stand. Im Brief vom 27. Mai 1877 an Frau Nadjéshda ist von einer „beunruhigenden Angelegenheit" die Rede. Gemeint ist die Katastrophe seiner Heirat.

Schon 1875 schreibt Peter seinem Bruder Anatól: „Ich fühle mich hier sehr verlassen, hätte ich nicht meine Arbeit, würde ich ganz der Melancholie verfallen. In meinem Charakter liegt soviel Furcht vor Menschen, soviel übertriebene Bescheidenheit, soviel Mißtrauen, kurzum eine Menge Eigenschaften, die mich immer mehr menschenscheu machen. Denke dir, ich spiele manchmal mit dem Gedanken, ins Kloster zu gehen."

Und einige Monate später: „Ich fühle mich sehr einsam in Moskau, weil niemand von den mir am nächsten Stehenden hier weilt. Du hast sicherlich schon bemerkt, daß meine Freundschaft mit Rubinstein und den anderen Herren vom Konservatorium nur darauf beruht, daß wir als Kollegen zusammen arbeiten... Ich habe hier niemanden, dem ich mein Herz ausschütten könnte. Den ganzen Winter war ich andauernd traurig gestimmt. Das brachte mich oft an den Rand der Verzweiflung: ‚ich sehnte mich nach dem Tod'."

In einem Brief an den Bruder Modést (vom Herbst 1876) heißt es: „Ich habe viel über mich und meine Zukunft nachgedacht. Mit dem Ergebnis, daß ich von nun an ernstlich ans Heiraten denken will. Mir scheint, als ob meine „*Neigungen*" das größte und fast unüberwindliche Hindernis sind, um glücklich zu werden. Ich muß mit allen Kräften gegen meine Natur ankämpfen... Sollte ich mich wirklich an eine Frau binden, so würde ich mir das vorher gründlich überlegen. Ich weiß, daß Ssáscha (seine Schwester Alexandra) alles errät und alles vergibt. Ebenso denken viele Menschen, die ich liebe und achte. Du wirst verstehen, wie bedrückend es für mich ist, zu wissen, daß viele Menschen mich bemitleiden und mir vergeben, wo ich doch im Grunde ganz schuldlos bin!

Und ist der Gedanke nicht niederschmetternd, daß Menschen, die mich lieben, sich meiner schämen können! Und doch hat es das hundertmal gegeben und wird es hundertmal geben. Mit einem Wort: durch eine Heirat möchte ich allerhand Gesindel, das ich verachte, auf dessen Meinung ich nichts gebe, das aber mir nahestehenden Menschen Kummer bereiten kann, den Mund stopfen."

Die Veranlagung seiner Natur ruft große Kämpfe in ihm hervor. Der russische Ausdruck „Neigungen" statt Veranlagung, weist darauf hin, daß Tschaikówski diese Veranlagung in einem ähnlichen Sinne geistig aufgefaßt hat, wie die Griechen der Perikleischen Zeit. So heißt es im *„Gastmahl des Platon"*, wo *Sokrates* die Worte der weisen *Diotima* wiedergibt, seiner Lehrmeisterin von den Stufen der Liebe:

„Auf der ersten Stufe sieht er die Schönheit *eines* Körpers, auf der zweiten die Schönheit zweier und dann sieht er die Schönheit aller Körper, und von den schönen Körpern steigt er weiter zu... jener einzigen Wissenschaft, die da die ewige Schönheit begreift. ‚Und hier, Geliebter', rief das prophetische Weib, ‚hier, wenn irgendwo, ist das Leben lebenswert, hier, wo du die ewige Schönheit schaust. Wenn du diese schaust, wird sie dir nicht scheinen gleich dem Golde oder schönen Kleidern oder gleich jenen schönen Knaben und Jünglingen, bei deren Anblick schon du und die anderen erschrecken, und bei denen ihr dann immer weilen wollt, weilen ohne zu essen und zu trinken, nur sie schauend, nur ihnen gegenwärtig. Nein, wie würdest du dich gebärden, wenn es dir gegeben wäre, jene ewige Schönheit rein und ungemischt zu schauen? ... Und glaubst du nicht, daß die Vollendung dem Menschen nur dort zuteil wird, *wo er im Geiste das Schöne sieht?"*

„Dieser männliche Eros beseelt *gerade die Mutigsten*..., da sie ja doch schon von Natur aus die männlichsten sind. Wer sie schamlos nennt, der lügt. Denn nicht aus Schamlosigkeit handeln sie so; nein, ihr Mut, ihre Mannhaftigkeit, ihre Männlichkeit liebt eben ihresgleichen. Und das beweist es: nur sie dienen, reif und zu Männern geworden, dem Staate", wie *Aristophanes* im „*Gastmahl des Platon*" ausführt.

Peter war sich der Schwierigkeiten seiner Veranlagung im gesellschaftlichen Leben bewußt, wie der Brief an Modést zeigt. Aber das Moralische war ihm als solches kein Problem, er dachte auch hier wie die Griechen im Sinne des geistigen Eros. Auch er mag unterschieden haben zwischen der irdisch-leiblichen und hohen geistigen Liebe wie *Pausanias* im erwähnten „*Gastmahl*".

„Der Eros der irdischen Aphrodite ist nun wirklich irdisch und überall und gemein und zufällig. Und alles Gemeine bekennt sich zu ihm. Der Gemeine liebt wahllos Weiber und Knaben, und er liebt immer nur den Leib, er liebt vor allem die geistig noch unentwickelten Knaben, da er eben nur den Zweck will und die Art ihn nicht kümmert. So handelt er denn auch immer ganz zufällig, heute gut und morgen schlecht, und liebt, was ihm begegnet.

Die hohe Liebe stammt von der himmlischen Aphrodite, und die himmlische Aphrodite war aus dem Manne frei geschaffen und voll Maß und gebändigt. Und darum streben sehnend alle Jünglinge und Männer, welche diese Liebe begeistert, zum männlichen, zum eigenen Geschlechte hin: sie lieben die stärkere Natur und den höheren Sinn. Aber auch hier in der Männerliebe müssen wir von anderen scharf diejenigen scheiden, die nur von der hohen Liebe und nur von ihr geführt werden. Sie lieben die Jünglinge erst, wenn diese selbständig zu denken beginnen, es ist das im allgemeinen um die Zeit, da diesen der Bart keimt... Ich meine, es sollte ein Gesetz geben, das da verbietet, Knaben zu lieben... Der Edle wird sich dieses Gesetz selbst geben, die anderen sollten dazu gezwungen werden, wie wir sie ja auch, soweit es da überhaupt möglich ist, zwingen, freie Frauen nicht zu schänden. Denn diese niedrigen sind es, die unsere hohe Liebe so in Verruf gebracht..."

Dieses hohe Ethos der Selbstzucht beseelte auch Peter Iljítsch Tschaikówski. Zügellosigkeit und Schändung von

Knaben hat er schroff abgelehnt. Durch eine Heirat glaubt er allerhand Gesindel, das er verachtet, das aber ihm nahestehenden Menschen Kummer bereiten könnte, den Mund zu stopfen. Die Geschichte seiner Ehe zeigt, wie falsch er seine Kräfte eingeschätzt hat.

*

Von allen diesen Dingen hat Frau Nadjéshda keine Ahnung. Sie befindet sich auf ihrem herrlichen Landsitz Brailoff in der Ukraine und erhält in den ersten Julitagen 1877 von ihrem Freunde eine Mitteilung, die, wie aus späteren Briefen hervorgeht, sie wie ein Keulenschlag trifft:

„Um Gottes willen, verzeihen Sie mir, daß ich Ihnen nicht früher geschrieben habe. Hier in Kürze die Erzählung alles dessen, was ich in der letzten Zeit erlebt habe.

Ende März wurde ich unerwartet Bräutigam. Das kam so. Eines Tages erhielt ich einen Brief von einem Mädchen, das ich von früher her flüchtig kannte. Aus ihren Zeilen ging hervor, daß sie mich seit langem liebt. Dieser Brief klang so aufrichtig, daß ich mich entschloß, ihn zu beantworten, was ich bisher in ähnlichen Fällen stets vermieden hatte. Obgleich meine Antwort jenem Wesen gar keine Hoffnung auf Erwiderung ihrer Neigung machte, wurde der Briefwechsel fortgesetzt. Es würde zu weit führen, Ihnen Einzelheiten dieses Briefwechsels mitzuteilen. Es ergab sich schließlich, daß ich ihre Bitte erfüllte und sie besuchte. Weswegen tat ich das? Heute scheint mir, als ob irgendeine geheimnisvolle Macht mich zu diesem Mädchen hinzog. Bei unserer Zusammenkunft wiederholte ich ihr, daß ich ihrer Liebe nur Dankbarkeit und Sympathie entgegenbringen könne. Aber nachher begann ich über den ganzen Leichtsinn meiner Handlungsweise nachzudenken. So fragte ich mich: da ich sie nicht liebe, da ich in ihr keine Hoffnung erwecken wollte, warum ich sie besuchte und wie das alles enden solle? Aus ihrem nächsten Brief schloß ich, daß ich zu weit gegangen sei und, falls ich sie plötzlich verließe, ich sie unglücklich machte und einem tragischen Ende zutriebe.

So sah ich mich vor eine schwierige Entscheidung gestellt: entweder erhielt ich mir meine Freiheit um den Preis eines Menschenlebens (das sind nicht leere Worte, sie liebt mich tatsächlich grenzenlos), oder ich heiratete. So konnte ich nur das letztere wählen. In diesem Entschluß wurde ich bestärkt durch den Umstand, daß mein zweiundachtzigjähriger Vater und alle meine Verwandten sehnlichst wünschen, daß ich heirate.

Ich begab mich daher eines Abends zu meiner zukünftigen Gattin und gestand ihr offen, daß ich sie nicht liebe, daß ich ihr aber ein zugetaner und dankbarer Freund sein wolle. Ich beschrieb ihr genau meinen Charakter, meine Reizbarkeit, meine Menschenscheu, endlich meine wirtschaftliche Lage. Dann fragte ich sie, ob sie meine Gattin werden wolle. Wie vorauszusehen, bejahte sie meine Frage.

Die fürchterlichen Qualen, die ich seit jenem Abend durchgemacht habe, lassen sich nicht beschreiben. Das ist begreiflich. Mit einer angeborenen Abneigung gegen die Ehe siebenunddreißig Jahre alt werden, um dann plötzlich durch die Macht der Umstände in den Bräutigamsstand versetzt zu sein, ohne seine Braut auch nur im geringsten zu lieben — das ist schrecklich.

Sie heißt *Antonina Iwánowna Miljukóff*, ist achtundzwanzig Jahre alt, recht hübsch, ihr Ruf ist makellos. Aus Neigung zur Unabhängigkeit lebt sie für sich, obgleich sie eine liebevolle Mutter hat. Sie ist ganz mittellos, nur halbgebildet und augenscheinlich gutherzig und anpassungsfähig.

In den nächsten Tagen findet meine Hochzeit statt. Was weiter wird, weiß nur der liebe Gott.

Ihr P. Tschaikówski

P. S. Geben Sie Ihrem kleinen Töchterchen Mílotschka ein zärtliches Küßchen von mir." —

„Ich beglückwünsche Sie von ganzem Herzen, teurer Freund, zu Ihrem Entschluß", antwortet umgehend Frau Nadjéshda. Sie, die grande dame, weiß ihre Gefühle zu meistern. „Eine Heirat ist meistens ein Lotteriespiel. Aber in Ihrem Falle begrüße ich sie, denn für einen Menschen mit solch einem goldenen Herzen, wie Sie es besitzen, wäre es sündhaft, solche Schätze zu vergraben... In diesem Falle haben Sie mit jener Vornehmheit, jenem Zartgefühl gehandelt, die nur Ihnen eigen sind. Wie edel sind Sie, Peter Iljítsch, sicher werden Sie glücklich werden.

Von ganzem Herzen danke ich Ihnen für die Widmung. Diese Sinfonie wird die Sonne meines Lebens sein... Vergessen Sie nicht Ihre Ihnen mit ganzer Seele zugetane H. von Meck."

Es ist kaum glaublich, daß Peter sich derart schnell zu einem so verhängnisvollen Schritt entschließen konnte, der seine ganze Zukunft aufs Spiel setzt. Fast gewinnt man den Eindruck, daß er sich mit der Hochzeit so beeilt, um seine nächsten Verwandten vor eine vollzogene Tatsache zu stellen.

Antonína Miljukóff war einstmals eine unbedeutende Schülerin des Konservatoriums gewesen. Dort hat sie sich in Peter verliebt, der sich ihrer gar nicht mehr entsinnen konnte. Im Frühjahr 1877 findet der erwähnte Briefwechsel zwischen beiden statt. Peter hat seine Braut nur einige Male flüchtig gesehen und doch entschließt er sich dazu, bereits am 6. Juli mit ihr vor den Altar zu treten. Erst zwei Wochen vor der Hochzeit setzt er seinen Vater und den Bruder Anatól von dem bevorstehenden verhängnisvollen Schritt in Kenntnis. Das ganze Geschehen mutet geradezu wie der Sprung in einen Abgrund an.

Von Antonína sind uns drei Briefe aus diesen Tagen an ihren zukünftigen Gatten erhalten, leider aber nicht dessen Antworten.

Am 4. Mai schreibt sie ihm unter anderem:

„Obgleich ich Sie nicht sehe, tröstet mich doch der Gedanke, daß wir in der gleichen Stadt leben... Aber wo ich auch sein sollte: nirgends werde ich Sie vergessen oder aufhören, Sie zu lieben. Was mir an Ihnen gefällt, werde ich nirgends sonst finden, kurzum: ich sehe keinen anderen Mann an. Dabei mußte ich vorige Woche das Geständnis eines Jugendgefährten anhören, der

Tschaikowski mit seiner Frau Antonina, 1877

mich noch von der Schule her liebt und mir fünf Jahre die Treue gehalten hat. Es fiel mir schwer, ihn anzuhören, und ich stelle mir vor, daß Sie ebenso ungern meine Briefe lesen, da Sie mir nichts Angenehmes zu sagen haben und bei allem guten Willen mir nur völlige Gleichgültigkeit entgegenbringen können. Eine ganze Woche lang habe ich heftige Qualen ausgestanden und war im Zweifel, ob ich Ihnen schreiben solle oder nicht. Sicherlich sind Sie meiner Briefe bereits überdrüssig.

Aber wollen Sie wirklich aufhören, mir zu schreiben, ohne daß wir uns gesehen haben? Nein, so hartherzig werden Sie nicht sein! Vielleicht halten Sie mich für ein leichtfertiges Mädchen und haben infolgedessen kein Zutrauen zu mir? Aber womit kann ich Ihnen die Aufrichtigkeit meiner Worte beweisen? Es ist doch unmöglich, daß ich Ihnen das alles nur vormache.

Nach Ihrem letzten Brief habe ich Sie noch einmal so lieb gewonnen, und Ihre Fehler bedeuten in meinen Augen nichts... Vielleicht, wenn Sie nur Vorzüge besäßen, wäre ich Ihnen gegenüber ganz gleichgültig. Ich sterbe vor Kummer und Sehnsucht nach Ihnen: Sie zu sehen, bei Ihnen zu sitzen und mit Ihnen zu sprechen, obwohl ich befürchte, daß ich im ersten Augenblick nicht imstande sein würde, auch nur ein Wort herauszubringen... Das ist keine flüchtige Verliebtheit, sondern ein Gefühl, das sich im Lauf einer langen Zeit entwickelt hat. Es auszumerzen wäre ich außerstande und ich will es auch gar nicht...

Den ganzen Tag sitze ich zu Hause, eile wie eine Halbwahnsinnige von einer Ecke in die andere und habe nur den einen Gedanken, Sie zu sehen, mich Ihnen an den Hals zu werfen und Sie abzuküssen. Aber welches Recht habe ich dazu?

Ohne Sie kann ich nicht leben und werde deswegen bald ein Ende mit mir machen."

Am 6. Juli findet die Hochzeit in Moskau statt. Von allen Verwandten ist nur Anatól herbeigeeilt. Er kommt zu spät, um diesen Akt des Wahnsinns zu verhindern. Sonst ist nur noch der Geiger Kótek, den wir anfangs erwähnten, bei der Trauung anwesend. Die Kollegen am Konservatorium ahnen nichts von diesem Ereignis. Nach der kirchlichen Trauung fährt das junge Paar für eine Woche nach Petersburg.

Zwei Tage nach der Hochzeit schreibt Peter an Anatól: „Nach diesem fürchterlichen Hochzeitstag, nach dieser endlosen seelischen Marter ist es nicht leicht, wieder zu sich zu kommen. Als der Zug sich in Bewegung setzte, war ich nahe daran, aufzuschreien und konnte das Schluchzen kaum unterdrücken. Zunächst aber mußte ich mich noch mit meiner Frau unterhalten, um das Recht zu erwerben, mich in der Dunkelheit auszustrecken und mich meinen Gedanken zu überlassen. Es war mir ein Trost, daß Antonína keine Ahnung von meinem elenden Zustand hatte. Auch jetzt noch und die ganze Zeit macht sie einen vollständig glücklichen und zufriedenen Eindruck. Ihr liegt nur daran, mich zu bemuttern und zu verwöhnen. Ich bin mir darüber klar, daß sie sehr beschränkt ist. Aber das ist gut so. Eine gescheite Frau würde mir Furcht einflößen."

„Daß ich sie liebe, kann ich nicht behaupten", schreibt er am gleichen Tage an Modést. „Aber es scheint mir, als ob ich sie lieben könnte, sobald wir uns aneinander gewöhnt haben."

Schon drei Tage später zeigt es sich, daß er sich nicht an sie gewöhnen kann. „Ich mache jetzt eine harte Zeit durch. Meine Lage wäre ganz unerträglich, wenn ich meine Frau in irgendeiner Weise hintergangen hätte. Aber ich habe ihr ganz offen gesagt, sie könne nur auf meine brüderliche Liebe rechnen. Körperlich ist sie mir ganz unausstehlich geworden."

Einige Tage später ist das junge Paar wieder in Moskau. Aber lange hält Peter es hier nicht aus. Er ist außerstande, zu arbeiten, für ihn das Zeichen eines unnormalen Seelenzustandes. Er bringt Antonína zu deren Mutter in der Nähe von Moskau und flüchtet zur Schwester nach Kámenka. Kurz vor seiner Abreise (am 26. Juli 1877) richtet er folgende Zeilen an Frau Nadjéshda:

„In einer Stunde reise ich ab und halte mich kurz in Kíjeff auf, nur zu dem Zweck, um Ihnen von dort zu schreiben und Ihnen mein Herz auszuschütten. Sollte ich aus diesen tödlichen Seelenkämpfen als Sieger hervorgehen, so verdanke ich das ausschließlich Ihnen. Noch einige Tage länger in Moskau, und ich schwöre Ihnen, ich hätte den Verstand verloren. Leben Sie wohl, teuerste Freundin, Sie sind meine Vorsehung."

Es folgt der angekündigte Brief aus Kijeff:

„Hier der kurze Bericht meiner Erlebnisse seit dem 6. Juli, meinem Hochzeitstage.

Ich schrieb Ihnen bereits, daß ich nicht aus Liebe geheiratet habe, sondern infolge einer Verkettung von schicksalhaften Umständen, die mir keine andere Wahl ließen. Kaum aber war die Trauung vollzogen, kaum befand ich mich allein mit meiner Frau und es kam mir zum Bewußtsein, daß das Schicksal uns für immer vereinigt hatte, da wurde mir klar, daß ich für sie keine freundschaftlichen Gefühle aufbringen könne, daß sie mir geradezu verhaßt wäre. Mir schien, als ob ich oder wenigstens der beste Teil meines ‚Ich', das heißt meine musikalische Begabung, unwiderruflich zu Grunde gerichtet wäre. Meine Frau trifft keine Schuld: sie hat mir die Heirat nicht aufgedrängt. Es wäre hart und häßlich, sie fühlen zu lassen, daß ich sie nicht liebe, daß ich sie als lästig empfinde. Es bleibt also nichts übrig, als sich zu verstellen. Aber ein ganzes Leben lang sich verstellen müssen, wäre die größte aller Qualen. Wie könnte man dabei an Arbeit denken. Ich geriet in völlige Verzweiflung, die um so schrecklicher ist, als ich niemanden habe, der mich trösten und aufrichten könnte. Leidenschaftlich wünsche ich den Tod herbei, er erscheint mir als einziger Ausweg. Aber ich denke nicht an Selbstmord. Einige meiner nächsten Angehörigen stehen mir sehr nahe: meine Schwester, meine beiden jüngsten Brüder (die Zwillinge) und mein Vater. Diesen würde ich einen tödlichen Schlag versetzen, wollte ich Selbstmord verüben. Außerdem habe ich die Schwäche (wenn man das Schwäche nennen kann), das Leben zu lieben und ebenso meine Arbeit und meine zukünftigen Erfolge. Und endlich: ich habe noch lange nicht all das geschaffen, was ich schaffen will und kann, bevor die Zeit kommt, in die Ewigkeit überzusiedeln ...

Meiner Frau habe ich mitgeteilt, ich würde zur Wiederherstellung meiner Gesundheit den ganzen August auf Reisen gehen. Meine Gesundheit ist wirklich angegriffen und bedarf einer radikalen Kur. So sehe ich in dieser Reise eine wenn auch nur zeitweilige Befreiung aus fürchterlicher Gefangenschaft.

Vor einigen Tagen mußten wir die Mutter meiner Frau besuchen. Dabei verzehnfachten sich meine Qualen. Die Mutter und ihr Kreis, in den ich eingeführt wurde, sind mir unsympathisch. Sie besitzt einen engen Horizont, ihre Ansichten sind unmöglich. Diese Menschen liegen sich ständig in den Haaren. Dabei wurde mir meine Frau noch verhaßter... Dann kehrten wir nach Moskau zurück. Mehrere Tage noch zog sich dies fürchterliche Leben hin. Zwei Dinge gaben mir Trost: Ich berauschte mich an Getränken, die mir für einige Stunden Vergessen schenkten. Außerdem erfreuten mich Zusammenkünfte mit Kótek. Ich kann Ihnen gar nicht beschreiben, welch brüderliche Teilnahme er mir erwies. Er ist der einzige Mensch, der alles weiß, was ich Ihnen jetzt mitteile ...

Was weiter sein wird, wie alles weiter gehen soll, weiß ich nicht, aber jetzt habe ich das Empfinden, als wäre ich aus einem fürchterlichen, quälenden Traum erwacht oder vielmehr aus langer, schwerer Krankheit ...

Nadjéshda Filarétowna, sollte Gott mir die Kraft schenken, diese furchtbare Zeit zu überstehen, dann würde ich Ihnen beweisen, daß meine Freundin mir nicht vergeblich ihre Hilfe zuteil werden ließ. Ich habe Ihnen noch nicht den zehnten Teil alles dessen mitgeteilt, was ich zu sagen hätte. Mein Herz läuft über und sehnt sich danach, sich in Musik zu verströmen. Wer weiß, vielleicht gelingt es mir, Werke zu hinterlassen, die dem Ansehen eines wahren Künstlers entsprechen. Ich habe die Kühnheit zu hoffen, daß mir das gelingen wird.

Leben Sie wohl, meine beste, meine teuerste Freundin.
           P. Tschaikówski."

In der vertrauten Atmosphäre von Kámenka fühlt Peter sich überaus wohl. „Ich fand hier meine nächsten und teuersten Verwandten vor", schreibt er der Freundin vier Tage später, „das heißt, außer meiner Schwester und ihrer Familie noch meine beiden Lieblingsbrüder Anatól und Modést. Wollte ich behaupten, mein Befinden wäre wieder normal, müßte ich lügen. Nur die Zeit kann mich heilen, und ich zweifle nicht daran, daß die Gesundung nach und nach eintreten wird."

„Sie befinden sich jetzt in solcher Nähe von Brailoff", antwortete Frau Nadjéshda, „daß mir ganz warm ums Herz wird. Ihren Brief aus Kijeff habe ich erhalten und danke Ihnen herzlichst dafür, mein unvergleichlicher Freund, daß Sie mir alles, was Sie erlebt haben, mitteilen. Ich kann Ihnen gar nicht sagen, wie leid Sie mir taten, als ich Ihren Brief las. Mehrmals traten Tränen in meine Augen...

Sie haben meine Stimmung erkannt. Sie möchten mir mein Leben erheitern. Das haben Sie schon jetzt erreicht. Ihre Musik und Ihre Briefe versetzen mich in einen Zustand, daß ich alles Schwere, alles Schlechte, dem jeder Mensch ausgesetzt ist, vergesse. Sie sind der einzige Mensch, der imstande ist, mir solch ein tiefes und großes Glücksgefühl zu schenken. Dafür bin ich Ihnen grenzenlos dankbar."

In diesen Tagen fährt Frau Nadjéshda über Wien nach dem herrlichen Bellagio am Comer See. Ihre erwachsene Tochter Julia und die vier jüngsten Kinder nimmt sie mit. Ein Troß von Gouvernanten, Erziehern und Dienern begleitet sie. Ruhelos fährt sie in der Welt umher. Befindet sie sich in Rußland, so treten allerhand Unannehmlichkeiten an sie heran, denen sie sich durch die Flucht ins Ausland zu entziehen sucht. Ist sie aber irgendwo im Ausland, sehnt sie sich in die Heimat zurück. Wir werden sehen, daß Peter ihr darin völlig gleicht. Bald wird auch er unstet die Welt von Ort zu Ort bereisen. Doch auch ihn zieht es letzten Endes immer wieder in die Heimat zurück.

Inzwischen ist es Ende August geworden. Der so erholsame Aufenthalt in Kámenka geht seinem Ende entgegen. Peter muß nach Moskau zurückkehren, wohin die Arbeit am Konservatorium ihn ruft, wo aber auch Antonína ihn in der neueingerichteten Wohnung erwartet.

Peter Iljítsch an Frau Nadjéshda.

Kámenka, den 30. August 1877

Ich schreibe Ihnen in trüber Stimmung, teure Nadjéshda Filarétowna. Es ist Zeit, daß ich abreise. Das Wetter wird herbstlich und die Felder sind kahl geworden. Meine Frau schreibt mir, daß unsere Wohnung bald eingerichtet sein wird. Wie schwer fällt es mir, von hier abzureisen. Hier genoß ich Ruhe nach allen Aufregungen. Aber als gesunder Mensch werde ich Kámenka verlassen und habe Kräfte gesammelt für den Kampf mit dem „Schicksal".*)

Sie fragen nach meiner Oper *„Eugén Onégin"*. Ich habe nicht viel an ihr gearbeitet. Immerhin beendete ich hier die Instrumentation des ersten Bildes aus dem ersten Akt. Jetzt, wo die erste Begeisterung verflogen ist und ich schon Abstand zu meinem Werk gewonnen habe, will mir scheinen, daß diese Oper keinen Erfolg beim Publikum haben wird. Der Inhalt ist zu einfach, szenische Effekte gibt es gar keine, und die Musik besitzt weder Glanz noch Durchschlagskraft. Aber vielleicht werden einige Auserwählte meine Musik ergriffen anhören und die Empfindungen spüren, die mich beim Schaffen bewegten. Damit will ich keineswegs sagen, meine Musik wäre für die breite Masse zu gut. Ich begreife überhaupt nicht, daß man absichtlich für die Masse oder für Auserwählte schaffen kann. Man muß sich von seinen Eingebungen leiten lassen, ohne nach der einen oder anderen Richtung zu schielen. So habe ich meinen *„Onégin"* geschaffen.

Hier sieht unser Tondichter zu düster. Sein *„Onégin"* ist zwar eine lyrische Oper mit wenig Handlung. Aber sie wird sich in der ganzen Welt durchsetzen und findet

---

*) Anspielung auf das Schicksalsmotiv der vierten Sinfonie.

vor allem in Rußland begeisterte Anerkennung, weil das gleichnamige Epos Púschkins zu den meistgeschätzten Werken der nationalen Literatur zählt.

Kurz bevor Peter nach Moskau zurückkehrt, entfährt ihm in einem Brief an Anatól aus Kámenka vom 2. September 1877 ein Geständnis: „Erst wenn man von einem geliebten Wesen getrennt ist, wird man sich der ganzen Kraft seiner Liebe bewußt. Tólja (Kosename für Anatól), wie liebe ich dich! Aber ach! Wie wenig liebe ich Antonína! Welche tiefe Gleichgültigkeit empfinde ich dieser Dame gegenüber! Wie wenig sehne ich mich nach einem Wiedersehen mit ihr."

Nun überstürzen sich die Ereignisse. Am 11. September trifft Peter in Moskau ein. Antonína empfängt ihn auf dem Bahnhof, und nun soll das gemeinsame Leben beginnen. Aber nach zwei Wochen hält er es nicht mehr aus, fluchtartig verläßt er die Stadt.

„Zwei Wochen verbrachte ich mit meiner Frau in Moskau", schreibt er der Freundin. „Diese zwei Wochen waren für mich eine Folge unerträglicher Qualen. Mir wurde plötzlich klar, daß ich niemals meine Frau lieben oder mich an sie gewöhnen könnte, was ich gehofft hatte. Ich suchte den Tod, er schien mir der einzige Ausweg. Zuzeiten überfiel mich Wahnsinn, ich empfand in meinem tiefsten Innern einen so wilden Haß gegen meine unglückliche Frau, daß ich sie hätte erwürgen können. Mein Unterricht am Konservatorium und jede Arbeit zu Hause wurden unmöglich. Meine Gedanken gerieten in Verwirrung. Dabei konnte ich niemandem, außer mir selber, eine Schuld beimessen. Meine Frau trifft keine Schuld, denn ich selbst ließ die Dinge so weit treiben, daß eine Heirat nicht zu vermeiden war. Schuld sind meine Willensschwäche, meine Nachgiebigkeit, meine unpraktische Ader, meine Kindlichkeit."

In den viel später geschriebenen *„Erinnerungen"* des Freundes *Káschkin* finden wir folgendes Geständnis aus diesen Tagen: „Tagsüber versuchte ich zu Hause zu arbeiten, aber die Abende wurden bald unerträglich. Ich wagte nicht, meine Freunde aufzusuchen oder ins

Theater zu gehen. Jeden Abend unternahm ich Spaziergänge und wanderte ziellos stundenlang durch die einsamen Straßen Moskaus. Das Wetter war düster und kalt, nachts gab es leichten Frost. In einer solchen Nacht näherte ich mich dem Ufer des Moskwá-Flusses, als in mir plötzlich der Gedanke aufblitzte, mir eine tödliche Erkältung zuzuziehen. Im Schutze der Dunkelheit, von niemandem bemerkt, watete ich bis zum Gürtel ins Wasser. Dort blieb ich so lange, wie ich die Kälte ertragen konnte. Dann entstieg ich dem Wasser in der Gewißheit, mir eine tödliche Erkältung zugezogen zu haben. Zu Hause aber erzählte ich meiner Frau, ich hätte mich am Fischfang beteiligt und wäre dabei ins Wasser gefallen. Doch erwies sich meine Gesundheit als so kräftig, daß das eisige Wasser mir nichts anhaben konnte. Da ich mich außerstande fühlte, ein Leben dieser Art weiterzuführen, schrieb ich meinem Bruder Anatól, er möge mir im Namen des Kapellmeisters Napráwnik*) telegrafieren, daß meine sofortige Anwesenheit in Petersburg erforderlich wäre. Anatól tat das auch."

Als er den Bruder auf dem Bahnhof in Petersburg empfängt, kann er ihn kaum erkennen, so entstellt sind seine Züge. Er bringt den völlig Verstörten in das nächste Hotel, wo er nach einem Nervenzusammenbruch für mehrere Tage das Bewußtsein verliert.

„Langsam komme ich wieder zu mir und kehre ins Leben zurück", schreibt Peter am 1. Oktober aus Petersburg an Modést. „In den furchtbaren, von mir durchlebten Stunden hat der Gedanke an dich und Anatól mich getröstet und am Leben erhalten. In solchen Stunden wurde mir klar, wie ich euch beide liebe... Wie bitter ist mir zu Mute, daß ich deine Ankunft nicht mehr erwarten kann. Aber ich habe nicht die Kraft, noch länger hier zu bleiben. So schnell wie möglich muß ich fort, um mich in der Ferne zu sammeln und wieder zu mir zu kommen."

Die Ärzte verordnen dem Patienten völlige Veränderung der Lebensverhältnisse. Anatól fährt nach

---

*) Kapellmeister an der Kaiserlichen Oper in Petersburg.

Moskau, ordnet die notwendigsten Dinge, überläßt Antonína der Fürsorge ihrer Mutter und reist mit dem Bruder ins Ausland.

Hochherziges Mäzenatentum

Schon am 5. Oktober treffen die Brüder in Berlin ein, und am 17. Oktober schreibt Peter aus Clarens am Genfer See an Modést: „Eines will ich dir sagen, was auch immer sich ereignen sollte: *niemals* mehr werde ich auch nur einen einzigen Tag gemeinsam mit Antonína verbringen! Ich wünsche ihr alles Gute, was mich aber nicht hindert, sie von ganzem Herzen zu hassen. Ich wäre eher bereit, jede Art Folter auf mich zu nehmen, als sie wiederzusehen. Es wäre vergebliche Mühe, sie ändern zu wollen und zu versuchen, eine passende Lebensgefährtin aus ihr zu machen. Sie ist keineswegs gutmütig, wie du glaubst. Das ist ein großer Irrtum. Ich hasse sie, hasse sie, bis zum Wahnsinn."

Unterdessen ist Frau Nadjéshda aus Italien nach Moskau zurückgekehrt und erfährt dort zu ihrem Schrecken, Peter wäre schwer erkrankt und für unbestimmte Zeit vom Konservatorium beurlaubt. Infolge der so plötzlichen Heirat unseres Tondichters, die bis zum letzten Augenblick geheimgehalten wurde, sind in Moskau ohnehin allerhand wilde Gerüchte über ihn im Umlauf. Da Frau Nadjéshda so zurückgezogen lebt, ist es für sie fast unmöglich, Genaueres über das Schicksal des vergötterten Freundes zu erfahren. Um den umlaufenden Gerüchten den Boden zu entziehen und einen Skandal zu vermeiden, hat Rubinstein verbreiten lassen, Tschaikówski wäre erkrankt, ins Ausland gereist und seine Frau würde ihm folgen.

„Sie werden sehr erstaunt sein, dies Lebenszeichen von mir aus der Schweiz zu erhalten", schreibt Peter der Freundin aus Clarens. Mit kurzen Worten schildert er ihr das Vorgefallene und fährt fort: „Ich befinde mich hier in einer wundervollen Gegend, aber in einem fürchterlichen Seelenzustand. Was soll weiter geschehen? Nach Moskau kann ich nicht zurückkehren. Ich vermag jetzt niemanden zu sehen, ich fürchte mich vor den Menschen und kann auch nicht arbeiten. Sogar nach Kámenka zu fahren, wäre mir unmöglich... Wie würde man mich dort beurteilen? Was könnte ich dort zu meiner Rechtfertigung sagen?

Ich muß jetzt einige Zeit hierbleiben, um zur Ruhe und zu mir selbst zurückzufinden...

Mir fehlt es wieder an Geld. Wen, außer Ihnen, könnte ich darum bitten? Das ist schrecklich, das ist schmerzhaft bis zu Tränen. Aber ich sehe keinen Ausweg und muß mich wieder an Ihre unerschöpfliche Güte wenden. Um mich hierher zu bringen, ließ mein Bruder sich etwas Geld von meiner Schwester kommen. Aber mein Schwager ist nicht reich. Ich kann ihn nicht nochmals um Geld angehen. Dabei mußte ich meiner Frau Geld hinterlassen, verschiedene Rechnungen begleichen und die Reise hierher bezahlen, ausgerechnet in dem Augenblick, wo der Rubelkurs so schlecht steht. Ich hoffte, Rubinstein würde mir mit einer einmaligen Zuwendung beispringen. Aber diese Hoffnung erfüllte sich nicht. Jetzt verausgabte ich meine letzten geringen Mittel und habe außer Ihnen niemanden, der mir helfen könnte.

Ist es nicht seltsam, daß das Leben uns zu einem Zeitpunkt zusammengeführt hat, wo ich Sie nach einer Reihe von Torheiten nochmals um Hilfe bitten muß. Wenn Sie wüßten, wie mich das schmerzt und quält!... Manchmal bilde ich mir ein, daß alle mich jetzt wegen meines Kleinmuts, meiner Schwäche, meiner Dummheit verachten müssen. Ich wäre tödlich verletzt, wenn auch in Ihnen ein Gefühl von Verachtung aufsteigen könnte. Aber das ist vielleicht nur krankhaftes Mißtrauen. Im Grunde weiß ich doch, daß Sie aus Instinkt mich verstehen und in mir vielleicht einen unglücklichen, aber keinen schlechten Menschen sehen.

Jetzt, wo ich diese Zeilen schreibe und mich vor Ihnen fast schäme, fühle ich doch, daß Sie mir ein *wahrer* Freund sind, ein Freund, der in meiner Seele zu lesen weiß, obwohl wir uns nur durch unsere Briefe kennen.

Leben Sie wohl, Nadjéshda Filarétowna. Vergeben Sie mir. Ich bin sehr, sehr unglücklich.
Ihr P. Tschaikówski."

Frau Nadjéshda an Peter Iljítsch.

Moskau, den 17. Oktober 1877

„Wie unsagbar hat mich Ihr Brief erfreut, lieber, teurer Freund! In Moskau wurde ich durch die Nachricht von Ihrer Abreise so erschreckt, da ich mir die Zusammenhänge nicht erklären und nicht begreifen konnte, warum ich von diesen Dingen nicht früher Kenntnis erhielt. Jetzt weiß ich alles, mein armer Freund, und, wie schmerzhaft auch mein Herz mitfühlt, was Sie gelitten und wodurch Sie Ihr Leben zerstört haben, so bin ich doch froh, daß Sie diesen entscheidenden Schritt getan haben — den unvermeidlichen und einzig richtigen in dieser Lage. Bis jetzt hatte ich nicht gewagt, Ihnen offen meine Meinung zu sagen, da Sie dies als Einmischung hätten auffassen können. Jetzt aber glaube ich, die ich Ihnen mit ganzer Seele zugetan bin, ein Recht zu haben, Ihnen meine Ansicht auseinanderzusetzen. Ich wiederhole: es freut mich, daß Sie einen Ausweg aus dieser Welt der Verstellung und Täuschung gefunden haben, die Ihrer nicht würdig ist. Sie haben *alles* nur Erdenkliche für einen anderen Menschen getan, Sie haben bis zum Äußersten gekämpft, aber nichts erreicht, denn jemand wie Sie kann in einer solchen Lage wohl zu Grunde gehen, aber sich niemals mit ihr abfinden...

Was meine innere Einstellung zu Ihnen betrifft, großer Gott, wie konnten Sie, Peter Iljítsch, auch nur einen Augenblick glauben, ich würde Sie verachten! Wo ich doch nicht nur für alles, was geschehen ist, Verständnis habe, sondern genau so wie Sie fühle und genau so gehandelt hätte. Nur hätte ich mich an Ihrer Stelle wahrscheinlich früher zu einer Trennung entschlossen. Denn einer solchen Selbstaufopferung bin ich nicht fähig.

Und noch eines, mein teurer Peter Iljítsch, warum betrüben und verletzen Sie mich, indem Sie sich durch

Geldangelegenheiten so bedrücken lassen? Stehe ich Ihnen nicht nahe? Sie wissen doch, wie ich Sie schätze und Ihnen alles Gute wünsche. Ich bin der Meinung, daß weder Blutsbande noch körperliche Bindungen uns Rechte geben, sondern einzig Gefühle und seelische Verbundenheit.

Sie wissen ja, wieviel glückliche Stunden Sie mir schenken, wie unendlich dankbar ich Ihnen dafür bin, wie unentbehrlich Sie mir sind und daß Sie gerade so sind, wie Gott Sie geschaffen hat. Deshalb tue ich auch nichts für Sie, sondern alles für mich selbst ...

Wenn ich heute etwas von Ihnen haben wollte, würden Sie es mir gewiß nicht abschlagen, nicht wahr? So sind wir also quitt. Stören Sie mich also bitte nicht, wenn ich ein wenig die Regelung Ihrer häuslichen Sorgen übernehme.

Ich weiß nicht, wie Sie darüber denken, aber mir wäre es nicht angenehm, wenn andere von unserer Freundschaft etwas erführen. Als neulich Rubinstein mich besuchte, sprach ich von Ihnen als von einem mir ganz gleichgültigen Menschen. Ich verstellte mich und fragte ihn ganz unbefangen, auf wielange und warum Sie ins Ausland gereist wären. Er wollte offenbar wärmere Anteilnahme bei mir für Sie hervorrufen, aber ich verhielt mich kühl und zeigte nur Interesse für Ihre Werke."

Lange hält Peter es in Clarens nicht aus. Die letzten stürmischen Wochen haben tiefe Spuren in seinem Gemüt hinterlassen. Auch die herrlichste Natur vermag ihn nicht von seinem Inneren abzulenken. Immerhin kann er schon etwas arbeiten. Ein Leben ohne Arbeit hat für ihn keinen Sinn. In hochherziger Weise nimmt Frau Nadjéshda ihm die Sorgen für seine leibliche Existenz ab und setzt ihm eine jährliche Rente von sechstausend Rubeln aus.

„Während du Geldsorgen hast", schreibt er Ende Oktober aus Clarens an Modést, „bin ich unerwartet geradezu ein reicher Mann geworden, für meinen Lebensunterhalt ist gesorgt. Die dir bekannte Persönlichkeit hat mir dreitausend Franken überwiesen und wird mir von jetzt an monatlich eintausendfünfhundert Franken zuschicken. Dieses Angebot erfolgte mit soviel Feingefühl, soviel Güte, daß es mir gar nicht peinlich war. O Gott! Welche Hochherzigkeit, welche Freigebigkeit und welches Zartgefühl besitzt diese Frau! Dabei ist sie erstaunlich klug, und ich zweifle nicht im geringsten daran, daß sie große Freude darüber empfindet, mir diesen unschätzbaren Dienst zu erweisen."

Überströmende Gefühle der Dankbarkeit gegenüber seiner Gönnerin erfüllen Peters Gemüt. „Ehe ich Sie kennen lernte", schreibt er ihr in diesen Tagen, „wußte ich nicht, daß es Menschen mit einem so zarten und tiefen Gemüt gibt. Für mich ist erstaunlich, *was* Sie für mich tun und mehr noch, *wie* Sie es tun... Jede Note, die von jetzt ab meinem Hirn entspringen wird, soll Ihnen gewidmet sein. Ihnen verdanke ich es, wenn mein Arbeitseifer mit verdoppelter Kraft wiederkehren wird und niemals, niemals werde ich während der Arbeit auch nur eine Sekunde vergessen, daß Sie mir dazu verholfen haben, mein Künstlertum fortzusetzen. Aber viel, sehr viel bleibt mir noch zu tun übrig. Ohne falsche Bescheidenheit möchte ich Ihnen sagen, daß alles von mir bisher Geschaffene mir so unvollkommen, so schwach vorkommt im Vergleich zu dem, was ich noch schaffen *kann* und *muß*. Und ich werde es schaffen...

Langsam mache ich mich wieder an die Arbeit und kann jetzt mit Bestimmtheit sagen, daß „*unsere*" Sinfonie nicht später als im Dezember beendet sein wird, und daß Sie sie noch im Laufe dieses Winters werden hören können. Möge Ihnen diese Musik, die so eng mit Gedanken an Sie verbunden ist, sagen, wie ich Sie, meine beste, unvergleichliche Freundin, mit allen Kräften meiner Seele lieb habe."

Im gleichen Brief gibt Peter ihr auch eine ausführliche Beschreibung von Antonína. Sie wäre hübsch, aber die Augen hätten wenig Ausdruck. Mit ihren achtundzwanzig Jahren sähe sie noch sehr jung aus und wirke anziehend auf die Männer. Aber ihr ganzes Wesen ströme eine vollkommene Leere aus und sie habe überhaupt keine ernsthaften Interessen. Obgleich sie Musik studiert habe und seit vier Jahren in ihn verliebt war, kannte sie nicht eine einzige Note aus seinen Kompositionen, auch habe sie niemals irgendwelche Konzerte besucht. Doch zweifle er nicht daran, daß sie ihn aufrichtig geliebt und alles versucht habe, um ihn an sich zu fesseln.

Dann fährt Peter fort:

„Gestern erhielt mein Bruder von meiner Frau einen Brief, in dem sie sich von einer ganz neuen Seite zeigt. Aus einer zahmen Taube hat sie sich plötzlich in ein böses, sehr anspruchsvolles, verlogenes Wesen verwandelt. Sie macht mir eine Menge Vorwürfe, die darauf hinauslaufen, ich hätte sie gewissenlos betrogen."

Unterdessen hat Peters Schwester Alexándra seine Frau zu sich nach Kámenka eingeladen. Sie bemitleidet ihre Schwägerin und sucht mit weiblichem Instinkt einen Ausgleich zwischen den Gatten zu schaffen. Aber sie wird von der aufgeregten Antonína ganz einseitig unterrichtet und erhält kein klares Bild, so daß Spannungen zwischen ihr und dem geliebten Bruder entstehen.

„Ich kann dir nicht verschweigen", schreibt er der Schwester, „daß der Aufenthalt von Antonína in eurem Kreise meinem Herzen einen empfindlichen Schlag versetzt hat. Ich freue mich, daß du sie verwöhnst, aber mir ist es ganz zuwider, daß jetzt alle Bewohner von Kámenka meine Geschichte kennen. Wie soll ich mich jetzt unter euch zeigen? Es wird sehr, sehr viel Zeit vergehen müssen, ehe ich — ohne mich unerträglichen seelischen Qualen auszusetzen — wieder in eurem, mir so teuren und für mein Glück so notwendigen Kreise werde erscheinen können."

Bald aber ändert sich die Lage. Peter erfährt von Anatól, daß Antonína im Begriff stände, Kámenka zu verlassen. „Alexándra hat mich mit einem langen Brief erfreut", schreibt Peter. „Sie hat anfangs in Antonína nur die verlassene und gekränkte Frau gesehen und mich für alles verantwortlich gemacht. Sie vermutete in ihr sogar allerhand Vorzüge, die sich bei näherer Bekanntschaft aber als nicht vorhanden erwiesen. Meine Schwester schreibt ganz offen, sie hätte mir anfangs in keiner Weise verzeihen können, daß nicht nur mein eigenes Leben, sondern auch das einer schuldlosen und liebenden Frau durch mich zerstört worden wäre. Jetzt aber hat Alexándra begriffen, daß von Liebe bei Antonína keine Rede war, daß es ihr nur darauf ankam, unter die Haube zu kommen."

Skeptizismus und Religion

Frau Nadjéshda möchte Peters Ansichten über Religion wissen. Er antwortet aus Clarens:

„Die Tragik des zum Skeptizismus neigenden Menschen besteht darin, daß er die Bindung an den überlieferten Glauben verloren hat und auf der Suche nach einem Ersatz, sich bald auf diese, bald auf jene philosophische Lehre stürzt, in der Hoffnung, dadurch jene Überlegenheit im Kampf mit dem Leben zu erringen, die gläubigen Menschen so viel Kraft verleiht... Was Sie auch sagen mögen, es bleibt doch das größte Glück, glauben zu können, aber nicht aus Gewohnheit oder aus Mangel an Vernunft, sondern bewußt, nachdem es gelungen ist, alle Zweifel und Widersprüche, hervorgerufen durch Verstandeskritik, zu versöhnen.

Ein kluger und zugleich gläubiger Mensch ist gleichsam mit einem Panzer ausgerüstet, an dem alle Schicksalsschläge wirkungslos abprallen — und ihrer gibt es sehr viele...

Und wissen Sie was? Mir scheint, daß Sie nur deswegen solch eine Sympathie für meine Musik hegen, weil ich ebenso wie Sie, stets von jener Sehnsucht nach dem Ideal erfüllt bin. Unsere Leiden sind die gleichen, Ihre Zweifel ebenso stark wie die meinigen, beide schwimmen wir auf dem uferlosen Meer des Skeptizismus, ohne den rettenden Hafen zu finden. Ob meine Musik nicht deshalb Ihnen so vertraut und teuer ist?

Zur Kirche verhalte ich mich ganz anders als Sie.

Für mich hat sie sehr viel von ihrem poetischen Reiz bewahrt. Ich gehe sehr häufig in die Messe. Die Liturgie des Johannes Chrysostomos ist eines der großartigsten Kunstwerke. Verfolgt man die Liturgie des griechisch-katholischen Gottesdienstes aufmerksam und sucht in den Sinn jeder Zeremonie einzudringen, wird man im tiefsten Innern gerührt. Auch die Abendandachten liebe ich sehr. Am Sonnabend in irgendeine alte Kirche zu gehen, im Halbdunkel zu stehen, umfangen von Weihrauchdüften, tief in sich selbst zu versinken und Antwort zu suchen auf die ewigen Fragen: wozu, wann, wohin, warum; aus seiner Besinnung zu erwachen, wenn der Chor zu singen beginnt, sich ganz dem Eindruck der hinreißenden Musik hinzugeben, von stillem Entzücken durchdrungen zu werden, wenn die Goldene Pforte sich öffnet und ‚Preiset den Herrn' ertönt, — oh, wie liebe ich das alles! Das ist eine der größten Lebensfreuden!

Sie sehen, daß ich noch durch starke Bande an die Kirche gefesselt bin, andererseits habe ich schon lange, gleich Ihnen, den Glauben an das Dogma verloren... So gibt es in mir lauter Widersprüche, den Verstand könnte man verlieren, gäbe es nicht die Trösterin Musik. Sie ist das schönste Geschenk des Himmels für die im Dunkel umherirrende Menschheit. Nur sie allein erleuchtet, versöhnt, beruhigt. Sie ist kein Strohhalm, an den man sich vergeblich klammert. Musik ist ein treuer Freund, ein Beschützer, ein Trostspender; um ihretwillen verlohnt es sich zu leben. Vielleicht gibt es im Himmel keine Musik. So wollen wir denn auf der Erde leben, solange es geht."

Es ist verständlich, daß aus diesem Skeptizismus heraus keine ausgesprochen geistliche Musik entstehen konnte. In Tschaikówskis Werk findet man nur wenige Schöpfungen und vereinzelte Partien mit sakralem Einschlag, wie zum Beispiel zu Beginn der *„Ouvertüre 1812"*, wo Anklänge an den Stil russischer Kirchenchöre sich bemerkbar machen. Auf Bestellung seines Verlegers gab er in mühevoller Arbeit die oben erwähnte *Liturgie des Johannes Chrysostomos* (als op. 41) neu heraus.

Tschaikowskis Arbeitszimmer

Die Brüder Tschaikowski: Antol, Nikolaus, Hippolyte, Peter, Modest

Darüber berichtet er einige Jahre später Frau Nadjéshda:

„Meine ‚*Liturgie*' hatte die Aufmerksamkeit der Direktoren der ‚Moskauer Musikgesellschaft' erregt, und einer von ihnen ließ sie vom besten hiesigen Chor einstudieren, natürlich gegen gute Bezahlung. Das Ergebnis war eine Aufführung meiner ‚Liturgie' im Saale des Konservatoriums. Der Chor sang ausgezeichnet, und ich erlebte einen der glücklichsten Augenblicke meiner Künstlerlaufbahn. Alle Anwesenden waren nicht weniger zufrieden als ich, und es wurde beschlossen, die ‚Liturgie' in einem öffentlichen Konzert zu wiederholen."

Die Aufführung findet am 18. Dezember 1880 in Moskau statt. Das Werk gefällt allgemein. Es wäre vorbildlich für die neueste geistliche Musik und zeichne sich durch seine plastischen Themen und religiöse Andacht aus. Doch nimmt der Moskauer Bischof Ambrosius in einer viel beachteten Zuschrift an die Zeitschrift „Russ" dagegen Stellung. Kirchenmusik gehöre in das Gotteshaus und nicht in den Konzertsaal. Beifallsäußerungen, noch dazu in solch stürmischer Form, wären unerwünscht und verletzend. Tschaikówski habe die Liturgie des Heiligen Chrysostomos als Textunterlage für eine geistliche Oper benutzt. Immerhin bekennt der Bischof: „Rechtgläubige, seid zufrieden, daß diesmal die Liturgie in die Hände eines talentvollen Tondichters geraten ist und viel Anerkennung fand. Denn es hätte auch ein Musiker geringeren Grades diesen Text vertonen können. Das nächste Mal erscheint vielleicht eine heilige Messe von irgendeinem Rosental oder Rosenblum und erntet dann Zischen und Pfiffe."

Solche Äußerungen verletzten Peter. Aber heute können wir dem Bischof Ambrosius nicht Unrecht geben. Denn geistliche Musik gehört in die Kirche und sollte nicht in die nüchterne Atmosphäre eines Konzertsaales verpflanzt werden, wo ihr durch Beifallsäußerungen die religiöse Weihe genommen wird.

Ein Jahr später sucht der russische Meister, erfaßt von religiöser Stimmung, sich in die russische Kirchenmusik zu vertiefen. „Ich befasse mich jetzt mit unseren alten geistlichen Gesängen", schreibt er, „und will versuchen, sie für gemischten Chor zu setzen" (als op. 52 später erschienen).

„Diese Arbeit fesselt mich, aber sie ist schwer. Es kommt darauf an, diese alten Gesänge in ihrer ganzen Ursprünglichkeit zu erhalten. Aber da ihnen fremdartige Tonleitern zu Grunde liegen, ist es nicht leicht, ihnen Harmonien unserer heutigen Zeit zu unterlegen. Sollte es mir aber gelingen, dieser Schwierigkeit Herr zu werden, wäre ich stolz darauf, an der Wiederherstellung des ursprünglichen Charakters und Stiles unserer Kirchenmusik als erster meinen Teil geleistet zu haben."

Immer wieder im Verlauf der Jahre beherrschen religiöse Stimmungen unseren Tondichter. Aber die Dogmen der Kirche bleiben ihm fern, im Gegensatz etwa zu dem in gleicher Zeit wirkenden, streng kirchlich gesinnten *Anton Bruckner,* dessen Musik ausschließlich „ad majorem dei gloriam" geschaffen wurde.

Langsame Genesung

Von Clarens fährt Peter Anfang November 1877 mit Anatól über Florenz nach Rom. Aber die innere Unruhe ist noch so groß, die Wunden, die ihm geschlagen wurden, sind noch so wenig vernarbt, daß auch das schönste Wetter und die herrlichsten Städte Italiens seine trübe Stimmung nicht verscheuchen können. Bald muß Anatól nach Petersburg zurück, um seinen Staatsdienst wieder aufzunehmen. So wird beschlossen, über Venedig nach Wien zu reisen. Dort wird man sich trennen, und Peter läßt seinen Diener Aljóscha aus Moskau nach Wien kommen, da er in seinem übernervösen Zustand nicht völlig allein gelassen werden kann. In Venedig hat es ihm gefallen. Die gedämpfte Stimmung dieser romantischen Stadt wirkt wohltuend auf sein wundes Gemüt. Hierher zurückgekehrt mietet er für sich und

Aljóscha zwei Zimmer mit herrlicher Aussicht auf das offene Wasser, hier will er sich ganz in seine Arbeit vergraben.

„Schon den zweiten Tag arbeite ich an unserer Sinfonie und zwar sehr erfolgreich", schreibt er der Freundin im Dezember aus Venedig. „Ich hoffe, daß diese Arbeit allmählich meine trübe Stimmung und die Sehnsucht nach meinem lieben Bruder verscheuchen wird. Alles erinnert mich hier an ihn. Wie schmerzlich ist es, sich in dieser Stadt umzuschauen, wo wir noch vor kurzem zu zweit umherwanderten.

Eine sehr freudige Nachricht erhielt ich aus Moskau, daß der erste Akt des ‚Onégin' meine Freunde, darunter auch Rubinstein, in Entzücken versetzt habe. Ich war sehr besorgt, wie dies Urteil ausfallen würde. Jetzt bin ich sehr, sehr beruhigt."

Am gleichen Tage erhält Peter ein Telegramm von Modést, das ihn in größte Freude versetzt. Der Bruder unterrichtet einen taubstummen Jungen mit Namen Konradi und soll mit diesem für den ganzen Winter Aufenthalt in Italien nehmen.

„Ich war gerade mit meiner Sinfonie beschäftigt, als dein Telegramm eintraf", schreibt Peter an Modést. „Vor Freude wäre ich fast verrückt geworden ... Nach der Abreise Anatóls übermannte mich die Traurigkeit dermaßen, daß ich zu trinken begann. Nur nach dem Genuß eines Fläschchens Cognak konnte ich das Leben noch erträglich finden. Aber nach Empfang deines Telegramms sehe ich Venedig nun wieder mit ganz anderen Augen an."

Wenn Peter auch in vielen Dingen die gleichen Anschauungen hat wie Frau Nadjéshda, so gibt es doch auch manche Unterschiede. „Leidenschaftlich liebe ich Musik", hatte sie ihm geschrieben. „Wenn ich Musik höre, denke ich an nichts und empfinde dabei ein körperliches Wohlbehagen ... Musik versetzt mich in einen Rauschzustand wie ein Glas Sherry. Man wird irgendwohin getrieben ins Unbekannte, ins Rätselhafte, in himmlische Bereiche entrückt. In diesem Zustand wäre man bereit, zu sterben.

Kürzlich spielte ich Ihr *Andante cantabile**) aus dem ersten Streichquartett. Diese Musik versetzte mich in diesen Rauschzustand, so daß ein Zittern durch meinen ganzen Körper ging ... Ich glaube, daß kaum jemand die grenzenlose Schwermut versteht, die hier zum Ausdruck kommt. Diese Musik benimmt mir den Atem. Welch göttliche Kunst! In ihr allein offenbart sich der göttliche Funke der menschlichen Natur."

Peter erwiderte: „Eines ist in Ihrem Brief enthalten, womit ich durchaus nicht einverstanden bin, das ist Ihre Ansicht über die Musik. Vor allem mißfällt mir der Vergleich ihrer Wirkung mit einem Rauschzustand. Zum Alkohol nimmt der Mensch seine Zuflucht, um sich zu betäuben, um sich die Illusion von Glück zu verschaffen. Aber dieser Selbstbetrug kommt ihn teuer zu stehen. Die Reaktion ist meist fürchterlich. Wie dem auch sei: Der Alkohol läßt uns für Augenblicke allen Kummer vergessen. Das ist aber auch alles. Sollte die Musik keine andere Wirkung haben? Musik ist nicht Täuschung, sie ist Offenbarung. Und gerade darin besteht ihre siegreiche Kraft, daß sie uns *Schönheit* offenbart, die es sonst nirgends gibt, die uns mit dem Leben aussöhnt."

Peter hat seine Ruhe wiedergefunden und ist tief in seine Arbeit vergraben. Zweierlei hat ihm dazu verholfen: die günstige Aufnahme des so geliebten „Onégin" durch die Freunde in Moskau und die Gewißheit, daß Modést den Winter gemeinsam mit ihm in Italien verbringen wird.

„Ich arbeite fleißig an der Instrumentation unserer Sinfonie", schreibt er der Freundin, „und bin ganz in diese Arbeit versunken. Keines meiner Orchesterwerke hat mich soviel Mühe gekostet, aber auch an keinem habe ich mit soviel Liebe gearbeitet. Anfangs wurde ich nur von dem Wunsch geleitet, die Sinfonie zu beenden. Aber nach und nach ließ ich mich hinreißen und jetzt möchte ich mich gar nicht von der Arbeit trennen.

Vielleicht täusche ich mich, teure Nadjéshda Filaré-

---

*) siehe Seite 30.

towna, aber ich glaube, diese Sinfonie ist kein mittelmäßiges Werk, sie ist besser als alles, was ich bisher geschaffen habe. Welche Freude für mich, daß das *unsere* Sinfonie ist und daß Sie, wenn Sie sie einmal hören werden, wissen, wie ich bei jedem Takt an Sie gedacht habe. Hätte ich sie überhaupt beendet, wenn Sie nicht in mein Leben getreten wären? In Moskau, als ich glaubte, mit mir wäre alles zu Ende, habe ich auf dem Entwurf folgende Aufschrift gemacht, die ich ganz vergessen hatte und erst jetzt wieder entdeckte: ‚Im Falle meines Todes soll dieses Heft N. F. von Meck übergeben werden.' Ich wünschte die Handschrift meines letzten Werkes in Ihrem Besitz zu wissen. Jetzt aber lebe ich nicht nur und bin gesund, sondern kann dank Ihrer Fürsorge mich ganz meiner Arbeit widmen, in dem Bewußtsein, daß meinem Hirn ein Werk entspringt, das nicht in Vergessenheit geraten wird."

Mitten in der Arbeit erfährt Peter, daß Modést mit seinem Zögling bald eintreffen wird. Nun heißt es, die Arbeit für kurze Zeit unterbrechen und nach San Remo übersiedeln, wo der Winter gemeinsam verbracht werden soll. Dort erreicht ihn die höchst unwillkommene Nachricht, er solle Rußland auf der bevorstehenden Pariser Weltausstellung vertreten. Er, der Menschenscheue, sträubt sich heftig, sich in das moderne Babel (wie er sich ausdrückt) zu begeben, um dort acht Monate lang in dauerndem Verkehr mit ihm gleichgültigen Menschen zu stehen. Acht Monate würde er die Arbeit an der Sinfonie und am „Onégin" unterbrechen müssen! Nach anfänglichem Zögern meldet er sich krank und lehnt ab. Tatsächlich hat schon die Befürchtung, eine solche Reise machen zu müssen, ihn in einen Zustand krankhafter Erregung versetzt. Getreulich meldet er alle derartigen Vorkommnisse in langen Briefen seiner teuren Freundin. Immerhin gibt es manches, was er ihr verbirgt.

So schreibt er an Anatól: „Jetzt, wo ich abgelehnt habe, mich der Delegation für Paris anzuschließen, quält mich der Gedanke, daß du und Frau von Meck und manche andere meinen Entschluß mißbilligen könnten. So wisse denn: seit deiner Abreise geht es mir körperlich gut, aber meine Nerven wurden schlechter. Ich habe vor dir etwas verheimlicht, was ich jetzt eingestehe. Seitdem du fort bist, habe ich bis heute jeden Abend vor dem Schlafengehen mehrere Glas Cognak getrunken. Auch tagsüber trinke ich immerzu. Ohne dieses Reizmittel komme ich nicht aus. Meine Ruhe finde ich nur, wenn ich etwas angeheitert bin. An dieses heimliche Trinken habe ich mich so gewöhnt, daß allein schon der Anblick des Fläschchens mit Cognak, das ich stets bei mir trage, mich erfreut. Auch Briefe kann ich nur schreiben, wenn ich etwas getrunken habe. Daraus ersiehst du, daß ich noch nicht gesund bin. Wenn ich in Paris durchhalten wollte, müßte ich vom Morgen bis zum Abend in einem fort trinken."

Unterdessen ist Modést mit seinem Zögling Kólja in San Remo eingetroffen. Außer ihnen ist noch der Diener Aljóscha anwesend, für dessen Wohlergehen Peter rührend sorgt. Ihm und dessen Frau vermacht er testamentarisch eine Rente, und Aljóscha, der mit abgöttischer Liebe an seinem Herrn hängt, wird nach dessen Ableben aus eigenen Mitteln das in späteren Jahren von Peter bewohnte Haus erwerben, um dort ein Tschaikówski-Museum einzurichten.

In San Remo gleicht ein Tag dem anderen. Alle sind eifrig bei der Arbeit, wie aus einem Brief an Frau Nadjéshda hervorgeht. „Wir stehen um acht Uhr auf, trinken Kaffee und machen einen kleinen Spaziergang. Dann beginnen alle mit der Arbeit. Ich instrumentiere den dritten Akt des ‚Onégin‘, Modést unterrichtet den kleinen Kólja und Aljóscha beschäftigt sich mit Holzhacken. Um zwölf nehmen wir das Frühstück ein, es folgt ein kleiner Spaziergang, worauf wiederum alle sich an die Arbeit machen. Um sechs ist Mittag, dann lesen wir und schreiben Briefe, um elf gehe ich schlafen."

Zwischen Tschaikówski und Nikolái Rubinstein ist ein Konflikt ausgebrochen. Letzterer will den Beschützer spielen und hat ein Interesse daran, daß sein berühmter Konservatoriumsprofessor auf der Weltausstellung in Paris eine Rolle spielt. Darüber berichtet Peter an Frau

Nadjéshda: „Heute erhielt ich von Rubinstein eine Antwort auf meinen Brief, in dem ich ihm erklärte, daß ich seinen Wunsch nicht erfüllen und die Vertretung auf der Weltausstellung ablehnen müßte. Seine Antwort atmet wildesten Zorn. Das wäre noch nicht schlimm. Aber der Brief ist von einer solchen Herzlosigkeit und Starrköpfigkeit erfüllt. Er schreibt, meine Erkrankung wäre reiner Schwindel und Verstellung. Ich zöge ein ‚dolce far niente' vor, statt zu arbeiten. Er bedauert, mir bisher soviel Anteilnahme entgegengebracht zu haben, denn damit habe er nur meine Faulheit unterstützt. Schließlich spricht er die Hoffnung aus, daß ich mir die Sache noch überlegen und nach Paris eilen würde. In welch unglaublichem Ton ist dieser Brief abgefaßt! So schreibt ein in Zorn geratener Vorgesetzter seinem zitternden Untergebenen! ... Am abstoßendsten berührt mich, daß er bei jeder Gelegenheit betont, er sei mein Wohltäter. Selbst wenn er das in der Tat wäre, unterbindet er dadurch das Aufkommen jeder Dankbarkeit."

Am gleichen Tag schreibt Peter an Anatól: „Wie habe ich recht, daß ich diesen Menschen nicht mag! ... Ein für allemal habe ich ihm erklärt, daß ich ihm durchaus nicht zu soviel Dank verpflichtet sei, wie er glaubt. Der Gedanke, nach meiner Rückkehr wieder unter seine Fuchtel zu geraten, ist mir höchst fatal."

Immerhin ist Peter sich über mancherlei wertvolle Eigenschaften Rubinsteins klar: „Sie haben recht, Rubinstein ist durchaus nicht solch ein Held, für den man ihn hinstellt. Er ist ungewöhnlich begabt, klug, allerdings etwas ungebildet, energisch und geschickt. Aber verhängnisvoll erweist sich sein eitles Begehren nach Bewunderung seiner Person und seine kindliche Schwäche für Unterwürfigkeit und Schmeichelei. Seine Fähigkeiten als Direktor einer Anstalt und seine Geschicklichkeit in der Behandlung der Mächtigen dieser Welt sind erstaunlich ... Man muß ihm Gerechtigkeit widerfahren lassen, daß er im höchsten Grade ehrlich und uneigennützig ist, das heißt, bei Verwirklichung seiner Ziele strebt er nicht nach materiellem Vorteil... Er duldet keinen Widerspruch und vermutet in jedem Menschen, der nicht seiner Meinung ist, einen heimlichen Widersacher. Alle diese Mängel entstehen infolge seines rasenden Machthungers und seiner hemmungslosen Herrschsucht.

Aber wieviele Dienste hat er der Musik erwiesen, Nadjéshda Filarétowna! Wegen dieser Verdienste kann man ihm alles vergeben. Sein Konservatorium ist zwar etwas künstlich in den Moskauer Boden eingepflanzt worden, aber es erweist sich doch als Quelle gesunder Anschauungen und guten Geschmacks. Vor zwanzig Jahren war Moskau in bezug auf Musik eine Wüste. Oft ärgere ich mich über Rubinstein, wenn ich aber bedenke, was er alles durch seine unermüdliche Tätigkeit erreicht hat, fühle ich mich entwaffnet."

Konflikt mit dem „Musikgewaltigen"

Das Klavierkonzert in b-moll wollte Peter ursprünglich (1874) seinem gestrengen Direktor Nikolái Rubinstein widmen, der aber das Werk für verfehlt und unspielbar hielt. Einzelheiten darüber, die eines Reizes nicht entbehren, berichtet unser Tondichter nicht ohne Humor seiner Freundin in einem Brief aus San Remo vom 21. Januar 1878:

„Im Dezember 1874 komponierte ich ein Klavierkonzert. Da ich nicht Pianist bin, mußte ich einen Klaviervirtuosen zu Rate ziehen, um mich über die technische Spielbarkeit belehren zu lassen und zu erfahren, was dankbar und für einen Spieler wirkungsvoll wäre. Mir war ein strenger, aber freundschaftlich gesinnter Kritiker vonnöten. Eine innere Stimme warnte mich davor, Rubinstein ein solches Richteramt zu übertragen. Ich ahnte, daß er diese Gelegenheit benutzen würde, um über mich herzufallen. Er ist der beste Pianist Moskaus und überhaupt ein bedeutender Künstler. Da ich wußte, daß er sehr gekränkt sein würde, falls ich ihn überginge, machte ich ihm den Vorschlag, sich das Konzert anzuhören und mir Ratschläge über die Spielbarkeit des Klavierparts zu erteilen.

In Gegenwart von Hubert (Lehrer am Moskauer Konservatorium) spielte ich ihm den ersten Satz vor. Kein Wort, keine Bemerkung! Können Sie sich vorstellen, wie unerträglich es ist, wenn jemand seinem Freunde ein selbstbereitetes Gericht vorsetzt und dieser davon kostet und sich ausschweigt! Wenn er doch bloß etwas sagte: sei es eine freundliche Abkanzelung oder eine mitfühlende, wenn auch nicht lobende Äußerung.

Rubinstein jedoch bereitete sich auf Donnerschläge vor, während Hubert eine Klärung der Lage abwartete, um dann, je nachdem die eine oder andere Partei zu ergreifen. Mir aber lag gar nichts an einer Beurteilung des künstlerischen Wertes der Komposition, sondern nur an Hinweisen auf die technischen Probleme. Rubinsteins beredtes Schweigen war von größter Vorbedeutung. Er schien sagen zu wollen: ‚Liebster Freund, wie kann ich über Einzelheiten etwas aussagen, wo die ganze Musik für mich so abstoßend ist.'

Doch wappnete ich mich mit Geduld und spielte das Stück bis zum Ende. Wiederum Schweigen. Ich stand auf und sagte: ‚Also, wie steht es?' Nun aber entströmte Nikolái Grigórjewitschs Lippen ein Schwall von Redensarten, anfangs leise, dann aber immer mehr in Ausbrüche des Donnerers Jupiter übergehend.

‚Ihr Konzert taugt gar nichts', sagte er, ‚es läßt sich gar nicht spielen, die Passagen sind abgedroschen, plump und so ungeschickt, daß man sie nicht einmal verbessern kann. Die Komposition ist schlecht und gemein, überall stößt man auf Teile, die von irgendwoher gestohlen sind. Es gibt nur zwei oder drei Seiten, die stehen bleiben können, alles übrige muß vernichtet oder vollständig umgearbeitet werden. Dies — zum Beispiel — was soll das bedeuten? (Dabei spielt er diese Stelle ganz verzerrt.) Oder jene Stelle? Ist denn so etwas erträglich?'

In diesem Stil ging es weiter. Die Hauptsache läßt sich gar nicht wiedergeben: nämlich der Ton, mit dem das alles vorgebracht wurde. Kurzum: ein Unbeteiligter, der zufällig in dieses Zimmer geraten wäre, hätte den Eindruck erhalten, ein talentloser Schreiberling wäre zu einem berühmten Musiker gekommen, um ihn mit seinen Nichtigkeiten zu belästigen. Hubert, der beobachtet hatte, daß ich hartnäckig schwieg, erstaunt über diese Abkanzelung, suchte das Urteil von Rubinstein zu erläutern und, ohne ihm im geringsten zu widersprechen, nur das zu mildern, was ‚Seine Exzellenz' allzu drastisch vorgebracht hatten.

Über diesen Auftritt war ich nicht nur verwundert, sondern auch verletzt. Ich bin kein dummer Junge, der sich mit den ersten Kompositionsversuchen herumplagt, und habe kein Verlangen nach Belehrungen, namentlich, wenn sie mit solcher Schärfe und Feindseligkeit vorgebracht werden. Was ich aber brauche und immer brauchen werde, sind freundschaftliche Ratschläge.

Schweigend verließ ich das Zimmer und ging nach oben. Vor Aufregung und Wut war ich nicht imstande, auch nur ein Wort hervorzubringen. Bald erschien Rubinstein, und als er meine Erregung merkte, führte er mich in ein entlegenes Zimmer. Dort wiederholte er von neuem, mein ‚Konzert' wäre unmöglich und wies auf zahlreiche Stellen hin, die eine völlige Umarbeitung erforderten. Er wolle mir die Ehre erweisen, mein Werk in einem seiner Konzerte zu spielen, falls ich nach seinen Anweisungen die Änderungen bis zu einem bestimmten Zeitpunkt durchführen würde.

‚Ich werde keine Note ändern', antwortete ich ihm, ‚und das Stück in seiner jetzigen Gestalt lassen.' Das habe ich auch getan."

Diese schroffe Ablehnung nahm Peter Iljítsch sich sehr zu Herzen. Er durchstrich die Widmung an Rubinstein und ersetzte sie durch die Dedikation an Hans von Bülow, einen Bewunderer seiner Musik, der über die Widmung hocherfreut war und das Werk immer wieder aufs Programm seiner Konzerte in Amerika und Deutschland setzte. Einige Jahre später änderte Rubinstein seine Haltung und feierte Triumphe mit dem Vortrag des Konzertes in Paris und Moskau.

Himmlische und irdische Liebe

Peter ist es zur Gewohnheit geworden, fast täglich seiner geliebten Freundin zu schreiben und ihr sein Herz auszuschütten. Er unternimmt kaum noch einen Schritt, ohne sie vorher um ihren Rat zu bitten und ihre Zustimmung einzuholen. Diese Seelengemeinschaft versetzt Frau Nadjéshda in einen Taumel von Glück und Seligkeit.

„Wissen Sie, mein teurer Peter Iljítsch (Brief vom 22. 1. 1878), schon seit langem setzt mich diese ungewöhnliche gegenseitige Sympathie, diese geradezu unwahrscheinliche Übereinstimmung unserer Anschauungen, die sich fast in allen unseren Briefen zeigt, in Erstaunen. Eine solche Ähnlichkeit der Naturen ist sogar bei ganz nahen Verwandten selten anzutreffen.

O Gott, wie schön ist es, wenigstens einen Menschen auf der Welt zu haben, dem man vertrauen darf. Wie kann man doch in solchem Glücksrausch alles, auch übles, über sich ergehen lassen und ist doch glücklich! ...

Haben Sie jemals geliebt, Peter Iljítsch? Ich glaube kaum. Sie lieben allzusehr die Musik, als daß Sie eine Frau lieben könnten. Ich weiß von einem Liebeserlebnis in Ihrem Leben, glaube aber, daß die sogenannte platonische Liebe (Plato hat gar nicht so geliebt) nur halbe Liebe ist; bloß eine Liebe der Einbildungskraft, nicht des Herzens; nicht jenes Gefühl, das Leib und Blut des Menschen erfüllt, ohne das zu leben er nicht imstande ist."

Wenn Frau Nadjéshda auf ein Liebeserlebnis anspielt, so meint sie jene in Moskau stadtbekannte Episode, als Peter sich mit der Absicht trug, die Sängerin Désirée Artôt zu heiraten.

„Sie fragen, liebe Freundin, ob ich die irdische Liebe kenne. Ja und nein. Wollte man die Frage etwas anders stellen und fragen, ob ich die Fülle des Glücks in der Liebe gefunden habe, so muß ich antworten: nein, nein, dreimal nein!!! Übrigens glaube ich, daß auch meine Musik auf diese Frage eine Antwort gibt. Wenn Sie mich aber fragen, ob ich die ganze Fülle, die ganze unerschöpfliche Kraft der Liebe kenne, so antworte ich ja, ja, dreimal ja! Ich wiederhole, daß ich mehrfach versucht habe, in meiner Musik die Qual und die Seligkeit der Liebe auszudrücken. Ob mir das gelungen ist, weiß ich nicht, das mögen andere entscheiden.

Darin bin ich gar nicht Ihrer Meinung, als ob die Musik nicht fähig wäre, die allumfassende Kraft der Liebe wiederzugeben. Ganz im Gegenteil, nur die Musik allein ist dazu imstande. Sie sagen, das könne nur in Worten geschehen. O nein! Gerade dazu bedarf es nicht der Worte. Wo diese versagen, erklingt in ihrer ganzen Fülle eine mächtige Sprache: die Musik. Auch die gebundene Rede, das Gedicht, womit die Poeten die Liebe verherrlichen, erweist sich als Eindringen in Gebiete, die der Musik vorbehalten sind. Worte, sobald sie die Form von Gedichten annehmen, sind nicht mehr bloße Worte, sie haben sich in Musik verwandelt. Der beste Beweis dafür, daß Gedichte, die die Liebe verherrlichen, schon mehr Musik als bloße Worte sind, ist der, daß solche Gedichte (ich denke dabei an Fet*), den ich sehr liebe) vielfach gar keinen greifbaren Sinn haben. Dabei ist diesen Gedichten nicht nur ein Sinn zu eigen, sondern sie enthalten oft tiefe Gedanken aber rein musikalischer Natur. Es freut mich sehr, daß Sie die Instrumentalmusik so hoch einschätzen, und ich stimme Ihnen vollkommen zu, wenn Sie äußern, daß das Hinzufügen von Worten der Musik nicht selten abträglich ist, denn durch Worte wird die Musik aus unerreichbaren Höhen hinabgedrückt. Das habe ich oft deutlich empfunden, und vielleicht sind mir deswegen rein instrumentale Werke besser gelungen als vokale."

Begreiflich, daß Peter solche Ansichten vertritt. Man denke an seine rein instrumentalen Liebesgesänge in den Orchesterwerken „Romeo und Julia" und vor allem in „Francesca da Rimini" und beachte, daß Liebesempfindungen in seinen „Romanzen" für eine Singstimme und Klavier (wirkliche „Lieder" hat er gar nicht geschrieben) blaß und konventionell ausgedrückt sind.

---

*) bekannter russischer Lyriker des vorigen Jahrhunderts.

Von Natur ist Frau Nadjéshda leidenschaftlich und sinnlich veranlagt. In ihren Briefen an Peter kommt sie immer wieder auf das Thema der Liebe zurück.

„Mich interessiert sehr Ihre Meinung über Schopenhauer", schreibt sie ihm. „Seine Definition der Liebe ist mir unsympathisch, ich erkenne nur diejenige Liebe an, die einen moralischen Untergrund besitzt. Die körperlichen Beziehungen der Liebe spielen eine große, nicht zu unterschätzende Rolle, aber sie dürfen nicht der Beginn, sondern nur die Folge echter Liebe sein. Die platonische Liebe verstehe ich nicht und erkenne sie nicht an. Wahrhaft liebt nur der, der sich mit seinem ganzen Sein der Liebe hingibt."

„Meinem besten Freunde"

(Vierte Sinfonie)

In San Remo erholt Peter sich zusehends und streift allmählich die Erinnerung an die aufregenden Vorfälle des Herbstes ab:

„Ich fühle mich ausgezeichnet. Meine Gesundheit ist wieder hergestellt. Ich bin kräftig und unternehmungslustig. Aber wissen Sie, liebe Freundin, das Gerücht, ich hätte den Verstand verloren, war nicht ganz unbegründet. Wenn ich an alle die von mir begangenen Torheiten zurückdenke, muß ich zugeben, daß ich zeitweilig dem Irrsinn nahe war. Vieles aus der jüngsten Vergangenheit erscheint mir jetzt wie ein seltsamer Alpdruck, wie ein wüster Traum, in dem dieses Wesen, das meinen Namen trägt, so gehandelt hat, wie das in Traumgeschichten zuzugehen pflegt: sinnlos, zusammenhanglos, wirr..."

Peter hat den *„Onégin"* und die *„Vierte Sinfonie"* beendet und empfindet große Genugtuung über den Abschluß der beiden Werke.

Im Februar ist er mit seiner dreiköpfigen Begleitung nach Florenz übergesiedelt. Bald sollen die Proben der

Sinfonie in Moskau beginnen: „Falls Sie dann gesund sein sollten, Nadjéshda Filarétowna, wäre es Ihnen möglich, eine Probe zu besuchen? Wenn man ein neues Werk zweimal hört, läßt es sich leichter erfassen. Wie wünschte ich, daß diese Musik Ihnen gefällt."

Am 10. Februar 1878 findet die erste Aufführung der vierten Sinfonie in Moskau unter Leitung von Nikolái Rubinstein statt. Am Schluß gibt es zwar viel Beifall, man ruft nach dem Komponisten, aber von einem durchschlagenden Erfolg kann keine Rede sein. Die Presse erwähnt das Werk kaum. Nach dem Konzert versammeln sich die Freunde zu einem Festessen und schicken Peter ein Telegramm, in dem aber mit keinem Wort erwähnt wird, ob das Werk den Freunden gefallen hat. Nur Frau Nadjéshda, die abseits vom Publikum in ihrer Loge zuhörte, ist begeistert. Es ist *„ihre"* Sinfonie. Niemand im Saale weiß, wer sich hinter dem *„besten Freunde"* der Widmung verbirgt.

Peter aber sitzt um die gleiche Zeit mit der Uhr in der Hand in Florenz und versetzt sich in Gedanken nach Moskau.

„Gestern früh erhielt ich Ihr Telegramm", schreibt er der Freundin. „Es bereitete mir unsagbare Freude. Ich war sehr beunruhigt, ob vielleicht Ihr Gesundheitszustand Sie vom Besuch des Konzertes abhalten und ob die Sinfonie Ihnen gefallen würde. Es wäre ja möglich gewesen, daß Ihnen die Musik nicht zusagt, daß Sie aber in Ihrer Herzensgüte und aus freundschaftlicher Teilnahme mir Glückwünsche zusandten. Aber dem Ton und dem Inhalt Ihres Telegramms entnehme ich deutlich, daß dieses Werk, das für Sie komponiert wurde, Ihren Beifall gefunden hat. In meinem tiefsten Innern bin ich davon überzeugt, daß diese Sinfonie das Beste ist, was ich bisher geschaffen habe. Es kommt mir seltsam vor, daß ich von meinen Moskauer Freunden noch keine Nachricht erhalten habe, obgleich die Partitur des Werkes schon vor eineinhalb Monaten hingeschickt wurde. Gleichzeitig mit Ihrem Telegramm erhielt ich ein anderes, unterschrieben von Rubinstein und den übrigen Freunden. In diesem Telegramm ist nur davon die Rede, daß die Aufführung hervorragend war. Kein Wort über den Wert der Sinfonie... In Gedanken nahm ich an dem Konzert teil, errechnete auf die Minute den Beginn mit dem Schicksals-Thema und suchte mir in allen Einzelheiten vorzustellen, welchen Eindruck diese Musik hervorbringen würde. Der erste Satz — der schwierigste, aber auch der beste — ist sicherlich manchen zu lang erschienen und beim ersten Hören nicht ganz verständlich vorgekommen. Die übrigen Sätze sind einfach."

Anderthalb Jahre später schreibt er der Freundin:

„*Unsere* Sinfonie besitzt ein Programm, das heißt, es besteht die Möglichkeit, ihren Inhalt in Worte zu fassen, und Ihnen, nur Ihnen allein, will ich die Bedeutung des ganzen Werkes und seine einzelnen Sätze erklären.

Die Einleitung ist das *Samenkorn* der ganzen Sinfonie, der Hauptgedanke:

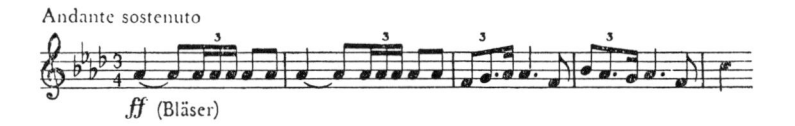

das ist das *Fatum*, jene verhängnisvolle Macht, die unser Streben nach Glück verhindert, die eifersüchtig darauf bedacht ist, daß das Wohlergehen und die Ruhe nicht vollkommen und wolkenlos werde, die wie ein Damoklesschwert über unserem Haupt schwebt und unsere Seele unentwegt vergiftet. Diese Macht ist unbesiegbar."

„Niedergeschlagenheit und Hoffnungslosigkeit werden immer stärker", fährt unser Tondichter fort, „aber man verliert sich in Träume, die sich nach und nach der ganzen Seele bemächtigen. Alles Finstere, Freudlose ist vergessen. Da ist es, das Glück! So ist unser ganzes Leben ein ewiger Wechsel harter Wirklichkeit und flüchtiger Träume.

Der zweite Satz drückt eine andere Stufe der Schwermut aus. Jene Melancholie ergreift uns, wenn man abends, ermüdet von der Arbeit, allein sitzt und nach einem Buch greift. Doch es entgleitet unseren Händen. Ein ganzer Schwarm von Erinnerungen taucht auf. Wie süß sind diese Erinnerungen aus der Jugendzeit, als das junge Blut aufbrauste und das Leben uns befriedigte. Aber es gab auch schwere Stunden... Schmerzlich und doch wie süß ist es, sich in die Vergangenheit zu versenken.

Der dritte Satz drückt nichts Bestimmtes aus. Das sind kapriziöse Arabesken, unfaßliche Bilder, die die Einbildung durchziehen, wenn man Wein getrunken hat und sich etwas berauscht fühlt... Man läßt sich von der Phantasie treiben. Dabei steigt plötzlich in der Erinnerung das Bild eines betrunkenen Bäuerleins und ein Gassenliedchen auf... Irgendwo in der Ferne ziehen Soldaten vorüber...

Vierter Satz: Wenn es dir nicht gelingt, in dir selbst eine freudige Stimmung zu erwecken, blicke um dich. Geh ins Volk... Nimm an einem Volksfest teil. Doch kaum hast du dich selbst vergessen im Anblick von soviel Frohsinn, als das unentrinnbare *Schicksal* (Motiv des Fatums) von neuem bei dir anklopft. Aber die Menschen kümmern sich nicht um dich und merken gar nicht, wie einsam und traurig du bist. O, wie fröhlich sie sind! Wie glücklich, weil alle ihre Gefühle so unbefangen und einfach sind. Geh in dich!... Nimm teil an fremdem Glück. Das Leben hat doch schöne Seiten.

Dies, beste Freundin, ist alles, was ich Ihnen zur Erläuterung sagen kann. Selbstverständlich sind meine Worte vielfach unklar und nicht erschöpfend. Aber gerade darin besteht die Eigenart der Instrumentalmusik, daß sie sich nur schwer erklären läßt. Wo die Worte fehlen, beginnt die Musik zu sprechen."

„,*Unsere*' Sinfonie hat einen tiefen Eindruck auf mich gemacht", antwortet Frau Nadjéshda, „wie schmerzlich und erschütternd wirkt der erste Satz auf das Gemüt! Welch schöne Themen, welch kühne Akkorde folgen (diese Musik elektrisiert mich), und die Schlußpartie! Man könnte vor Begeisterung den Verstand verlieren.

Der zweite Satz: o Gott, ich möchte diese Musik umarmen und streicheln, so herrlich ist sie mit ihrer Versonnenheit und ihren Anklängen an heimatliche Musik."

Über den dritten Satz, das berühmte faszinierende *Pizzicato ostinato* läßt der Komponist sich folgendermaßen vernehmen: „Das Scherzo zeigt eine neue Instrumentalwirkung, von der ich mir viel verspreche. Anfangs spielt nur das Streichorchester und zwar durchweg pizzicato. Das Trio beginnen die Holzbläser; sie werden von einer Gruppe Blechbläser abgelöst, die ebenfalls für sich gesondert spielen. Gegen Schluß des Scherzo wechseln alle drei Gruppen in kurzen Sätzchen miteinander ab. Mir scheint, daß dieser Klangeffekt reizvoll sein dürfte."

„Das Scherzo — das ist am originellsten", schreibt die Freundin. „Sagen Sie mir, Peter Iljítsch, mich interessiert es sehr, über die Entstehung dieses Satzes näheres zu wissen: Was ist früher Ihrem Kopf entsprungen: die Motive dieses Scherzo oder die Art der Instrumentation? Mir kam dabei der Gedanke, daß Sie zuerst an den Pizzicato-Effekt gedacht und erst nachträglich das passende Thema erfunden haben."

„Sie fragen mich, wie ich es mit der Instrumentation halte", antwortet Peter. „Ich komponiere niemals abstrakt, das heißt der musikalische Einfall erscheint mir stets in Verbindung mit einer bestimmten Form. So ergibt es sich, daß ich das Thema gleichzeitig mit der Instrumentation erfinde. Als ich das Scherzo unserer Sinfonie komponierte, dachte ich es mir von vornherein so, wie Sie es gehört haben. Eine andere Ausführung, als die durch pizzicato, ist gar nicht denkbar; wollte man das Stück mit gestrichenem Bogen (arco) spielen, würde es seinen ganzen Reiz verlieren."

Im Finale (vierter Satz) dieser Sinfonie erklingt als Hauptthema das bekannte russische Volkslied *„Stand ein Birkenbaum im Felde"*. „Sagen Sie, mein Teurer", fragt Frau Nadjéshda, „verwenden Sie in Ihren Kompositionen diese Anklänge an russische Volksmusik bewußt oder geschieht das ohne Ihr Zutun, gewissermaßen als Ausdruck Ihrer russischen Seele?"

„Oft habe ich bereits während der Arbeit an meinen Kompositionen die Absicht gehabt, irgendein russisches Volkslied zu verwenden", antwortet Peter. „Bisweilen jedoch, wie zum Beispiel im Finale unserer Sinfonie, ergibt sich das wie von selbst, ganz unbewußt. Wenn ich aber Elemente der russischen Volksmusik, ihre Melodik und Harmonik benutze, so geschieht das, weil ich auf dem Lande aufgewachsen bin und mich seit meiner frühesten Kindheit von der unbeschreiblichen Schönheit russischer Volkslieder ergreifen ließ, weil ich alles Russische in seinen verschiedenartigen Äußerungen leidenschaftlich liebe, kurzum, weil ich Russe im wahrsten Sinne des Wortes bin."

Heute wissen wir, daß Tschaikówski sich täuscht. Wohl liebt er glühend alles Russische und fühlt sich als Russe. Aber in seinen Kompositionen zeigt er sich — wie wir schon gesehen haben — nur zum Teil als Russe und ist zum anderen Teil Westeuropäer geworden. Es bleibt unwesentlich, ob ein Musiker wie Tschaikówski hier und dort russische Themen in seinen Kompositionen verwendet. Auch Beethoven hat das wiederholt getan (man denke an die Rassumóffski-Quartette), und in Schuberts Werken treffen wir gelegentlich auf ungarische Weisen. Niemand aber würde aus diesem Grund Beethoven für einen russischen und Schubert für einen ungarischen Komponisten halten. Sondern es kommt auf die Grundhaltung an.

Man denke zum Beispiel daran, in welcher Weise Mussórgski etwa im Revolutionsakt des *„Borís Godunóff"* oder auch im *„Jahrmarkt von Ssorotschínzy"* russische Volkslieder und Tänze nicht nur verwendet, sondern weiterentwickelt und dabei einen bodenständigen Stil verwirklicht, bei dessen Zergliederung sich nicht nur einzelne Volksweisen nachweisen lassen, der sich vielmehr dadurch auszeichnet, daß die ganzen Stücke im Geiste urwüchsiger nationaler Musik entworfen sind. In Tschaikówskis Werken finden sich zwar nicht selten auch derartige Partien, sehr häufig aber auch solche, die völlig dem Geiste Schumanns, gelegentlich auch Mozarts und anderer Komponisten verhaftet bleiben.

Nur wenige Zeitgenossen unseres Tondichters waren genügend objektiv, um diese Zusammenhänge klar zu erkennen. Am allerwenigsten ist Frau Nadjéshda dazu imstande, deren leidenschaftliche Natur der Musik ihres vergötterten Freundes restlos verfallen ist. Am 6. März schreibt sie ihm aus Moskau einen langen Brief. Zum ersten Mal fällt der Name des Polen Pachúlski, eines früheren Schülers von Tschaikówski, der später Frau Nadjéshdas Tochter Julia heiraten wird und jetzt in ihrem Hause als Musiklehrer wirkt. „Er ist von Ihrer Sinfonie geradezu behext", schreibt sie, „mehrere Tage hat er von nichts anderem gesprochen, an nichts anderes gedacht, als an Ihre Sinfonie. Alle fünf Minuten setzte er sich ans Klavier und trug aus ihr vor. Er besitzt ein ausgezeichnetes Gedächtnis, und ihm verdanke ich die genaue Kenntnis unserer Sinfonie, die er mir beständig vorspielt.

Aus den Worten Pachúlskis ersehe ich, daß Sie sich, teurer Freund, in der Annahme täuschen, Sie hätten es als Lehrer nicht verstanden, Ihre Schüler für die Musik zu begeistern. Ganz im Gegenteil: mit welchen Gefühlen der Anhänglichkeit und Liebe denkt Pachúlski an den Unterricht bei Ihnen zurück. Er sagt, ein Wort von Ihnen habe für die Schüler zehnmal mehr Bedeutung gehabt als alle Redensarten, die sie jetzt zu hören bekämen."

Über das Wesen der Inspiration

„Sie fragen mich, ob ‚unserer' Sinfonie ein bestimmtes Programm zugrunde liegt", schreibt der Tondichter seiner Freundin aus Florenz. „Auf derartige Fragen pflege ich meist mit ‚nein' zu antworten. Es ist wirklich schwierig, eine solche Frage zu beantworten. Wie soll man in Worten jene unbestimmten Empfindungen beschreiben, die man beim Entwurf eines Instrumentalwerkes ohne bestimmtes Programm erlebt? Das ist ein rein lyrischer Vorgang, eine musikalische *Seelenbeichte*, und ein Bekenntnis, das seinen Niederschlag findet im Verströmen von Tönen, so wie ein Dichter sich in Versen verströmt. Doch besteht der Unterschied darin, daß der Musik unvergleichlich reichere Ausdrucksmöglichkeiten und eine viel feinere Sprache zur Wiedergabe aller seelischen Regungen zu Gebote stehen.

Meistens erscheint das Samenkorn des zukünftigen Werkes ganz plötzlich und überraschend. Fällt das Korn auf fruchtbaren Boden, das heißt ist Arbeitsstimmung vorhanden, so schlägt dieses Korn mit unglaublicher Kraft und Schnelligkeit Wurzel, schießt aus dem Erdreich hervor, treibt Stengel, Blätter, Knospen und schließlich Blüten. Nur durch dies Gleichnis kann ich den schöpferischen Akt veranschaulichen. Es kommt alles auf das Erscheinen des Samenkorns und seine fruchtbare Entwicklung an. Alles übrige ergibt sich dann von selbst.

Vergeblich wäre es, mit Worten zu schildern, welch unermeßliche Seligkeit mich ergreift, wenn der Hauptgedanke empfangen ist und sich in bestimmter Form zu entwickeln beginnt. Man vergißt alles um sich herum, gebärdet sich wie ein Verrückter. Alles im Inneren zittert und bebt, man hat kaum Zeit, die Einfälle aufzuzeichnen. Ein Einfall folgt dem anderen.

Mitten aus solch einem entrückten Schaffen wird man zuweilen aus diesem nachtwandlerischen Zustand durch einen Stoß von außen herausgerissen: Jemand klingelt an der Tür, der Diener tritt ein, die Uhr schlägt und versetzt einen wieder in die Wirklichkeit.

Quälend, wie unerträglich quälend sind solche Unterbrechungen! Mitunter verflüchtigt sich die Eingebung. Nun heißt es, sie zurückzurufen. Das gelingt nicht immer. Sehr häufig muß kühle Verstandesarbeit die Inspiration ersetzen. Das ist vielleicht die Ursache, warum selbst bei den größten Meistern Mangel an organischer Verknüpfung oder künstliche Nähte sich bemerkbar machen, die verschiedenen Teile zusammenzuschweißen. Das läßt sich nie ganz vermeiden.

Wenn der soeben beschriebene Seelenzustand des Künstlers, den man mit Inspiration bezeichnet, ohne

Unterbrechung andauern würde, so wäre es unmöglich, auch nur einen weiteren Tag zu leben. Die Saiten würden reißen und das Instrument zerspringen!

Eines aber ist vor allem wichtig: daß der Haupteinfall und die allgemeinen Umrisse der einzelnen Teile nicht durch Suchen gefunden werden, sondern sich von selbst ergeben: eben durch jene dämonische, nicht faßbare, unerklärliche Kraft, die wir Inspiration nennen."

„Wie glücklich bin ich, teuerster Peter Iljítsch, daß ich in Ihnen die volle Verwirklichung meiner Vorstellung von einem Tondichter gefunden habe", antwortet Frau Nadjéshda. „Vielleicht sind Sie der Meinung, daß ich das, was Sie mir sagen, nicht begreife. Ganz im Gegenteil: Sie haben mir den Schöpfungsakt gerade so erklärt, wie ich ihn mir vorgestellt habe. Im Gegensatz zu meiner Auffassung, daß ein enger Zusammenhang besteht zwischen dem äußeren Schaffensakt und dem inneren Zustand eines Komponisten, steht die Meinung vieler meiner Bekannten, die mir nicht beipflichten und mich fragen: ‚Glauben Sie wirklich, daß ein Tondichter etwas dabei empfindet, wenn er komponiert? Wir bestreiten das. Ein Komponist überlegt lediglich, auf welche Weise und wo er die technischen Mittel seiner Kunst verwerten kann...' Ich bestritt nicht die traurige Wahrheit, daß die meisten Musiker tatsächlich nicht aus innerem Drang komponieren, empfinde aber deutlich, daß der Unterschied zwischen einem Komponisten, der aus Erleuchtung schafft und einem mechanisch komponierenden Musiker sich in der Musik selbst zu erkennen gibt. Und als man mir darauf erwiderte: ‚Alle komponieren sie so', fragte ich: ‚Auch Tschaikówski?' Sie antworteten: ‚Vermutlich.' Mir tat es leid um unsere teure Kunst, aber ich blieb bei meiner Meinung. Sie aber, teurer Freund, haben mir mit Ihren Ausführungen recht gegeben."

„Wie gern plaudere ich mit Ihnen, liebe Freundin, über die Art und Weise meines Schaffens. Bis jetzt habe ich noch niemandem diese geheimsten Regungen meines Inneren entdeckt. Niemand — mit Ausnahme vielleicht meiner Brüder — hat mir soviel Verständnis entgegengebracht wie Sie. O, wenn Sie wüßten, wie wertvoll solche Äußerungen des Verständnisses für mich sind, und wie selten ich damit verwöhnt worden bin!

Glauben Sie nicht jenen, die Sie zu überzeugen suchen, der musikalische Schaffensvorgang wäre kühle Verstandesarbeit.

Nur solche Musik kann rühren und erschüttern, die in der Tiefe einer durch Erleuchtung aufgewühlten Künstlerseele empfangen worden ist.

Kein Zweifel, daß selbst die größten musikalischen Geister bisweilen ohne Inspiration geschaffen haben. Die Erleuchtung ist ein Gast, der nicht auf den ersten Ruf erscheint. Trotzdem ist es notwendig, fortwährend zu arbeiten. Ein wahrer Künstler darf nicht die Hände in den Schoß legen unter dem Vorwand, er wäre zur Arbeit nicht aufgelegt. Wollte man darauf warten, bis Stimmung sich einstellt und nicht den Versuch machen, sie zu meistern, könnte man in Faulheit und Apathie versinken... Neulich schrieb ich Ihnen, ich wäre täglich bei der Arbeit, aber ohne rechte Hingabe. Es wäre für mich ein Leichtes, mich dem Nichtstun hinzugeben, aber der Glaube an mich und die Geduld verlassen mich nie. Heute morgen aber erfaßte mich plötzlich jenes, Gott weiß aus welchen Tiefen stammende Feuer der Begeisterung, das ich Ihnen neulich beschrieb. So weiß ich im voraus, daß alles, was ich heute schaffen werde, die Eigenschaft besitzen wird, das Herz zu entflammen. Ich hoffe, Sie werden mir nicht Selbstlob vorwerfen, wenn ich bekenne, daß es mir nur selten an Schaffensstimmung fehlt. Dies schreibe ich dem Umstand zu, daß ich von Natur mit Geduld gewappnet bin und mich stets gezwungen habe, mich niemals einem dolce far niente hinzugeben. Ich schätze mich glücklich, nicht dem Beispiel vieler russischer Komponisten gefolgt zu sein, die kein Selbstvertrauen und keine Ausdauer besitzen und bei der geringsten Schwierigkeit bereit sind, auszuruhen und die Flinte ins Korn zu werfen. Daher kommt es, daß sie, trotz ihrer großen Begabung, so wenig schaffen und im Dilettantentum stecken bleiben."

Inniges Verständnis
und überschwengliche Herzensergießungen

Peter glaubt seine Gesundheit wieder erlangt zu haben. „Ist Ihnen nicht der Gedanke gekommen", schreibt er der Freundin am 1. 2. 1878 aus Florenz, „daß ich jetzt, wo ich mich so gesund fühle, nach Rußland zurückkehren und meinen Unterricht am Konservatorium sowie mein altes Leben wieder aufnehmen könnte? Wenn es mich auch nach Rußland und dem geliebten Moskau zieht, so fällt es mir doch schwer, meine jetzige Freiheit so plötzlich aufzugeben und gegen einen Aufenthalt in Moskau mit der Lehrtätigkeit und den damit verbundenen verwickelten Begleiterscheinungen einzutauschen. Schon der Gedanke an eine solche Möglichkeit läßt mich erzittern. Sagen Sie mir offen Ihre Meinung, ganz unabhängig davon, daß ich die Mittel zum Lebensunterhalt von Ihnen erhalte. Mich verwirrt nicht der Umstand, daß ich Ihren Reichtum ausnütze, um hier in der Fremde leben zu können. Denn ich weiß, aus welchem Gefühl heraus Sie mir helfen, und längst schon empfinde ich Ihre Wohltat als normal und selbstverständlich. Meine Beziehungen zu Ihnen greifen darüber hinaus, was man allgemein mit Freundschaft bezeichnet. Von einem Freunde wie Ihnen kann ich ohne irgendwelche Bedenken materielle Hilfe annehmen.

Nicht darum handelt es sich, sondern mich beunruhigt der Gedanke, ob es jetzt nicht tatsächlich meine Pflicht wäre, nach Moskau zurückzukehren, seitdem Rubinstein mir in einem Brief den Vorwurf machte, ich gewöhnte mich ans Faulenzen... Ich kann Ihnen versichern, daß ich eine natürliche Abscheu gegen das Nichtstun empfinde. Sollte man aber meine jetzige Art zu leben mit Faulheit bezeichnen — denn ich arbeite ja nicht für andere, sondern für mich, indem ich mich meinem Schaffensdrang hingebe — so wird das ja nicht immer so bleiben..."

Mit sicherem fraulichem Instinkt hat Frau Nadjéshda erkannt, daß Peters Gesundung nur eine vorläufige ist, daß jede neue Seelenerschütterung ihn wiederum völlig aus dem Geleis werfen wird. Sie rät ihm ab, schon jetzt nach Moskau zurückzukehren, wo Antonína sich aufhält, wo Zusammenstöße mit ihr unvermeidlich wären. Diese Frau zeigt allmählich ihr wahres Gesicht, sie sieht in ihrem Mann eine Geldquelle und überfällt ihn sowie seine Brüder und sogar seinen alten Vater mit Briefen.

„Ich habe alles nur Erdenkliche unternommen", schreibt Peter seiner Freundin am 3. Februar 1878, „um mich für immer von jenem Wesen zu trennen, das seit Juli vorigen Jahres meinen Namen trägt. Es scheint ganz unmöglich zu sein, ihr beizubringen, daß sie mich in Ruhe lassen möge. Mein Bruder schreibt mir, sie verfolge meinen Vater mit ihren Briefen. Sie spielt sich jetzt wieder als Leidtragende auf, nachdem sie eine Zeitlang in sehr energischer Form allerhand Geldforderungen gestellt hatte und ganz offen ihre Maske fallen ließ. Um meinen Vater zu schonen, fängt mein Bruder die an ihn gerichteten Briefe ab und schickt sie ihr zurück. Die Folge davon ist, daß sie meinem Bruder grob beleidigende Briefe schreibt."

Peter an Frau Nadjéshda.

Florenz, den 20. Februar 1878.

„Eben bin ich von einem Spaziergang nach Hause zurückgekehrt und möchte mich noch etwas mit Ihnen unterhalten, teure Freundin. Das Fenster ist geöffnet, mit Wonne atme ich die nächtliche Kühle nach einem heißen Frühlingstag. Wie seltsam und beklommen, aber auch wie süß ist der Gedanke an die ferne, so überaus geliebte Heimat. Dort herrscht noch der Winter. Sie sitzen an Ihrem Fenster in Ihrem Zimmer am flackernden Kamin. An Ihrem Hause gehen in Pelze gehüllte Gestalten vorbei. Stille ringsum, lautlos gleiten die Schlitten durch den Schnee. Wie unendlich weit entfernt sind wir voneinander. Sie — inmitten des Winters, ich — in einem Lande, wo die Bäume schon grünen, und ich diese Zeilen um elf Uhr abends am offenen Fenster niederschreibe!

Und doch denke ich an diesen Winter nicht mit Abscheu, sondern mit Liebe. Wie liebe ich unseren langen, hartnäckigen Winter. Und wie bezaubernd schön ist es, wenn unser Frühling so plötzlich mit seiner urwüchsigen Kraft hereinbricht. Wie liebe ich es, wenn in den Straßen Ströme tauenden Schnees sich ergießen und die Luft von Frische und Kühnheit erfüllt ist. Mit welcher Freude begrüßt man den ersten grünen Grashalm, die erste Krähe, die ersten Lerchen und die übrigen aus weiter Ferne heranfliegenden Zugvögel! Hier dagegen naht der Frühling langsamen Schrittes, nach und nach, und schwer läßt es sich feststellen, wann er endgültig Fuß gefaßt hat.

Ich finde, Sie müßten kommendes Jahr drei oder vier Wintermonate in Italien zubringen. Sie leiden unter der Kälte und vertragen den rauhen russischen Winter nicht. Das schulden Sie Ihrer Gesundheit."

Ende Februar siedelt Peter mit Modést, dessen Zögling Kólja und Aljóscha nach Clarens am Genfer See über, wo er noch kürzlich im Herbst nach seinem Zusammenbruch gemeinsam mit Anatól Wochen schwerster seelischer Depression verbracht hatte.

„Ich kenne außerhalb Rußlands keinen Ort, der so wie Clarens imstande wäre, die Seele zu beruhigen", schreibt er der Freundin. „Nach dem brodelnden Leben in Florenz ruft dieser stille Winkel am Ufer des herrlichen Sees, angesichts der mit ewigem Schnee bedeckten riesenhaften Berggipfel eine etwas melancholische Stimmung in mir hervor. Aber ich bedaure nicht einen Augenblick, daß wir hierher gekommen sind. Ich bewohne dasselbe Zimmer, das ich damals mit Anatól teilte. Modést und Kólja wohnen im Erdgeschoß. In meinem Zimmer steht ein recht gutes Klavier.

Da Sie auch nach meiner Rückkehr in die Heimat für meine materielle Unabhängigkeit Sorge tragen wollen, so möchte ich dazu folgendes sagen: Ich schäme mich nicht im geringsten, von Ihnen Unterstützungen anzunehmen. Mein Stolz wird dadurch nicht im geringsten berührt. Niemals kann meine Seele durch die Erkenntnis bedrückt werden, daß ich Ihnen alles verdanke. Ihnen gegenüber empfinde ich nicht jene Zurückhaltung, die sonst die Grundlage für die Beziehungen der Menschen untereinander bildet. In meinem Inneren habe ich Ihnen einen Platz hoch über dem Durchschnitt der Menschen angewiesen. Denn ich lasse mich nicht durch heikle Dinge beirren, die die üblichen Beziehungen der Menschen zu beeinträchtigen pflegen. Indem ich von Ihnen Unterstützungen annehme, um ein ruhiges und glückliches Leben führen zu können, empfinde ich für Sie keine anderen Gefühle, als die der Liebe und der unaussprechlichen Dankbarkeit und den heißen Wunsch, nach Maß meiner Kräfte zu Ihrem Glück beizutragen. Für mich ist es — wie ich offen bekenne — ein unerhörtes Glück, daß ich dank Ihrer Güte von allen Zufälligkeiten des Lebens und allen Ketten befreit bin, die jeden Menschen fesseln, der gezwungen ist, Geld zu verdienen. Da ich sehr unpraktisch veranlagt bin, komme ich mit meinem Geld nie aus. Gerade dieser Umstand hat mein Leben oft verbittert, meine Freiheit beschränkt und mich dazu gebracht, jede erzwungene Arbeit zu hassen." —

*

Frau Nadjéshda gerät je länger je mehr in den Bannkreis der Musik ihres vergötterten Freundes. Eines Tages hört sie in Moskau in einem Konzert Tschaikówskis „*Serbischen Marsch*", der sie geradezu in einen Rauschzustand versetzt. Nach Hause gekommen, setzt sie sich um zwei Uhr nachts an den Schreibtisch und läßt ihrem Temperament freien Lauf, indem sie einem bereits beendeten Brief folgenden Gefühlsausbruch anfügt: „Mit Worten lassen sich nicht jene überschwenglichen Gefühle wiedergeben, die mich ergriffen, als ich Ihren ,*Serbischen Marsch*' hörte. Vor Entzücken traten mir die Tränen in die Augen. Der Genuß dieser Musik machte mich unsäglich glücklich, ebenso der Gedanke, daß ihr Autor in gewissem Sinne *mein* sei, daß er mir gehöre, und daß niemand mir dies Recht entreißen könne. Mir schien, daß Sie niemandem in dem Maße angehören könnten, wie mir, daß meine Gefühle soviel Kraft in sich bergen, um ungeteilt von Ihnen Besitz zu ergreifen. In Ihrer Musik fühle ich mich eins mit Ihnen und niemand kann darin mit mir wetteifern: ,*Hier herrsche ich* *und liebe ich.'*)* Vergeben Sie mir meine fiebernde Trunkenheit, befürchten Sie nichts von meiner Eifersucht, sie verpflichtet Sie zu nichts. Hier toben sich meine eigensten, in mir selbst zur Entladung kommenden Rauschzustände aus. Von Ihnen erstrebe ich nichts anderes, als was Sie mir schon jetzt gewähren, es sei denn eine kleine Formänderung: ich wünschte, daß wir uns ‚du' sagen, wie das unter Freunden üblich ist. Im schriftlichen Verkehr würde sich das ohne weiteres ergeben. Sollten Sie aber Bedenken haben, würde ich nicht im geringsten auf meinem Wunsch bestehen, denn ich bin auch so schon überglücklich. Seien Sie gesegnet für dieses Glück. In diesem Augenblick möchte ich Ihnen sagen, daß ich Sie von ganzem Herzen umarme, aber vielleicht finden Sie das doch etwas sonderbar. Darum schließe ich wie gewöhnlich: Auf Wiedersehen, lieber Freund, von ganzem Herzen Ihre N. von Meck.

Sollte diese Nachschrift Ihnen ungehörig erscheinen, so fassen Sie sie als Fieberphantasie eines durch Ihre Musik krankhaft erregten Gemütszustandes auf, und nehmen Sie keinen Anstoß an derartig übertriebenen Gefühlsausbrüchen, denn zuzeiten habe ich wahrhaftig ein krankhaftes Hirn."

Peter an Frau Nadjéshda.

Clarens, den 13. März 1878

„Soeben hatte ich einen Brief an Sie abgeschickt, teure Freundin, als der Ihrige eintraf, der mich wahrhaft gerührt hat. Zu den glücklichsten Augenblicken meines Lebens zähle ich jene, wo mir bewußt wird, daß meine Musik anderen Menschen tief ans Herz zu greifen vermag, — Menschen, die ich liebe, deren Anteilnahme mir teurer ist als Ruhm und Erfolg beim Publikum. Brauche ich Ihnen nochmals zu versichern, daß Sie der Mensch sind, den ich mit allen Fasern meiner Seele liebe? Denn noch nie habe ich in meinem Leben einen Menschen ge-

---

*) Zitat aus dem „Dämon" von Lérmontoff.

funden wie Sie, der, mir so nahe verwandt, jeden Gedanken, jeden Schlag meines Herzens mir so feinfühlig abzulauschen vermag. Ihre Freundschaft ist für mich eine solche Notwendigkeit, wie die uns umgebende Luft, und es gibt in meinem Leben keinen Augenblick, wo ich nicht in Gedanken bei Ihnen wäre ... Wenn ich arbeite, ist ständig der Gedanke in mir wach, daß das, was ich gerade zu Papier bringe, von Ihnen gehört und verständnisvoll aufgenommen wird. Dieser Gedanke entschädigt mich im voraus für all das Unverständnis, für alle die ungerechten und mitunter beleidigenden Ausfälle, denen ich von seiten des Publikums und der Presse ausgesetzt bin; und nicht nur des Publikums, sondern sogar der sogenannten Freunde. Grundlos befürchten Sie, daß die zärtlichen Worte, die Ihrem Herzen entströmen, mich irgendwie befremden könnten. Da ich sie von Ihnen empfange, bringt mich nur der eine Gedanke in Verlegenheit, ich könnte mich Ihrer nicht würdig erweisen. Das sind nicht leere Worte. Ich sage das, weil in diesem Augenblick alle meine Fehler mir besonders deutlich vor Augen stehen.

Was den Übergang vom ‚Sie‘ zum ‚Du‘ betrifft, so fehlt es mir dazu an Entschlußkraft. Ich könnte es nicht ertragen, daß irgendeine falsche Note, irgendeine Unwahrheit in unseren Beziehungen Platz greift. Es würde mich verlegen machen, Sie in meinen Briefen vertraulich mit ‚Du‘ anzureden. Ihnen gegenüber möchte ich mich immer so geben, wie ich bin, und diese unbedingte Aufrichtigkeit stelle ich höher als alles. So überlasse ich es Ihnen, liebe Freundin, diese Frage zu entscheiden. Wie dem auch sei, ob wir uns ‚Sie‘ oder ‚Du‘ sagen sollten: meine tiefen und grenzenlosen Gefühle der Liebe zu Ihnen könnten niemals durch Änderung einer äußeren Form beeinflußt werden. Einerseits fällt es mir schwer, Ihren Wunsch nicht sofort zu erfüllen, andererseits kann ich mich nicht von mir aus zur Anwendung der neuen Form entschließen. So entscheiden Sie, was geschehen soll. Bis zu Ihrer Antwort werde ich Ihnen in alter Art schreiben."

Frau Nadjéshda an Peter.

Moskau, den 19. März 1878

"Soeben erhielt ich Ihren Brief und danke Ihnen von ganzem Herzen für Ihre Aufrichtigkeit und Offenheit. Das sind gerade die Eigenschaften, die ich an Ihnen so schätze, die mir solch ein unbegrenztes Vertrauen zu Ihnen einflößen.
Nun möchte ich erklären, warum ich Ihnen jene Formänderung vorschlug. Als ich Ihnen schrieb, befand ich mich in einem so ungewöhnlich überhitzten Zustand, daß ich alles um mich vergaß und nicht hätte angeben können, auf welchem Planeten wir zu Hause sind. Nur Ihre Musik und deren Schöpfer hatten von meinem Hirn Besitz ergriffen. In diesem Zustand empfand ich die Anrede mit ‚Sie' als störend, jene verfeinerte Erfindung für Anstand und Höflichkeit, unter der so häufig sich Haß, Tücke und Betrug verbergen. In jenem Augenblick fiel mir die Anrede mit ‚Sie' schwer, aber schon am nächsten Tage, wieder in normalem Zustand, bereute ich den Vorschlag und befürchtete, daß Sie vielleicht nur, um mich nicht zu kränken, mir zustimmen könnten, obgleich es Ihnen schwer fiel. So wollen wir denn diese Sache als abgeschlossen betrachten."

"Stinkende Musik"

In Clarens schreibt Tschaikówski in glücklichster Schaffensstimmung in wenigen Wochen sein Violinkonzert, das mit Recht zu seinen beliebtesten Kompositionen gehört. Der junge Geiger Kótek, mit dem Frau Nadjéshda einstmals in ihrem Hause so oft musiziert hatte, trifft als freudig begrüßter Gast ein. Mit ihm nimmt Peter die einzelnen Partien seines Konzertes durch und prüft sie in bezug auf ihre Spielbarkeit. "Soeben beendete ich den ersten Satz meines Violinkonzertes, morgen beginne ich mit dem zweiten", schreibt Peter am 10. März seiner Freundin. "Meine schaffensfreudige Stimmung ist mir treu geblieben. In solchem Gemütszustand verliert das Schaffen gänzlich das Gepräge der Arbeit; es ist reinste Seligkeit. Während des Schreibens spürt man gar nicht, wie die Zeit vergeht, und wenn niemand störte, würde man den ganzen Tag ohne Unterbrechung arbeiten. Aber ich halte mich an die eingeführte Tagesordnung. In den beiden letzten Tagen unternahmen wir bei prachtvollem Wetter unsere weiten Nachmittagsspaziergänge und ließen die herrliche Natur auf uns wirken."

Tschaikówskis *Violinkonzert* galt anfangs als unspielbar und erlebte seine Uraufführung erst im Dezember 1881 in Wien. Die Aufführung hat eine eigenartige Vorgeschichte. Gewidmet war das Stück ursprünglich dem in Petersburg ansässigen berühmten Geiger und Violinpädagogen *Leopold Auer*, der es wegen seiner enormen Schwierigkeiten ablehnte. Zunächst wagt sich niemand an das Werk. Da begeistert sich ein junger Geiger *Alexander Bródski*, Schüler von Hellmesberger, der eine Zeitlang am Moskauer Konservatorium unterrichtet hatte, für Tschaikówskis Musik und bringt den Mut auf, das Werk am 4. Dezember 1881 in einem Konzert unter Leitung von Hans Richter in Wien zu spielen. Der Erfolg bleibt zweifelhaft. Bródski wird zwar hervorgerufen, aber in den Beifall mischen sich auch Pfiffe. Und *Eduard Hanslick*, der berüchtigte Wiener Musikkritiker, der schon Richard Wagner und Bruckner mit seinen ebenso gehässigen wie unverschämten Besprechungen verfolgt hatte, setzt seinen bisherigen Berichten die Krone auf, indem er von der *„stinkenden Musik"* des Violinkonzertes schreibt.

Zufällig entdeckt Peter Iljítsch diese Kritik in der Lesehalle eines Wiener Hotels und berichtet darüber Frau Nadjéshda: „Hanslicks Besprechung fand ich in der ‚Neuen Freien Presse'. Alle meine Werke, so sagt er, zeichneten sich durch Unausgeglichenheit, Geschmacklosigkeit, Roheit und Wildheit aus. Der Anfang des Violinkonzerts wäre noch erträglich. Aber gegen Ende des ersten Satzes könne von einem Spiel der Geige nicht mehr die Rede sein: sie brülle, heule, kratze. Das Andante sei zwar gelungen, ginge aber bald in ein wildes Finale über, das sich wie ein wüstes russisches Trinkgelage gebärde. Man sähe rote Gesichter, man höre gemeine Flüche, man rieche den Fusel."

„Ein Schriftsteller", so schreibt Hanslick in seiner Kritik, „hat einmal über ein Gemälde geäußert, es wäre so abstoßend realistisch, daß es stinke. Als ich Tschaikówskis Musik hörte, kam mir der Gedanke, ob es wohl auch *stinkende Musik* gäbe."

Diese unglaubliche Kritik Hanslicks hat der russische Tondichter nie vergessen. Er war aufs tiefste verletzt und ist in späteren Jahren immer wieder auf die Worte von der stinkenden Musik zurückgekommen.

Das Violinkonzert aber, nunmehr Bródski gewidmet, wurde bald das Lieblingsstück aller Geiger. Auch Auer hat sich später zu ihm bekannt und es oft gespielt. Man beachte die ungemein delikate und durchsichtige Behandlung der Instrumentation. Die vollendete Beherrschung und Ausgewogenheit der formalen Struktur erheben dieses sonnige, in glücklichster Stimmung entworfene Opus zu einem Meisterwerk seiner Gattung.

Zwei Wochen in Braíloff

In den ersten Tagen des April 1878 fährt Peter über Wien nach Kámenka. Sein Weg führt ihn nicht weit von Brailoff vorbei, dem in der Ukraine gelegenen herrlichen Landsitz von Frau Nadjéshda. In Kámenka wird er von der Schwester und den übrigen Verwandten mit offenen Armen empfangen. Alle bezeugen ihm die größte Liebe, niemand denkt mehr daran, ihm irgendwelche Vorwürfe wegen seiner überstürzten Heirat zu machen. Bald findet sich auch Anatól in Kámenka ein, der mit Antonína wegen der Scheidung verhandeln soll. Frau Nadjéshda ist in großherziger Weise bereit, zehntausend Rubel als Abfindung an Antonína auszusetzen, und durch monatliche Zahlungen dauernd für ihren Unterhalt zu sorgen. Aber die kapriziöse Antonína treibt ein merkwürdiges Spiel. Bald willigt sie scheinbar in die Scheidung, bald nimmt sie ihre Zusage zurück, so daß es Anatól nicht gelingt, eine Entscheidung herbeizuführen.

Um diese Zeit befindet sich Frau Nadjéshda in Moskau. „Wie tut es mir leid", schreibt sie dem Freunde, „daß Sie auf Ihrer Reise mein Bra*i*loff nicht gesehen haben. Wissen Sie, ich habe einen Wunsch und wäre überaus froh, wenn er in Erfüllung gehen könnte: nämlich, daß Sie Brailoff besuchen, das ich so liebe, wohin ich mich immer sehne, womit mich soviele teure, aber auch manche trübe Erinnerungen verbinden. Sie befinden sich jetzt so in der Nähe, es wäre für Sie ein kleiner Spaziergang. Am besten fahren Sie Ende Mai hin, wenn dort alles für meine bevorstehende Ankunft hergerichtet ist. Denn ich wünschte, daß Sie in Brailoff alles genau so vorfinden, als ob ich anwesend wäre. Sie könnten dort viele Wochen verbringen, ohne einem Menschen zu begegnen. Mehrere Instrumente ständen Ihnen zur Verfügung, darunter ein schöner Erard-Flügel."

„Sie können sich gar nicht vorstellen, wie reizvoll diese Reise mir erscheint", antwortet Peter umgehend. „Erstens wäre es für mich unsagbar angenehm, einige Tage an einem Ort zu verbringen, wo Sie die schönste Zeit des Jahres sich aufzuhalten pflegen, ein Ort, der Ihrem Herzen so nahe steht. Zweitens kenne ich kaum ein größeres Vergnügen, als einige Zeit auf dem Lande in völliger Einsamkeit zu leben. Das hat sich bis jetzt nur einmal in meinem Leben zugetragen.

Es war im Jahre 1873. Ich fuhr damals von Paris direkt ins Tambóffsche Gouvernement zu einem befreundeten Junggesellen. Es traf sich so, daß er gerade um diese Zeit nach Moskau verreisen mußte. So befand ich mich ganz allein in dieser herrlichen Steppenlandschaft. Ich kann Ihnen gar nicht beschreiben, wie ich diese zwei Wochen genossen habe. Ich befand mich in einer geradezu exaltiert paradiesischen Stimmung, schlenderte tagsüber im Wald umher, abends in der unendlichen Steppe, saß nachts am geöffneten Fenster und horchte in die feierliche Stille, die nur gelegentlich durch irgendwelche nächtlichen Geräusche unterbrochen wurde. In diesen zwei Wochen schuf ich ohne jede Anstrengung, durch irgendeine übernatürliche Macht getrieben, den ganzen Entwurf zu meinem ‚Sturm'. (Sinfonische Fantasie.) Aber welch unangenehmes Erwachen aus diesem zweiwöchigen Traumzustand brachte mir die Rückkehr meines Freundes aus Moskau! Meine unmittelbare Verbundenheit mit der Natur in ihrer unsagbaren Größe und Herrlichkeit war dahin. Dieser paradiesische Winkel hatte sich über Nacht in ein prosaisches Gutshaus verwandelt. Nach zwei, drei Tagen der Langeweile reiste ich ab." —

„Wie bin ich froh, mein unsagbar teurer Freund, daß Sie nach Braíloff kommen wollen. Das wird für mich ein Grund mehr sein, dies Fleckchen Erde zu lieben. Ich habe schon hintelegrafiert, alles für Ihre Ankunft am 10. Mai vorzubereiten. Selbst will ich nicht vor dem 1. Juni hinfahren... Vor allem bitte ich Sie inständig, sich dort ganz zu Hause zu fühlen und über alles zu verfügen."

So begibt sich Peter also für zwei Wochen nach Braíloff und genießt in vollen Zügen die Einsamkeit und die herrliche Natur der Ukraine im Monat Mai. Fast täglich gehen Briefe von ihm zur Freundin nach Moskau und von ihr wieder zu ihm. Das riesige Gutshaus erscheint ihm wie ein Schloß, jeder Wunsch wird ihm erfüllt.

„Ich bin entzückt von dem Haus", schreibt er am 17. Mai, „das von außen so hübsch und von innen so bequem eingerichtet ist, mit seinen hohen Zimmern, großen Fenstern und seiner wundervollen Einrichtung. Nachdem ich Kaffee getrunken hatte, machte ich mit Marcel (dem Haushofmeister) einen Rundgang und drang bis in alle Winkel Ihrer Behausung. Dann spazierte ich im Garten: wie großartig die Üppigkeit und Dichte des Wachstums, wie herrlich die in voller Blüte befindlichen Fliederbüsche!

Ich habe Marcel gebeten, mir Mittag um ein Uhr und das Abendessen um neun zu servieren. Diese Zeiteinteilung liebe ich sehr. Dadurch ergibt sich die Möglichkeit, die Stunden zwischen fünf und neun Uhr mit unbeschwertem Magen dem Spazierengehen und dem Genuß der Natur zu widmen. Morgens will ich etwas arbeiten und mich im Garten ergehen. Nach dem Mittagessen bis vier Uhr werde ich lesen und Briefe schreiben und nach dem Abendessen Musik machen, Ihre vielen Alben mir anschauen, und mich überhaupt dem völligen Nichtstun überlassen."

Frau Nadjéshda ist entzückt, ihren Freund in Braíloff zu wissen. „Wie schön ist für mich die Vorstellung, Sie in meinem Heim zu wissen, in dem ich jeden Winkel kenne, wo alles Böse sich für mich leichter ertragen läßt, wo ich mich gänzlich meinem persönlichen Leben hingeben kann. Wie schön auch die Vorstellung, daß Sie auf meinem geliebten Klavier spielen, daß Sie meine kleinen Bibliotheksschränke öffnen und, vor ihnen stehend, in dem einen oder anderen Buch blättern, wie ich das zu tun pflege; daß Sie beim Schlendern im Garten sich in einer entfernteren Allee auf meine Lieblingsbank setzen und Ihnen, in Gedanken verloren, unwillkürlich der Ausruf entfährt: ‚O Gott, wie schön ist es hier.' Vorigen Sommer habe ich auf dieser Bank viel, viel an Sie gedacht."

Schnell vergehen die Tage. Drei kleine Stücke für Violine und Klavier hat Peter in dieser Zeit komponiert, Gelegenheitsarbeiten, die er der Hausherrin als Dank hinterläßt. Der traumhaft schöne Aufenthalt in Braíloff ist zu Ende. Jetzt gilt es, nach Moskau zu fahren. wo ihn allerhand unangenehme Dinge erwarten.

Zunächst gerät er in den Kreis der Kollegen vom Konservatorium, mit denen Rubinstein gerade seinen Geburtstag feiert. Zum ersten Mal seit seiner Flucht nach der Heirat begegnet er diesen Menschen, denen er nicht ausweichen kann. Auf dem festlichen Frühstück geht es, wie in solchen Fällen üblich, hoch her, aber Peter spürt die Antipathie und sogar Feindschaft Rubinsteins, der nur solche Menschen um sich sehen will, die sich ihm unterordnen und als Kreaturen seinen Weisungen blindlings folgen.

Viel unangenehmer erweist sich die Abwicklung der

Scheidung. Gemeinsam mit Anatól, der aus Petersburg herbeigeeilt ist, verhandelt Peter mit Beamten des Konsistoriums. Nach dem Gesetz ist eine Scheidung nur möglich, falls einer der Gatten sich eine eheliche Untreue hat zuschulden kommen lassen. Es müßte daher eine Szene ehelicher Untreue vorgetäuscht und von Zeugen beobachtet werden, wobei die Bestechung der Beamten und der Zeugen nicht zu umgehen wäre. Zudem erweist es sich, daß Antonína offenbar nicht in Moskau, ihr Aufenthalt jedenfalls unbekannt ist. Glücklicherweise übernimmt es der Peter so zugetane Verleger Jürgenson, die Angelegenheit weiterzutreiben. Wie sich allmählich herausstellt, findet er in Antonína einen schwierig zu behandelnden Gegner, der jeder ernsthaften Lösung des Konfliktes ausweicht.

Unterdessen ist Peter über Kíjeff nach Kámenka zurückgekehrt. „Welch ein Glück, Künstler zu sein", hatte er kürzlich der Freundin geschrieben. „In den traurigen Zeiten, die wir jetzt durchleben (es war die Zeit um den Berliner Kongreß), vermag nur die Kunst von der trüben Gegenwart abzulenken. Sitze ich in meinem Zimmer am Klavier, bin ich vollständig losgelöst von allen uns bedrückenden Ereignissen."

In Kíjeff ist er tief beeindruckt von dem Gottesdienst in einer der schönen uralten Kirchen. „Wohnt man einer solchen Feier bei", schreibt er, „dann erst begreift man die unermeßliche Bedeutung der Religion für das Volk. Sie ersetzt dem Volk alles das, was unsereiner in der Kunst, in der Philosophie und in der Wissenschaft zu finden trachtet. Sie bietet dem einfachen Mann aus dem Volk die Möglichkeit, sich von Zeit zu Zeit seiner menschlichen Würde bewußt zu werden. Voltaire hat schon recht gehabt, als er sagte: ‚Wenn es keine Religion gäbe, so müßte man sie erfinden'."

Kaum ist Peter wieder im Hause der Schwester eingetroffen, als er bei Frau Nadjéshda anfragt, ob er Ende August nochmals einige Tage in dem geliebten Brailoff, nach dem er sich so sehne, verbringen könne. Brailoff stände ihm gern zur Verfügung, erwiderte sie. Sie selbst würde um diese Zeit ins Ausland verreisen.

Der August rückt heran. Frau Nadjéshda befindet sich mit ihren Kindern und ihrem ganzen Anhang bereits in der Schweiz. Nun winkt das geliebte Braíloff, und Peter macht sich mit seinem Diener Aljóscha auf, um acht herrliche, ungestörte Tage auf diesem Herrensitz zu verbringen.

„Ich bin gar nicht imstande, Ihnen, geliebte Freundin, zu sagen, wie wohl ich mich hier fühle. Gestern abend kam ich an. Der Kutscher Jefím holte mich von der Bahn ab, das ganze Haus war meinetwegen erleuchtet, und ich befand mich allein mit aller dieser Herrlichkeit. Bei der mir eigenen krankhaften Schüchternheit fühlte ich mich anfangs etwas unbehaglich. Vor Aufregung und vielleicht auch vor Müdigkeit konnte ich anfangs lange nicht einschlafen; ich öffnete das Fenster des mir so lieben Zimmers und genoß die Stille der zauberischen Nacht...

Eben machte ich einen Spaziergang und suchte mir Rechenschaft darüber abzulegen, warum ich mich hier so wohl fühle. Erstens wegen der herrlichen Lage des Ortes, zweitens wegen des Alleinseins und drittens, weil Sie es sind, bei der ich zu Gast bin. Ja, liebe Freundin, nirgends sonst als in Braíloff fühle ich, wie teuer Sie mir sind und welches Glück mir Ihre Freundschaft bedeutet."

Solche Worte finden begeisterten Widerhall im Herzen von Frau Nadjéshda. Ihre Antwort aus Interlaken erreicht aber Peter nicht mehr in Braíloff. Er befindet sich bereits in Werbówka, einem Nebengut seines Schwagers, ganz in der Nähe von Kámenka und ist in eine neue Arbeit vertieft, seine erste Orchestersuite.

„Nun habe ich doch das Ihnen gegebene Versprechen, eine Zeitlang auszuspannen, gebrochen, meine liebe, meine teure Freundin, die mir Ruhe verordnet hat", schreibt Peter am 25. August. „Schon aus Braíloff teilte ich Ihnen mit, ich hätte ein Scherzo für Orchester entworfen. Kaum war das geschehen, als in meinem Hirn sich eine ganze Reihe von Orchestersätzen zu bilden begann, aus denen eine Suite im Stile Lachners entstehen soll. In Werbówka eingetroffen, fühlte ich, daß ich meinem inneren Drang nicht würde widerstehen können und beeilte mich, die Entwürfe zu Papier zu bringen. Ich arbeitete mit solchem Genuß und solch ungestümer Begeisterung, daß ich buchstäblich nicht merkte, wie die Zeit dahinflog. Augenblicklich sind drei Sätze dieser Orchestersuite fertig, der vierte ist flüchtig entworfen und der fünfte sitzt noch im Schädel. Ich bin nicht im geringsten ermüdet, wie mir das stets zu gehen pflegt, wenn ich aus innerem Drang schaffe. Mir scheint, daß ich kein Recht habe, mich meiner Natur zu widersetzen, wenn sie sich am Feuer der Eingebung entzündet hat ...

Da ich während des Schaffens unausgesetzt an Sie gedacht und jeden Augenblick gefragt habe, ob diese oder jene Stelle Ihnen gefallen, diese oder jene Melodie Sie ergreifen würde, kann ich dies Werk niemand anderem, als meinem *besten Freunde* widmen."

Der September rückt heran und damit die Zeit des Semesterbeginns am Konservatorium. Fast genau vor einem Jahr hatte sich die Katastrophe der Hochzeit sowie Peters Flucht aus Moskau ereignet. Ein ganzes Jahr mußte das Konservatorium auf die wertvolle Mitarbeit Tschaikówskis verzichten. Voll Grauen sieht er der bevorstehenden Wiederaufnahme seiner Lehrtätigkeit entgegen. Wie hat er ein ganzes Jahr lang die Freiheit genießen können, die seinem Schaffen in so hohem Maße zugute kam! Jetzt heißt es, den verhaßten Unterricht mit den vielen Stunden von neuem aufzunehmen. So beschließt er, zunächst seinen Vater und Anatól in Petersburg zu besuchen, um dann nach Moskau zu reisen und die Tretmühle des Dienstes erneut zu beginnen.

Abschied vom Konservatorium

Um diese Zeit befindet sich Frau Nadjéshda in Paris. Im September finden hier während der Weltausstellung vier große Konzerte unter der Leitung von Nikolái Rubinstein statt, in denen ausschließlich russische Musik zu Gehör gebracht werden soll. Rubinstein betätigt sich als Dirigent und Pianist. Von Tschaikówski gelangen sein Klavierkonzert, seine sinfonische Fantasie „*Der Sturm*", seine Serenade und einige kleinere Stücke zur Aufführung.

Rubinstein erspielt sich und dem befreundeten Tondichter einen stürmischen Erfolg mit der Wiedergabe des Klavierkonzertes, das im vierten Konzert wiederholt werden muß. Frau Nadjéshda besucht einige dieser Veranstaltungen und schreibt dem Freunde am 6. September 1878 aus Paris:

„Zuerst möchte ich Ihnen vom Konzert der Russischen Musikgesellschaft in Paris berichten. Sonnabends besuchte ich das zweite Konzert. Der Saal war von unten bis oben besetzt, es gab viel Beifall, aber das törichte Pariser Publikum sah sich in seinen Erwartungen getäuscht. Es hatte geglaubt, man würde es mit einem Trepák (russischer Nationaltanz) und allerhand musikalischen Spässen unterhalten. Statt dessen wurde ernsthafte sinfonische Musik geboten und dazu noch ganz neue Musik. Es ist ja bekannt, wie stumpf sich die Franzosen dem musikalischen Fortschritt gegenüber verhalten. Ein halbes Jahrhundert lang muß solch eine Musik ihrem Kopf eingehämmert werden, bis sie Geschmack daran finden.

Jetzt will ich Ihnen, bester Freund, meine Eindrücke schildern. Als wir das Trocadero betraten, befand ich mich in einem Zustand starker nervöser Erregung. Ich hatte den dringenden Wunsch, es möge die russische Musik, vor allem die Ihrige, Verbreitung und Verständnis in Europa finden, so daß ich in Sorge war, welche Aufnahme ihr in Paris zuteil werden würde. Zuerst gelangte Anton Rubinsteins Ouvertüre zu ‚*Iwán dem Schrecklichen*' zur Aufführung. Das Orchester und die Akustik des Saales brachten mich der Verzweiflung nahe. Mit Schrecken stellte ich mir vor, welchen Widerhall Ihr ‚*Sturm*' finden würde, jener ‚*Sturm*', der als erstes Ihrer Werke einen so unauslöschlichen Eindruck auf mich gemacht und mich in Entzücken versetzt hatte, der mir in jeder Beziehung so teuer ist. Aber als die ersten Töne erklangen, vergaß ich alles um mich herum.

Im Saale herrschte lautlose Stille, es schien, als ob alle den Atem anhielten. Als jener Akkord beim Ritenuto ertönte, erbebten alle meine Nerven und dann ... dann ... vergaß ich alles: Paris, das törichte Publikum, meinen patriotischen Ehrgeiz und die ganze Welt. In meinem Innern gab es nur die Musik des ‚Sturms', Liebe und den abwesenden Tondichter, der diese herrlichen Klänge hevorgezaubert, die imstande sind, die ganze Welt zu erfüllen und den Menschen Glück und Seligkeit zu geben.

Ihre Absicht, mir Ihre Suite zu widmen, erfüllt mich mit großer Freude und ich bitte Sie, die Widmung in die gleichen Worte zu kleiden, wie damals bei der Sinfonie: ‚*Meinem besten Freunde.*' Ich möchte mir den Genuß verschaffen, diese mir so lieben Worte zu betrachten und dabei zu wissen, daß sie mir gelten."

Unterdessen ist unser Tondichter in Petersburg eingetroffen. Unterwegs hat er sich eine Zeitung gekauft und stößt beim Durchblättern auf einen Aufsatz, der sich in wegwerfender und übler Art mit den Zuständen am Moskauer Konservatorium befaßt. Am meisten wird Nikolái Rubinstein als Direktor angegriffen, aber auch von einzelnen Professoren und deren Liebesverhältnissen mit Schülerinnen ist die Rede. Auch Peters Name wird genannt, doch beschäftige er sich nur mit Musik und nähme an den Intrigen keinen Anteil.

„Sie können sich keine Vorstellung machen", schreibt er der Freundin aus Petersburg, „welchen Eindruck dieser Aufsatz auf mich machte: als ob ich einen Schlag auf den Kopf erhalten hätte ... Nichts ist für mich gräßlicher, nichts fürchterlicher, als wenn mein Name an die Öffentlichkeit gezerrt wird ...

Immerhin, wie übel und verleumderisch der Aufsatz auch sein mag, so enthält er doch ein Körnchen Wahrheit. Es läßt sich nicht übersehen, daß die maßlose Herrschsucht Rubinsteins und seine durch keine Rücksichten gehemmte Willkür Widersprüche hervorrufen müssen. Nur wer ihm vollste Unterwürfigkeit bezeugt, kann frei atmen. Wie hoch ich auch manche guten Seiten dieses energiegeladenen Menschen stelle, wie groß auch sein Verdienst um Moskau und die russische Musik sein mögen, so kann doch kein Zweifel bestehen, daß er nur solche Personen um sich duldet, die sich blindlings seinen Weisungen fügen.

Aus all diesem ergibt sich mit aller Deutlichkeit, daß ich es als drückend, widerwärtig, betrübend, ekelhaft empfinde, meine Lehrtätigkeit von neuem aufzunehmen.

Kaum war ich nach den unangenehmen Eindrücken dieses Zeitungsartikels wieder ein wenig zu mir selbst gekommen, als ein Zwischenfall mich von neuem bis in die Tiefen meiner Seele aufwühlte. In der Eisenbahn saßen mir gegenüber einige Herren, unter ihnen auch ein Musiker aus Petersburg. Es wurde allerhand Klatsch aus der Musikwelt vorgebracht, wobei schließlich auch mein Name fiel. Es war aber nicht von meiner Musik die Rede, sondern von meiner Person, meiner Heirat und meinem Wahnsinn. O Gott! Wie niederschmetternd war das, was ich zu hören bekam! Die Einzelheiten will ich Ihnen gar nicht erzählen. Es war ein ganzes Meer von Sinnlosigkeiten und Verdrehungen. Meine ganze Reise bis Petersburg bestand aus einer Folge unerträglicher Qualen, hervorgerufen durch das Zusammensein mit fremden Menschen, die mich aufregten und in taktloser Weise Einzelheiten aus meinem Leben zu erfahren suchten.

Mich ergriff unbeschreibliches, unüberwindliches Verlangen, zu entfliehen und mich zu verbergen. Auch erfaßte mich unaussprechliche Angst und Abscheu im Hinblick auf das in Moskau mir bevorstehende Leben. Zuweilen hatte ich nur noch Begehren und Sehnsucht nach vollkommener Ruhe, das heißt nach dem Tode. Doch verging das wieder, und von neuem erwachte in mir die Lebenslust, meine Lebensarbeit zu vollenden und alles das zu sagen, was noch ungesagt ist.

Wissen Sie, meine Teure, wovor ich mich am meisten fürchte? Mir graut vor dem Moskauer Leben, von dem ich unterwegs bereits einen Vorgeschmack erhielt, vor dem Konservatorium mit seiner unsympathischen Atmosphäre und den zermürbenden Unterrichtsstunden, vor den Anfällen von Schwermut, die mich unweigerlich erfassen werden, sobald ich meine Lehrtätigkeit und meine Beziehungen zu diesen Menschen wieder aufgenommen habe — mir graut davor, daß dies alles mich mit einer Gewalt packen wird, der ich keinen Widerstand entgegenzusetzen vermag.

Was würden Sie sagen, wenn ich nach einiger Zeit unauffällig und unbemerkt das Konservatorium verließe? Wenn ich noch ein oder zwei Jahre vom Schauplatz meiner Lehrtätigkeit entfernt, irgendwo mein Leben verbringen würde? Bis jetzt schien mir immer, es wäre meine Pflicht, am Konservatorium auszuharren, weil es keinen geeigneten Nachfolger für mich gäbe. Aber in letzter Zeit kamen mir Zweifel, ob diese Pflicht tatsächlich für mich besteht. Erstens war und werde ich stets ein schlechter Lehrer sein, schon deshalb, weil ich in jedem Schüler und jeder Schülerin von vornherein einen Feind sehe, der dazu bestimmt ist, mich zu quälen und zu foltern. Zweitens aber frage ich mich: ist es nicht meine Bestimmung, meine ganze Zeit, alle meine Kräfte derjenigen Tätigkeit zu widmen, die ich liebe, die den Sinn und das Ziel meines Lebens ausmacht, dem Schaffen?

Vielleicht werden Sie die Frage stellen, wo ich mich niederlasse, falls ich meine Lehrtätigkeit aufgeben würde? Jedenfalls nicht in Petersburg und nicht in Moskau. Petersburg war mir immer zuwider. Moskau liebe ich, aber mit einer gewissen Bitternis im Herzen. Ich liebe es als Stadt, seine Gebäude, sogar das Klima; aber Sie wissen ja, warum Moskau gerade jetzt am allerwenigsten für mich in Betracht kommen kann. Am liebsten würde ich die längste Zeit des Jahres auf dem Lande leben: bei meiner Schwester oder in Brailoff, falls Sie mir gestatten, im Frühjahr oder im Herbst dort einige Zeit zuzubringen. Kurzum, ich möchte wieder ein solches Nomadenleben führen wie voriges Jahr. O Gott! Wie würde das meiner Arbeit zugute kommen! Wie wäre ich glücklich im Genuß solcher Freiheit! Welche Schaffenskraft könnte ich entwickeln, welchen Frieden genießen, allen Widerwärtigkeiten meines bisherigen Lebens entzogen!

Und endlich noch eine letzte Überlegung: nur auf dem Lande, nur außerhalb Rußlands, nur bei freier Wahl meines Aufenthalts wäre ich sicher vor Begegnungen mit jener Person, deren Nähe in verhängnisvoller Weise mich stets verwirren und bedrücken würde. Ich meine jenes Wesen, dieses lebende Denkmal meines Wahnsinns, das imstande wäre, jede Minute meines Lebens zu vergiften, falls ich nicht in unerreichbarer Ferne bin.

Nun also, meine Freundin, was würden Sie sagen, wenn ich das Konservatorium verließe? Noch habe ich keinen Entschluß gefaßt. Ich werde nach Moskau fahren und den Versuch machen, mich dort einzuleben. Aber ich muß unbedingt wissen, wie Sie über diese Dinge denken. Um keinen Preis würde ich gegen Ihren Rat und Ihre Wünsche handeln. Antworten Sie, bitte, auf diese Frage."

In Petersburg verbringt Peter angenehme Stunden mit seinem betagten Vater und mit Anatól. Sonst läßt er sich nirgends blicken und vermeidet jede Begegnung mit Freunden und Bekannten. Nur mit *Dawúidoff*, dem Direktor des Petersburger Konservatoriums macht er eine Ausnahme. Bei ihm verbringt er einen Abend und fühlt sich äußerst wohl. Dawúidoff gerät ganz außer sich, als er erfährt, in welchem Maße Tschaikówski, jetzt bereits eine Berühmtheit, jahrelang am Moskauer Konservatorium für die Anfangsgründe der Theorie und Harmonielehre ausgenutzt wurde.

„Mit Tränen in den Augen", so schreibt Peter der Freundin, „machte Dawúidoff mir den Vorschlag, eine Lehrstelle am Petersburger Konservatorium anzunehmen. Ich hätte wöchentlich nur vier Stunden zu geben und erhielte fast doppelt so viel Gehalt wie in Moskau. Er wollte mir eine Klasse für freie Komposition einrichten und ich könnte sogar zu Hause unterrichten. Er wollte gar nicht glauben, daß ich bis jetzt, also zwölf Jahre lang, mich mit Unterricht in der Harmonielehre abgegeben hätte und daß ich verpflichtet war, wöchentlich sechsundzwanzig bis siebenundzwanzig Stunden meiner Zeit dem Konservatorium zu opfern. Indirekt

waren mir schon mehrfach Angebote gemacht worden, nach Petersburg überzusiedeln, doch dies war das erste direkte Angebot.
Diese Unterredung machte auf mich großen Eindruck. Immerhin hat der Stellenwechsel für mich wenig Verlockendes. So vorteilhaft die Vorschläge auch sein mögen, die Dawúidoff mir macht, sie geben mir doch nicht die Freiheit. Auch könnte ich mich niemals dazu entschließen, für ein höheres Gehalt bei weniger Arbeit mich hinüberlocken zu lassen, damit Rubinstein eine große Enttäuschung zu bereiten und ihn mir fürs ganze Leben zum Feinde zu machen. Andererseits aber hat die Unterredung mit Dawúidoff mir über vieles die Augen geöffnet und mich in meinem Vorhaben bestärkt, die unerquickliche Tätigkeit in einer Stadt aufzugeben, in der mir das Leben ganz unerträglich geworden ist. Sie können sich vorstellen, welche Annehmlichkeit es sein würde, statt täglich vier Stunden hintereinander vierzig jungen Mädchen, die nichts begreifen und auch nichts begreifen wollen, die Verbindungen von Dreiklängen beizubringen, in einem anderen Konservatorium dagegen nur zwei oder drei talentvolle Schüler zu haben und dabei nur vier Stunden wöchentlich."

Nach einem Aufenthalt von nur wenigen Tagen in Petersburg ist Peter wieder in Moskau eingetroffen, aber er kann mit der einstmals so geliebten Stadt keine Verbindung mehr finden. Und wie hat er sich früher hier wohl und zu Hause gefühlt!

„Mit Empfindungen des Abscheus, der Trauer und mit dem unwiderstehlichen Drang, meine Freiheit wiederzugewinnen, traf ich heute morgen in Moskau ein", schreibt Peter der Freundin am 10. September 1878. „Ich will alle Maßnahmen ergreifen, um friedlich und ohne Aufsehen das Konservatorium zu verlassen, für das ich keine anderen Gefühle hege, als die eines Häftlings zu seinem Gefängnis. Aber weswegen habe ich mir das nicht früher überlegt, daß ich nach allen jenen Erlebnissen meinen Wohnsitz nie mehr in Moskau würde nehmen können. Keine Stunde mehr vermag ich mich hier glücklich zu fühlen."

„Vorhin haben zwei Menschen (Laroche und Kaschkin) mich verlassen", schreibt er zwei Tage später, „deren Gesellschaft einstmals mir angenehm war. Warum empfand ich nunmehr in ihrer Gegenwart eine solche Langeweile, daß ich nicht einmal die Kraft fand, sie vor ihnen zu verbergen, so daß beide mehrfach Bemerkungen darüber machten? Warum erscheinen mir drei Tage, die ich hier verbracht habe, wie drei endlos lange Jahre? Warum ist mir hier alles beklemmend, abstoßend, ekelhaft? Warum verließ ich gestern und heute eilends das Konservatorium, völlig betäubt und wie ein Wesen, das einige Zeit ohne Luft und Licht zugebracht hat und nun glücklich ist, daß es sich an beiden wieder laben kann? Vielleicht deswegen, weil es nur dort schön ist, wo man nicht ist? Und doch war ich restlos glücklich in Brailoff, hatte schöne Stunden in Werbówka und fühlte mich frei und heiter in Florenz und in der Schweiz. Sogar Petersburg, das ich nie mochte, erscheint mir im Vergleich ganz verlockend, denn es leben dort immerhin Menschen, die ich wahrhaft liebe, deren Nähe mein Inneres erwärmt. Immer mehr komme ich zu der Überzeugung, daß ich von hier flüchten muß. Mit meinem ganzen Sein erstrebe ich nur das eine Ziel: nur fort von hier. Ein Abgrund hat sich zwischen meiner Vergangenheit und meiner Zukunft aufgetan. Ich muß ihn entweder überschreiten oder in einem Sumpf von Schwermut, Langeweile und Ekel vor dem Leben versinken."

Peter an Frau Nadjéshda.

Moskau, den 19. September 1878

„Meine liebe Freundin! Seit meinem Eintreffen in Moskau ist bereits eine Woche vergangen. Sie erscheint mir wie eine Ewigkeit. Es läßt sich gar nicht beschreiben, welches Leben ich hier führe. Unentwegt empfinde ich den Wunsch, vor irgend jemandem und irgendwohin mich zu verkriechen. Zur festgesetzten Zeit erscheine ich im Konservatorium, eile spornstreichs in meine Klasse, sitze meine Zeit ab und stürze nach Ablauf der Stunden wie ein Pfeil in eine Droschke, um irgendwohin in die Umgebung der Stadt zu entfliehen. Nur dort finde ich Ruhe. Wie dankbar bin ich den Moskowitern, daß sie die Natur so wenig genießen. Dort draußen ist es ganz einsam. Einmal verbrachte ich hier viele Stunden und traf in den wundervollen Alleen des Parkes keine Menschenseele; abends schließe ich mich zu Hause ein oder wandre durch abgelegene Straßen jenseits des Moskwá-Flusses und überlasse mich trüben Gedanken. Am schlimmsten ist es, daß ich nicht zu arbeiten vermag. Daher muß ich sehen, wie ich die Zeit totschlage. Aber wie? Traurig wie die Stunden dahinfliegen, ohne einen Nutzen für mich, sinnlos.

Ich will Ihnen nicht alle tragikomischen Episoden erzählen, auf welche Weise ich vor den Menschen ausreiße. Es gab da einige recht spassige Vorfälle. So hörte ich drei Tage hintereinander, wie der Sänger Korssoff, ein sehr unsympathischer Mensch, meinen Aljóscha dafür ausschimpfte, weil er auf die Fragen: ‚Ist Peter Iljítsch zu Hause?' stets die Antwort erhielt: ‚Er ist nicht zu Hause.' Endlich erwischte er mich und wollte sofort eine Arie als Einschiebsel für seine Rolle komponiert haben. Ich erwiderte, ich hätte keine Zeit, wäre nicht in Stimmung, könnte jetzt nichts Gutes zustande bringen. ‚Das tut nichts', antwortete er, ‚wenn Sie etwas Schlechtes schreiben, werde ich Ihnen so lange keine Ruhe lassen, bis Ihnen die Arie gelungen ist.' Gäbe es keine Strafgesetze, wäre ich wahrscheinlich imstande, irgendein Subjekt zu dingen, um diesen frechen Kerl zu beseitigen.

Im Konservatorium fühle ich mich als Gast. Alles, was dort vor sich geht, berührt mich nicht mehr. Ich habe sogar aufgehört, mich wie ehedem aufzuregen und zu erhitzen, und empfinde nur stumpfen Abscheu gegen alles, was mich früher so schmerzhaft aufbrachte. So kann es nicht weitergehen, ich fühle, daß ich Moskau verlassen muß. Offen gestanden: hätte ich nicht die Hoffnung, ja die Gewißheit, so oder so die Freiheit bald zu erlangen, bliebe mir nur der eine Ausweg, mich an starken Getränken zu berauschen.

Warum bin ich nur hergekommen? Warum konnte ich das alles nicht ahnen? Weshalb habe ich mich hier niedergelassen und nicht vorausgesehen, daß ich die Moskauer Atmosphäre nicht mehr ertragen könnte?"

Frau Nadjéshda hat ihrem Freund den Vorschlag gemacht, in ihrem Moskauer Hause abzusteigen. Zwei von den vierundfünfzig Zimmern würden für ihn hergerichtet werden, die aufmerksamste Bedienung stände zu seiner Verfügung, niemand würde es wagen, ihn dort zu belästigen. Aber Peter lehnt diese Einladung ab aus Furcht, es könnte dadurch ein neuer Klatsch entstehen. Doch will er einmal hingehen und sich das Haus ansehen.

„Immerzu trage ich mich mit der Absicht, Ihr Haus am Roshdéstwenski-Boulevard zu besuchen", schreibt er. „Aber stellen Sie sich vor: es fehlte mir dazu bisher an Entschlußkraft. Sie werden es mir nicht glauben wollen, aber bis jetzt bin ich noch keinmal bis in jene Gegend vorgedrungen. Meine Angst, Bekannten zu begegnen, ist zu einer Art Verfolgungswahn ausgeartet. Und in der Tat bin ich nichts anderes als ein Besessener."

Voller Ungeduld erwartet Peter von seiten der Freundin eine Antwort auf seine wiederholten stürmischen Fragen, ob sie seine Absicht billige, daß er seine Stellung am Konservatorium aufgebe, um fortan ein ungebundenes Leben in Freiheit zu führen. Von ihr ist er abhängig, sie gewährt ihm die Mittel zum Lebensunterhalt, sie hat sein Schicksal in der Hand. Mit feinstem Fraueninstinkt begreift sie seine Lage, sie weiß, was er als Künstler bedeutet. Hier ist der so seltene Fall eingetreten, daß ein Künstler der Misere des Alltags entrissen wird, um ganz seinem Schaffen zu leben. Diese seltene und seltsame Frau sorgt nicht nur für ihn, sie stachelt ihn auch an und bestärkt ihn in seinem Schaffen. Schon einmal in ihrem Leben hat sie ähnliches vollbracht. Als ihr Gatte in der Beamtenlaufbahn zu ersticken drohte, war sie es, die ihm keine Ruhe ließ und ihn veranlaßte, seine Anstellung aufzugeben und den freien Beruf eines Ingenieurs auszuüben. Jenes Wagnis glückte. Die Tüchtigkeit ihres Gatten setzte sich durch und er verdiente Millionen durch den Bau von Eisenbahnen. Doch gewinnt man den Eindruck, daß diese energische, herrschsüchtige Frau in ihrer Ehe und in den geschäftlichen Unternehmungen das Szepter geführt hat.

Frau Nadjéshda an Peter.

San Remo, den 20. September 1878

„Ich beeile mich, Ihre Frage dahin zu beantworten, teurer Freund, daß ich glücklich wäre, wenn Sie das Konservatorium verließen. Denn schon seit langem halte ich es geradezu für eine Ungeheuerlichkeit, daß Sie mit Ihrem Verstand, Ihrer Bildung, Ihrem Talent von der groben Willkür und Herrschsucht eines Mannes abhängig sind, der Ihnen nicht das Wasser reicht. Das ist unnatürlich und widersinnig. Ich meine, daß Ihre Lehrtätigkeit zukünftigen Geschlechtern weniger Nutzen bringen könnte, als Ihre eigentliche Lebensaufgabe, die Sie in viel höherem Maße durch Ihr Schaffen erfüllen. Für das Korrigieren von Quinten und Oktaven gibt es genug Menschen, die zu nichts anderem taugen. Sie aber hinterlassen der Kunst Denkmäler, die der heranwachsenden Jugend als Vorbild dienen. So gebe ich Ihnen denn meinen Segen zu diesem Schritt, teurer Freund, und hoffe, daß Sie ihn niemals bereuen werden.

Nun bin ich in San Remo. Ist es nicht seltsam: Vor einem halben Jahr schrieben Sie mir aus San Remo nach Moskau und jetzt schreibe ich Ihnen von hier — dorthin. Kommen Sie, lieber Freund, hierher, in meine Nähe, — wie würde mich das freuen! Kommen Sie an den Comer See, wo es so schön ist, wo es außer Bellagio noch viele andere Orte gibt. Wie herrlich wäre es, wenn wir beide dort wohnen könnten, ein oder zwei Kilometer voneinander entfernt.

Es freut mich, daß Sie in Moskau ein so gutes Logis gefunden haben, aber ich bedaure, daß Sie nicht in mein Haus gezogen sind. Wenn Sie aber auch nicht bei mir wohnen, so wünsche ich doch sehr, daß Sie sich wenigstens das ganze Haus ansehen, damit Sie eine Vorstellung von meiner Häuslichkeit gewinnen. Niemand wird Sie dort stören. Für mich wäre es eine große Freude, wenn Sie hingingen, sich gemütlich niederließen und meine verschiedenen Instrumente ausprobierten. Ich habe dort zwei Erard-Flügel, einen Bechstein und einen entzückenden Steinway.

Das Angebot Dawúidoffs gefällt mir sehr, weil ich daraus ersehe, daß es Menschen gibt, die Ihren Wert erkannt haben. Aber ich bin der Meinung, daß Sie diesen Vorschlag nicht annehmen sollten, da Ihnen durch eine Absage nichts entgeht. Denn sicherlich könnten Sie überall und in ganz Europa eine solche Stelle erhalten. Aber Sie als Schaffender, der eine so reiche Phantasie besitzt, brauchen völlige Freiheit und Ruhepausen. Ganz recht haben Sie, teurer Freund, daß schon ein halbes Wort, eine Andeutung genügt, damit ich verstehe, was Sie fühlen. Ich will noch mehr sagen: Ihre jetzige Lage und die Notwendigkeit einer Veränderung erkannte ich früher als Sie. Schon lange habe ich den Wunsch, Sie völlig frei zu wissen."

Unterdessen ist Nikolái Rubinstein nach den großen Erfolgen seiner Konzerte in Paris als Triumphator nach Moskau zurückgekehrt. Auf diesen Augenblick hat Peter sehnlichst gewartet, um seine Bindung an das Konservatorium durch eine Aussprache für immer zu lösen.

Peter an Frau Nadjéshda.

Moskau, den 24. September 1878.

„Vor einigen Tagen traf Rubinstein hier ein. Ihm wurde im Konservatorium ein feierlicher Empfang bereitet und abends fand in der Eremitage ein Festessen statt, an dem auch ich teilnahm. Als Erwiderung auf die erste Ansprache, die zu seinen Ehren gehalten wurde, hielt Rubinstein eine Rede des Inhalts, er wäre besonders glücklich über den großen Erfolg meiner Werke in seinen Konzerten, ich wäre ein hochtalentierter Künstler und das Konservatorium in der glücklichen Lage, eine solche Kraft zu besitzen. Er beendete die Rede mit einem Trinkspruch auf mich. Sie können sich vorstellen, wie unangenehm mich diese Worte und diese Ovation berührten. In völliger Verzweiflung kehrte ich heim. Nach all den Diensten, die Rubinstein mir in Paris erwiesen hat, nach der Ehrung, die mir auf dem Festessen zuteil wurde, wäre es meinerseits schwärzester Undank, wollte ich ihm durch mein sofortiges Verlassen des Konservatoriums eine so empfindliche Unannehmlichkeit bereiten. Am anderen Tage kam es zu einer offenen Aussprache. Er bat mich um eine Unterredung unter vier Augen. Ich willigte ein. Er begann mit der Frage, warum ich so düster ausschaue, wie ich mich fühlte, was ich täte? Es versteht sich von selbst, daß ich nur ganz offen antworten konnte. In stärkster Erregung gestand ich ihm, wie unerträglich mein Leben jetzt wäre, in welchem Grade sich Lebensüberdruß meiner bemächtigt hätte und daß ich jedenfalls nicht mehr lange in Moskau bleiben könne.

Stellen Sie sich mein Erstaunen vor! Ich hatte erwartet, daß Nikolái Grigórjewitsch in Entrüstung und Zorn ausbrechen und versuchen würde, mir einzureden, daß es für mein Glück unerläßlich wäre, zu bleiben. Es kam aber ganz anders. Rubinstein hörte mich lächelnd an, wie man ein launenhaftes und verwöhntes Kind anhört und äußerte kein Bedauern. Er ließ nur durchblicken, daß das Konservatorium dadurch, daß es auf meinen Namen verzichtet, einen großen Teil seines Rufes einbüßen würde. Damit wollte er wohl nur andeuten, daß den Schülern durch meinen Abgang kein großer Nachteil erwachsen könnte. Im Grunde hat er ja recht, denn ich bin in der Tat ein schlechter, aufbrausender, ungeschickter Lehrer, aber ich hatte doch mehr Widerstand von seiner Seite erwartet.

Wie dem auch sei, eine Zentnerlast ist meinen Schultern entglitten. Ich erwartete einen unangenehmen, stürmischen Auftritt, und nun zeigt sich plötzlich, daß mein Austritt ganz still und friedlich erfolgen kann. Wir trennten uns ganz freundschaftlich. —

Jene, Ihnen bekannte Person hat eine neue Taktik erfunden, sich in Erinnerung zu bringen. Sie hält gewissenhaft die von mir an die Auszahlung einer Rente geknüpfte Bedingung ein: entweder in eine andere Stadt überzusiedeln oder sich so einzurichten, daß ich sie nicht sehe. Im Augenblick weiß ich nicht einmal, wo sie sich aufhält. Dafür überschüttet mich ihre Mutter mit Briefen, in denen sie mir ihre zärtlichste Liebe beteuert, mich auffordert, sie zu besuchen und sogar die Bitte ausspricht, Brautvater auf der Hochzeit ihrer jüngsten Tochter zu sein, denn mein Segen würde ihr Glück bringen!!! Sie überredet mich außerdem, die Verbindung mit jenem Wesen aufzunehmen und verspricht mir höchstes Glück. Gott, wie schön, möglichst weit von all diesen Dingen entfernt zu sein."

Frau Nadjéshdas rückhaltlose Zustimmung zum Verlassen des Konservatoriums hat Peter in einen Taumel des Entzückens versetzt.

„Gestern erhielt ich endlich Ihren Brief, meine beste, unendlich gütige, teure Freundin. Von vornherein wußte ich, daß Sie mir nicht raten würden, meiner Natur Gewalt anzutun. Aber erst nachdem ich Ihre, mir so teuren Worte zu Gemüt geführt hatte, fand ich meine Ruhe wieder. Mein Glück kennt keine Grenzen. Ich zähle die Minuten, die mir noch bis zu meiner Abreise bleiben.

Heute schreibe ich Ihnen nur einige Zeilen, um Ihnen zu danken, daß Sie mich als mein guter Engel aus diesem verhaßten Sklavendasein befreit haben. Wie will ich jetzt arbeiten, wie werde ich streben, um mir selbst zu beweisen, daß ich dessen wert bin, was Sie für mich tun! Oft, sehr oft bedrückt mich der Gedanke, daß Sie mir zuviel Glück bescheren. Überhaupt, sobald ich aufhöre zu arbeiten, fange ich bei dem Gedanken an meine Nichtigkeit an, mich zu verachten und einer übertriebenen Verzweiflung hinzugeben. In solchen Augenblicken glaube ich, daß Ihre Vorstellung von mir und mein wirkliches Ich himmelweit verschieden sind. Sobald ich aber arbeite und meine Arbeit mich befriedigt, schließt sich der Abgrund unter mir und ich wachse zur Höhe Ihrer Güte und Zuneigung empor. Und wie werde ich arbeiten! O Gott, welch ein Glück ist die Freiheit!"

Am Tage darauf schreibt Peter:

„Endlich habe ich gestern Ihr herrliches Haus besichtigt. Iwán Wassíljeff (der Haushofmeister) empfing mich mit großer Zuvorkommenheit und ließ mir völlige Freiheit, mich in Ihren Zimmern umzutun. Zwei Stunden verbrachte ich in Ihrem Hause und sah mir alles genau an. Ich brauche wohl kaum zu sagen, daß der großartige Saal und die übrigen Empfangsräume mich in Erstaunen versetzten. Am besten gefielen mir aber Ihre eigenen Gemächer und jene Zimmer, die Sie für mich bestimmt hatten. Diese waren für den Empfang eines Gastes hergerichtet. Welch reizendes Winkelchen! Wie hätte ich diese gemütlichen Zimmer genossen! Leider ist das unmöglich. Als Professor des Konservatoriums, der die Verbindung mit der Außenwelt aufrecht halten muß, kann ich mich nicht in Ihrem reizenden Stübchen verkriechen. Man muß wissen, wo ich wohne, und welch Gerede gäbe es, wenn bekannt würde, daß ich bei Ihnen wohne. Und doch könnte ich mir nichts Schöneres wünschen als dies niemandem zugängliche, verwunschene Winkelchen...

Ich habe Ihre Instrumente probiert. Der Bechsteinflügel und der Steinway sind herrlich. Von oben bis unten habe ich Ihr ganzes Haus besichtigt, sogar Ihre schöne Badestube. Iwán Wassíljeff forderte mich dringend auf, nochmals zu kommen. Natürlich werde ich kommen, denn ich fühlte mich so wohl und so heimisch bei Ihnen."

Und zwei Tage später:

„Liebe Freundin! Gestern kam mir folgende Erleuchtung: wozu noch einen ganzen Monat bleiben? Mein Leben ist so sinnlos, und es fällt mir schwer, noch einen Monat auszuharren. Aus zwei Gründen hatte ich ursprünglich die Absicht, noch hierzubleiben: um Tanéjeff Zeit zur Vorbereitung für meine Klassen zu geben und wegen des Konzerts der ‚Russischen Musikgesellschaft‘, in dem Rubinstein eigens für mich mein Klavierkonzert spielen wird. Nun aber zeigt es sich, daß Hubert und nicht Tanéjeff meine höheren Klassen übernehmen soll. Jenes Konzert aber würde ich ohnehin für nichts in der Welt besuchen.

Ich gestehe Ihnen, daß ich ständig zu alkoholischen Getränken meine Zuflucht nehme, um durchzuhalten. So habe ich denn die Dinge von mir aus beschleunigt und Rubinstein heute mitgeteilt, ich würde Ende dieser Woche abreisen. Also, liebe Freundin, in weniger als einer Woche bin ich frei!"

So haben die vielen Aufregungen doch noch zu einem guten Ende geführt. Am Tage der Abreise versammelten sich die Freunde zu einer Abschiedsfeier. Rubinstein, Albrecht, Káschkin, Tanéjeff und andere waren anwesend. „Obgleich ich über meine wiedergewonnene Freiheit die größte Freude empfand, war mir doch traurig zumute, als ich mich von jenen Menschen trennte, in deren Kreis ich mehr als zwölf Jahre zugebracht hatte. Alle schienen mir sehr ergriffen, und das rührte mich."

Peter Iljítsch ist nach Petersburg gereist, wo er sich nur wenige Wochen aufhält. Er führt dort ein unstetes Leben, das ihm nicht zusagt und findet keine Muße zur Arbeit. Nur um den Vater und Anatól wiederzusehen, ist er in die nordische Hauptstadt gekommen. Aber die zahlreichen, ihm nahestehenden Verwandten wollen ihn mit Beschlag belegen, so daß er sich vor den vielen Einladungen, Gesellschaften und Veranstaltungen kaum zu retten weiß.

Im Kaiserlichen Opernhaus („*Marientheater*") wird gerade seine ältere Oper „*Wakúla der Schmied*" (nach einer Erzählung von Gógol) gegeben. „Es gibt einen Menschen, dem ich während der ganzen Aufführung zürnte", bekennt er der Freundin. „Dieser Mensch bin ich selbst. O Gott! Wieviel unverzeihliche Fehler habe ich mir vorzuwerfen! Die Oper leidet durchweg an einer Häufung von Einzelheiten, an ermüdender Chromatik. Den verschiedenen Nummern fehlt es an Abrundung. Das ist eine allzu gewürzte Mahlzeit. Sie enthält eine Menge Leckerbissen, aber zu wenig einfache, gesunde Kost. Alle diese Mängel empfinde ich sehr deutlich, leider sind sie nicht zu verbessern. Aber durch das erneute Anhören meiner Musik habe ich eine gute Lehre für die Zukunft erhalten. Der ‚*Eugen Onégin*' bedeutet, dessen bin ich sicher, einen guten Schritt vorwärts."

Über den Schaffensprozeß

Frau Nadjéshda entlockt dem Freunde aufschlußreiche grundlegende Äußerungen über seine Arbeitsweise beim Komponieren: „Setzen Sie mir doch einmal auseinander, wie komponieren Sie? Wie vollzieht sich bei Ihnen der Schaffensprozeß? Was entsteht zuerst in Ihrem Hirn: die Melodie oder die Harmonie? Oder entstehen beide gleichzeitig? Wie entwerfen Sie Ihre Skizzen? Bedienen Sie sich dazu eines bezifferten Basses? Gern würde ich einmal eine solche Skizze von Ihnen sehen. Halten Sie sich in Ihren Kompositionen an die überlieferte Form oder nicht? ... Wie komponieren Sie für Orchester? Sind Ihre Einfälle von vornherein an bestimmte Instrumente gebunden? Und bei Opern: denken Sie zuerst an den Text oder an die Musik?"

„Sie wollen wissen, wie ich komponiere? Wissen Sie, liebe Freundin, daß es schwierig ist, auf solche Fragen verständlich zu antworten. Denn die Umstände, unter denen ein neues Werk das Licht der Welt erblickt, sind überaus verschieden. Ich will aber dennoch den Versuch machen, Ihnen eine Vorstellung von meiner Arbeitsweise zu geben. Doch muß ich zunächst meine Kompositionen in zwei Gruppen aufteilen:

1. Werke, die ich aus eigenem Antrieb schreibe infolge eines unwiderstehlichen inneren Dranges.

2. Werke, die ich aus äußerem Anlaß schreibe, auf Anregung eines Freundes, eines Verlegers oder auf Bestellung, wie zum Beispiel die Kantate anläßlich der Ausstellung im Polytechnikum oder der ‚Serbische Marsch‘, der von der ‚Musikgesellschaft‘ für ein Konzert des Roten Kreuzes bestellt wurde.

Aus Erfahrung weiß ich, daß der Wert einer Komposition nicht davon abhängt, ob sie zu der einen oder anderen Gruppe gehört. Oft ist es vorgekommen, daß ein Stück, das seine Entstehung einem Anstoß von außen verdankt, sich als gelungen erwies, während eine aus innerem Antrieb entstandene Arbeit infolge irgendwelcher Begleitumstände weniger gut gelang. Solche

Begleitumstände, von denen die Stimmung während der Arbeit abhängt, haben größte Bedeutung. Im Augenblick des Schaffens benötigt der Künstler völlige Ruhe. In diesem Sinne ist künstlerisches, im besonderen auch musikalisches Schaffen stets objektiv. Wer glaubt, daß der schaffende Künstler im Augenblick des Affekts fähig sei, Empfindungen auszudrücken — der irrt. Sowohl freudige als auch traurige Gefühle lassen sich nur rückblickend wiedergeben. Ich bin imstande, mich von heiterer Schaffensstimmung durchdringen zu lassen, ohne einen besonderen Anlaß zur Freude zu haben. Und umgekehrt: inmitten einer heiteren Umgebung ein Werk schaffen, das in düsteren und trüben Farben gehalten ist. Mit anderen Worten: Der Künstler führt ein Doppelleben: das des Alltagsmenschen und das des Künstlers, und diese beiden Leben stimmen nicht immer überein. Wie dem auch sei, für das Schaffen ist Hauptbedingung: sich wenigstens eine Zeitlang von allen Sorgen des Alltags zu befreien und sich dem Leben der zweiten Art völlig hinzugeben.

Für die Werke der ersten Gruppe ist nicht der geringste Willensakt erforderlich. Man braucht nur der inneren Stimme zu folgen und, wenn das Leben der ersten Art mit seinen trüben Zufälligkeiten nicht das zweite Leben des Künstlers unterdrückt, so vollzieht sich die Arbeit mit unvorstellbarer Schnelligkeit. Man vergißt alles um sich herum, die Seele erbebt von einer unfaßbaren, unsagbar himmlischen Erregung. Es ist schlechterdings unmöglich, ihrem Dahinstürmen ins Ungewisse zu folgen, die Zeit vergeht völlig unbemerkt. Dieser Zustand hat etwas Nachtwandlerisches. On ne s'entend pas vivre. Unmöglich, solche Augenblicke zu schildern. Das, was in solchem Zustand zu Papier gebracht wird oder auch nur im Gehirn heranreift (denn häufig stellen sich solche schöpferischen Minuten dann ein, wenn eine sofortige Niederschrift unmöglich ist), ist immer gut, und wenn keine äußere Störung an jenes Alltagsleben erinnert, so entsteht eine Höchstleistung. Leider sind solche äußeren Störungen unvermeidlich: man muß seinen Dienst antreten, man wird zum Abendessen gerufen, es trifft ein Brief ein und dergleichen. Deshalb gibt es so wenig Werke, die in allen Teilen gleichmäßig ausgewogen sind. Daher die Nähte, die Füllsel, die Unebenheiten.

Für die Werke der zweiten Gruppe ist es mitunter erforderlich, sich künstlich in Stimmung zu versetzen. Oft ist man gezwungen, Trägheit und Unlust zu bekämpfen. Außerdem gibt es dabei verschiedene Zufälligkeiten. Zuweilen erringt man einen leichten Sieg. Zuweilen entschlüpft einem die Inspiration und läßt sich nicht wieder einfangen. Doch bleibt es Pflicht des Künstlers, niemals nachzugeben, denn Trägheit ist vielen Menschen angeboren. Nichts Verderblicheres gibt es für den Künstler, als sich der Trägheit hinzugeben. Man darf nicht auf die Erleuchtung warten. Sie ist ein Gast, der die Trägen ungern besucht. Die Inspiration erscheint nur jenem, der sie ruft. Vielleicht wird dem Russen nicht grundlos der Vorwurf gemacht, es fehle ihm an Schöpferkraft, denn er ist seiner Natur nach träge. Er schiebt gern alles auf die lange Bank; zweifellos ist er begabt, aber es fehlt ihm an Ausdauer und Willenskraft. Man muß sich selbst überwinden, wenn man nicht dem Dilettantismus verfallen will, von dem selbst eine so große Begabung, wie die *Glinkas*, nicht frei war. Dieser Künstler, der eine außerordentliche Schöpferkraft besaß, hat, obgleich er ein Alter von über fünfzig Jahren erreichte, erstaunlich wenig geschaffen. Lesen Sie seine Memoiren und Sie werden erkennen, daß er ganz dilettantisch arbeitete, das heißt mit Unterbrechungen, nur dann also, wenn ihn gerade die Stimmung überkam. Wir mögen noch so stolz auf Glinka sein, aber man kann sich der Einsicht nicht verschließen, daß er die ihm durch seine erstaunliche Begabung auferlegte Aufgabe nicht erfüllt hat. Trotz großer Schönheiten zeichnen sich seine Opern (,*Das Leben für den Zaren*' und ,*Rußlán und Ludmilla*') durch eine geradezu verblüffende Ungleichmäßigkeit im Stil aus, so daß neben genialen Stellen von unvergleichlicher Schönheit kindlich naive, ganz schwache Partien anzutreffen sind. Was aber wäre aus ihm geworden, wenn dieser Mensch in einer anderen Umgebung und unter anderen Lebensbedingungen aufgewachsen, wenn er gearbeitet hätte, wie ein seiner Kraft bewußter Künstler, der die Pflicht in sich fühlt, seine Begabung bis zur höchsten Vollkommenheit zu steigern, — nicht aber ein Herrendasein als Dilettant geführt hätte, der aus Langeweile gelegentlich komponiert!

Ich hoffe, teure Freundin, Sie werden mir nicht Selbstlob vorwerfen, wenn ich Ihnen bekenne, daß mein Appell an die Inspiration fast nie vergeblich ist. Jene Macht, die ich vorhin als einen launenhaften Gast bezeichnete, ist mir seit langem so vertraut geworden, daß wir fast unzertrennlich zusammenleben. Diese Macht verläßt mich nur dann, wenn sie sich infolge allerhand bedrückender Lebensumstände für entbehrlich hält. Doch kaum hat die Wolke sich verzogen, ist sie wieder da. So darf ich wohl sagen, daß ich in normaler Geistesverfassung jede Stunde des Tages komponieren kann. Zuweilen beobachte ich mit einer gewissen Neugier jene musikalische Produktivität, die unbewußt in meinem Gehirn vor sich geht, unabhängig von Gesprächen, die ich gerade führe und von Menschen, mit denen ich zusammen bin. Manchmal erweist sich diese Gehirntätigkeit als vorbereitende Arbeit für ein geplantes Stück, in dem Einzelheiten der Stimmführung in Erscheinung treten. Oder es taucht ein völlig neuer musikalischer Gedanke auf, den ich im Gedächtnis festzuhalten suche. Woher das alles kommt, wird stets ein Geheimnis bleiben.

Nun will ich versuchen, Ihnen den Schaffensvorgang zu umreißen. Das verschiebe ich bis zum Nachmittag. Zunächst auf Wiedersehen. Wenn Sie wüßten, wie schwierig, aber auch wie angenehm es für mich ist, mit Ihnen darüber zu plaudern.

Zwei Uhr nachmittags.

Meine Skizzen entwerfe ich auf dem ersten besten Blatt Papier in sehr abgekürzter Form. Die Melodie kann in der Vorstellung nie anders als mit der zugehörigen Harmonie auftauchen. Überhaupt können diese beiden Elemente der Musik, zu denen noch der

Rhythmus gehört, nie voneinander getrennt werden. Mit anderen Worten: Jeder melodische Einfall trägt in sich die dazugehörige Harmonie und zeichnet sich durch eine bestimmte rhythmische Gliederung aus. Ist die Harmonie sehr verwickelt, so kann auch die Stimmführung gleich mit angedeutet werden. Ist die Harmonie aber ganz einfach, so vermerke ich bloß den Baß, allenfalls mit Bezifferung, zuweilen aber auch gar nicht. Ich behalte ihn dann im Kopf. Bei Orchesterwerken erscheinen die musikalischen Einfälle gleich in einer bestimmten instrumentalen Färbung. Doch wird zuweilen bei der Ausführung der Instrumentation die ursprüngliche Absicht verändert. Niemals können die Worte später als die Musik niedergeschrieben werden, denn die Musik muß sich nach dem Text richten. Allerdings ist es möglich, Worte einer kleinen Melodie anzupassen. Sobald es sich aber um ein größeres Werk handelt, ist ein solches Verfahren nicht angängig.

Dieser Teil der Arbeit, das heißt das Skizzieren von Entwürfen, ist außerordentlich reizvoll und bereitet bisweilen unbeschreiblichen Genuß, bringt aber Unruhe und nervöse Erregtheit mit sich. Man schläft schlecht und vergißt zuweilen das Essen. Dafür aber vollzieht sich die Ausführung des Entwurfs ganz friedlich. Die Instrumentation eines ausgereiften, im Kopf bis in alle Einzelheiten ausgearbeiteten Werkes macht viel Freude. Die Reinschrift von Klavierstücken, Liedern und anderen Kompositionen ist dagegen recht langweilig. Gerade eben bin ich mit einer solchen Arbeit beschäftigt.

Sie fragen, ob ich mich an die herkömmlichen Formen halte? Ja und nein. Es gibt Kompositionen, wie zum Beispiel die Sinfonie, die eine bestimmte Form besitzen. In diesem Falle halte ich mich im allgemeinen an die überlieferte Form; aber nur im allgemeinen, das heißt an die Reihenfolge der Sätze. In bezug auf Einzelheiten kann man sich beliebige Freiheiten gestatten, wenn das Fortspinnen des musikalischen Einfalls es verlangt. So enthält zum Beispiel der erste Satz *unserer* Sinfonie erhebliche Abweichungen. Das zweite Thema, das in einer verwandten Durtonart stehen müßte, erscheint bei mir in einem ziemlich entfernten Moll. Bei der Wiederkehr der Hauptpartie („der Reprise') ist das zweite Thema überhaupt fortgelassen. Auch im Finale gibt es eine Reihe Abweichungen von der üblichen Form. In der Vokalmusik, wo alles vom Text abhängt, und in den Fantasien (zum Beispiel ‚*Der Sturm*', ‚*Francesca da Rimini*') ist die Form ganz frei.

Sie erkundigen sich nach Melodien, die aus Teilen des Dreiklanges bestehen. Ich kann auf das bestimmteste versichern und durch Beispiele beweisen, daß man durch rhythmische Veränderungen und durch Umstellung der Noten Tausende neuer und schöner Melodien gewinnen kann. Das gilt übrigens nur für homophone Musik. Bei polyphoner Musik würde eine derartige Melodienbildung die Selbständigkeit der Stimmen behindern.

Bei Beethoven, Weber, Mendelssohn, Schumann und besonders bei Wagner gibt es häufig Melodien, die aus Tönen des Dreiklanges bestehen. Ein begabter Musiker kann auf diese Weise ohne Schwierigkeit eine neue und schöne Fanfarenmelodie erfinden. Erinnern Sie sich an das Schwertmotiv im ‚*Nibelungenring*':

Ich liebe auch eine Melodie von Verdi aus dem ‚*Maskenball*':

Wollte ich in meinem Gedächtnis nachforschen, könnte ich noch eine Unmenge Beispiele zur Erhärtung meiner Ansicht anführen. Das ganze Geheimnis hängt von der Begabung ab. Für den Begabten gelten keine Einschränkungen. Aus dem Nichts vermag er schöne Musik hervorzuzaubern. Gibt es etwas Trivialeres als folgende Melodien?

Beethoven: *„Siebente Sinfonie"*:

Glínka: *„Jota Aragonese"*:

Doch welch herrliche musikalische Gebilde haben Beethoven und Glínka aus diesen Melodien entwickelt!"
Und einen Tag später heißt es:
„Als ich Ihnen gestern über den Schaffensprozeß schrieb, habe ich mich nicht ganz klar über jenen Arbeitsabschnitt geäußert, der die Ausführung des Entwurfs behandelt. Dieser Teil besitzt ausschlaggebende Bedeutung. Was im Feuer der Ekstase entworfen wurde, muß nun kritisch abgewogen, verbessert, ergänzt und vor allem gekürzt werden, um der Form zu genügen. Zuweilen muß man sich Gewalt antun, rücksichtslos und hart gegen sich selbst sein und manche Partien kürzen, die mit Liebe und Begeisterung niedergeschrieben wurden. Wenn ich mich auch über Mangel an Phantasie und Erfindungskraft nicht beklagen kann, so hat es mir doch vielfach an der letzten Beherrschung der Form gefehlt. Nur durch hartnäckige Arbeit an mir selbst habe ich erreicht, daß die Form meiner Werke einigermaßen dem Inhalt entspricht. Früher war ich zu unbesorgt und mir der kritischen Überprüfung nicht genügend bewußt. Dabei machten sich in meinen Arbeiten häufig Nähte bemerkbar, es fehlte an organischer Verknüpfung der einzelnen Teile. Dies war ein schwerwiegender Fehler und nur im Verlauf der Jahre konnte hierin eine Besserung eintreten. Aber ein Muster der Form werden meine Werke niemals sein. Denn ich kann die wesentlichen Mängel meiner musikalischen Begabung wohl abschwächen, aber nicht aufheben. Auch bin ich weit davon entfernt zu glauben, daß ich den Höhepunkt meiner Entwicklung bereits erreicht habe.

Bis dahin liegt noch ein weiter Weg vor mir, doch erkenne ich freudigen Herzens, daß ich unentwegt zu meiner Vervollkommnung fortschreite. Leidenschaftlich strebe ich nach dem Ziel, den höchsten Gipfel der Vollkommenheit zu erreichen — soweit meine Begabung das zuläßt.

In Ihrem Brief äußern Sie den Wunsch, meine Skizzen anzuschauen. Darf ich Ihnen den vollständigen Entwurf meiner Oper ‚*Eugén Onégin*' überreichen? Da der gedruckte Klavierauszug im Herbst erscheinen wird, wäre es für Sie vielleicht von Interesse, meine Skizzen mit der endgültigen Fassung zu vergleichen. Ich biete Ihnen gerade den ‚*Onégin*' an, weil ich kein anderes Werk mit solcher Leichtigkeit geschaffen habe, so daß das Manuskript meist ganz leserlich ist und wenig Korrekturen enthält."

„Wenn Sie mir die Skizzen des ‚*Onégin*' opfern wollen", antwortet umgehend Frau Nadjéshda, „so bereiten Sie mir damit eine große Freude. Aber hören Sie bitte meine Einwände. Sie verdienen sich Ihren Unterhalt durch Ihre Arbeit. Mein Gewissen verbietet mir daher, Ihre Arbeit ohne Entschädigung anzunehmen. Wenn Sie, mein Lieber, mein Guter, mir Ihr Manuskript für fünfhundert Rubel überlassen wollen, so wäre mir das eine große Freude, aber ich bitte Sie inständig, mir ganz offen zu sagen, ob diese Summe dem Wert Ihrer Handschrift entspricht.

Und dann, mein Lieber, muß ich noch eine Befürchtung aussprechen: lassen Sie Ihrer so reichen, musikalischen Phantasie nicht allzu freien Lauf? Wäre nicht etwas mehr Zurückhaltung am Platz? Gönnen Sie sich genug Zeit zur Erholung? Ich befürchte nicht, daß Ihre Phantasie sich erschöpfen könnte, aber vorstellen kann ich mir, daß Ihre Nerven, Ihre Gesundheit eine solche ununterbrochene Arbeit nicht ertragen. Um jene Vollkommenheit zu erreichen, nach der Sie streben, ist eine gewisse Zeit erforderlich: man muß mehrere Entwicklungsstufen durchlaufen. Gehen Sie daher haushälterisch mit Ihren Kräften um, nehmen Sie sich Zeit, um den Gipfel Ihrer Fähigkeiten zu erklimmen und sich auf ihm möglichst lange zu halten zum Heil der Kunst und zur Freude der Menschen. Sollte meine Sorge um Sie irgendwelchen Einfluß auf Ihre Arbeitsweise ausüben, sollten Sie mir zuliebe sich ein wenig Schonung auferlegen, so wäre ich überglücklich."

„Teure Freundin, Sie bieten mir für das Manuskript des ‚Onégin' eine Vergütung an. Aber ist denn nicht alles, was ich jemals für Sie tun oder Ihnen geben konnte, bereits hundertfach von Ihnen abgegolten durch alles das, was Sie in so reichem Maße mir haben zukommen lassen? Diese Handschrift hat übrigens keinen besonderen Wert. Zum ersten Mal in meinem Leben begegne ich in Ihnen einem Menschen, der für meine Skizzen Interesse zeigt. Ich bin noch lange nicht so berühmt, daß meine Autogramme irgendeinen Wert besitzen. Wie könnte ich da eine Vergütung annehmen, noch dazu von Ihnen?

Nichts wäre vernünftiger, als Ihr Rat, mich zu schonen und meine schöpferische Kraft weniger zu verausgaben, meine Teure! Aber wie soll ich das anfangen? Denn kaum habe ich eine Skizze entworfen, finde ich nicht eher Ruhe, als bis das ganze Werk vollendet ist. Und kaum ist das geschehen, spüre ich den unüberwindlichen Drang, ein neues zu beginnen. Für mich ist Arbeit — und gerade diese Arbeit — so unentbehrlich wie die Luft. Sobald ich mich dem Müßiggang hingebe, überfallen mich Schwermut, Zweifel an meiner Fähigkeit, das vorgesteckte Ziel zu erreichen, Unzufriedenheit, ja sogar Haß gegen mich selbst. Die Vorstellung, daß ich ein untauglicher Mensch bin, daß nur meine schöpferische Tätigkeit alle meine Fehler aufhebt und mich im wahrsten Sinne des Wortes erst zum Menschen macht, bedrückt und peinigt mich unausgesetzt. Das einzige Mittel, solchen quälenden Zweifeln und Selbstanklagen zu entgehen, ist, eine neue Arbeit zu beginnen. So drehe ich mich wie ein Eichhörnchen im Kreise. Mitunter überfallen mich unüberwindliche Faulheit, Apathie, Enttäuschung über mich selbst — ein gräßlicher Zustand, den ich auf jede Weise zu bekämpfen suche. Ich neige sehr zu Schwermut und weiß, daß mein

Hang zum Müßiggang zuweilen unüberwindlich ist. Nur Arbeit kann mich retten, so arbeite ich denn. Haben Sie Dank für Ihren freundschaftlichen Rat. Ich will mich bemühen, ihm zu folgen."

Frau Nadjéshda nimmt dankbar das Geschenk der Skizzen zum „Onégin" an, obgleich, wie sie sich ausdrückt, ihr Gewissen dabei nicht ganz ruhig wäre. „Wissen Sie, was mir soeben eingefallen ist", schreibt Peter, „Menschen, die wie ich leidenschaftlich und schnell arbeiten, sind im Grunde die größten Taugenichtse. Sie beeilen sich mit der Arbeit, nur um sich möglichst schnell das Recht zum Nichtstun zu erkämpfen. Jetzt will ich meinem heimlichen Hang zum Faulenzen freien Lauf lassen...

Gestern habe ich meinen Hausgenossen den ganzen ‚Onégin' vorgespielt. Er machte auf alle einen tiefen Eindruck. Ich selbst war — wie ich Ihnen gestehen will — nicht weniger ergriffen, und es gab Augenblicke, wo ich vor Aufregung und Rührung aufhören mußte, da Tränen mir in die Augen traten und meine Stimme versagte."

Erstes Idyll in Florenz

Unterdessen ist Frau Nadjéshda mit ihren Kindern und dem ganzen Gefolge ihrer dienstbaren Geister in Florenz eingetroffen: acht Dienstboten, zwei Köche und zwei Kutscher — alles Russen — betreuen ihren Hausstand. In der Viale dei Colli, außerhalb der Stadt, unweit der Kirche San Miniato, hat sie die große Villa Oppenheim gemietet. „Gestern erhielt ich den Klavierauszug Ihres ‚Eugén Onégin'", schreibt sie dem Freund am 22. Oktober 1878. „Ich spielte bereits einige Partien daraus, was ist das für ein herrliches Werk: vor allem die Szene des Zweikampfes und dann der Brief Tatjánas!"

Dringend wünscht Frau Nadjéshda den Freund zu sich in ihre nächste Nähe. Nicht weit von ihrer Villa, in herrlichster Natur gelegen, befindet sich eine kleine Wohnung, etwas abseits, zu stiller Arbeit wie geschaffen. Ob er ihr die große Freude bereiten wolle, in dieser Wohnung ihr Gast zu sein?

Voller Freuden nimmt Peter diese Einladung an. Bis ans Ende der Welt würde er ihr folgen, wenn sie es wünscht. Hauptsache wäre für ihn völlige Ruhe; er könne wohl allerhand Geräusche während der Arbeit vertragen, höchst störend aber sind musizierende Nachbarn. „Auch möchte ich Sie bitten, meine Teure, für die Beschaffung eines Instrumentes zu sorgen, damit ich gleich nach meiner Ankunft mit der Arbeit beginnen kann. Ein Klavier ist zwar nicht unbedingt erforderlich, aber es unterstützt meine Arbeit. Es wäre mir sehr angenehm, es zur Verfügung zu haben."

Nur eines macht Frau Nadjéshda Kummer. Der Freund hat es ihr stelbst gestanden. Wenn Sorgen und Nöte ihn bedrücken, sucht er Tröstung und Betäubung im Genuß alkoholischer Getränke. Ein Fläschchen Kognak in der Westentasche lockt jederzeit zum Zugriff. Mit Recht befürchtet Frau Nadjéshda Schaden für seinen Organismus. „Darum, mein Teurer, mein Guter, wenn Sie mich nur ein wenig lieben, wenn Sie irgend etwas mir zuliebe tun wollen, so enthalten Sie sich dieser verderblichen Angewohnheit, erhalten Sie Ihr Talent, erhalten Sie es für die Menschheit."

Peter weiß, daß sie recht hat. „Nur im äußersten Falle, wenn ich nicht mehr aus noch ein weiß, greife ich zu jenem Mittel: im Augenblick wirkt es beruhigend, auf die Dauer aber ist es Gift für den Körper. Doch gebe ich Ihnen das feste Versprechen, daß in Zukunft meine Gedanken bei Ihnen sein werden, wenn die Versuchung über mich kommt und daß Ihre Freundschaft mir die Kraft geben wird, diese Anfechtung zu überwinden."

Anfang November reist Peter mit seinem Diener Aljóscha von Petersburg nach Kámenka zur Schwester, wo er inmitten dieser geliebten Verwandten erholsame Tage verbringt und die kürzlich begonnene Orchestersuite beendet. Dann aber hält es ihn nicht länger. Über

Wien und Venedig geht die Reise, und am 20. November treffen beide in Florenz ein. Im Auftrag von Frau Nadjéshda holt der Geiger Pachúlski ihn am Bahnhof ab und geleitet ihn in die für ihn gemietete Wohnung. „Die Wohnung besteht aus einer ganzen Reihe prachtvoller Zimmer: einem Salon, Speisezimmer, Schlafzimmer, Ankleidezimmer und einem Raum für Aljóscha", schreibt Peter an Anatól. „Im Salon steht ein herrlicher Flügel. Zwei große Blumensträuße schmücken den Schreibtisch, der mit dem notwendigen Schreibgerät versehen ist. Die Einrichtung ist großartig. Von alledem bin ich ganz entzückt, vor allem aber darüber, daß die Wohnung außerhalb der Stadt liegt. Vom Fenster genießt man eine wundervolle Aussicht, völlige Ruhe umgibt mich. Bis zur Stadt ist eine halbe Stunde Weg.

Unterwegs quälte mich ein wenig der Gedanke, daß Nadjéshda Filarétowna in solcher Nähe von mir wohne, daß Begegnungen unvermeidlich wären. Ich hatte sogar ein wenig den Verdacht, sie wolle eine Zusammenkunft herbeiführen. Aber der Brief von ihr, den ich bei meiner Ankunft vorfand, beruhigte mich völlig."

Dieser Willkommensbrief lautet:

Florenz, Porta Romana, Villa Oppenheim,

den 20. November 1878.

„Seien Sie mir willkommen in Florenz, lieber, teurer, unvergleichlicher Freund! Wie froh bin ich, Gott, welche Freude für mich, zu wissen, wie nahe Sie mir sind, welche Zimmer Sie bewohnen, und daß Sie dieselbe Aussicht genießen, dieselbe Luft atmen wie ich — das ist eine Seligkeit, die sich nicht beschreiben läßt. Wie wünschte ich, daß Ihnen die Wohnung gefällt, die ich für Sie ausgesucht habe. Jetzt sind Sie mein Gast, mein lieber, teurer Freund, der meinem Herzen so nahe steht. Sollten Sie irgend etwas benötigen, etwa den Wagen zum Spazierenfahren, oder Bücher, so wenden Sie sich, bitte, unverzüglich an die Villa Oppenheim, als ob Sie dort zu Hause wären. Seien Sie versichert, daß das mir nur lieb und angenehm sein wird. Meine Tochter Julia meinte, der Tee wäre hier immer so schlecht. Deswegen bringen wir stets unseren Tee aus Moskau mit. So sollen auch Sie diesen Tee aus Moskau haben, den Aljóscha Ihnen zubereiten kann. Er sorgt doch sicherlich gut für Sie.

Von Spaziergängen empfehle ich Ihnen den herrlichen Weg ganz in Ihrer Nähe zum Kloster, zum Campo Santo und zur Piazza San Miniato. Dort ist es ganz prächtig, unsere Viale führt dorthin. Täglich machen wir bei jedem Wetter diesen Spaziergang, verlassen um elf das Haus und kommen an Ihrer Villa Bonciani vorbei. Von dort kehren wir denselben Weg zurück und sind um zwölf zum Frühstück wieder daheim."

Am Tage nach seiner Ankunft antwortet Peter:

„Ich finde keine Worte, teure Freundin, um Ihnen mein Entzücken über alles, was mich hier umgibt, auszudrücken. Es ist unmöglich, sich Vollkommeneres zum Leben vorzustellen. Gestern konnte ich lange nicht einschlafen, wanderte in meiner herrlichen Wohnung umher und genoß die unvergleichliche Stille, in Gedanken an das zu meinen Füßen liegende, mir so vertraute Florenz und im Bewußtsein, Sie so in meiner Nähe zu wissen. Als ich heute früh die Fensterläden öffnete, verdoppelte sich mein Entzücken. Wie liebe ich diese eigenartige Schönheit der Umgebung von Florenz.

Was meine Wohnung anbetrifft, so hat sie nur den einen Fehler, daß sie zu schön, zu bequem und zu geräumig ist. Ich befüchte, daß ich hier allzusehr verwöhnt werde. Ein besonderer Vorzug der Wohnung ist der geräumige Balkon, auf dem ich umherwandern und frische Luft schöpfen kann, ohne auszugehen. Für mich, der frische Luft so leidenschaftlich liebt, ist das ein besonderer Vorzug. Gestern bin ich lange so umhergewandert und kann Ihnen den bezaubernden Genuß der abendlichen Stille nicht beschreiben, die nur von weitem durch das Rauschen des Arno unterbrochen wird.

Von dem Vorschlag, Ihre Pferde und Ihren Wagen

zu benutzen, werde ich keinen Gebrauch machen. Ich bin ein leidenschaftlicher Fußgänger und sehr froh, daß der Besuch der Stadt mit einem Spaziergang verbunden ist. Sollte ich einmal ermüdet sein, hätte ich stets die Möglichkeit, aus der Stadt mit einer Droschke heimzukehren.

Heute will ich mich von der Reise erholen, in der neuen Umgebung ein wenig Umschau halten und eine Tagesordnung einführen. Morgen aber beginne ich mit meiner Arbeit. Solange Sie hier sind, möchte ich Sie unbedingt wenigstens zu einem Teil mit meiner neuen Suite, oder vielmehr mit *unserer* Suite bekannt machen. Zu diesem Zweck will ich einige Sätze für vier Hände einrichten.

Wenn Sie mir von Zeit zu Zeit russische Zeitungen schicken wollten, wäre ich Ihnen sehr dankbar." —

Und nun erleben wir ein Stück seltsamer Romantik: zwei Menschen wohnen einen ganzen Monat nahe beieinander, vermeiden aber sorgfältig und mit Vorbedacht jegliche Begegnung und schreiben sich täglich Briefe, die von Liebeserklärungen kaum noch zu unterscheiden sind. Jeden Tag, manchmal auch zweimal täglich, überbringt Aljóscha ein Schreiben seines Herrn in die Villa Oppenheim und umgekehrt legt Iwán Wassíljeff, Frau Nadjéshdas Haufhofmeister, mehrmals am Tage den Weg zur Villa Bonciani zurück mit einem Brief, Zigaretten, Zeitungen und allerhand Geschenken. Jeder der beiden Liebenden gibt dem anderen die genaue Tageseinteilung an, damit keine zufälligen Begegnungen stattfinden können. Eines Tages aber hat Frau Nadjéshda sich verspätet. Im offenen Wagen, mit dem Diener auf dem Bock, ihre Tochter neben sich, kehrt sie nach Hause zurück und trifft den Freund, der zu Fuß von einem Spaziergang zurückkehrt. Verwirrung auf beiden Seiten. Überrascht lüftet Peter den Hut, sie grüßt zurück, eine Sekunde begegnen ihre Blicke einander, und schon ist der Wagen entschwunden. Einmal lädt sie ihn zum Besuch eines Theaters ein. Sie selbst säße in einer Loge des ersten Ranges, für ihn habe sie einen Platz im Parkett besorgt. Im Theater beobachten sie einander aus der Entfernung, worüber beide in ihren Briefen berichten. Er hat sein Opernglas mitgenommen, ihr geistvolles Gesicht mit den feinen Zügen fällt ihm auf und er sieht voller Rührung, wie zärtlich und liebevoll sie sich mit ihrer reizenden siebenjährigen Tochter Mílotschka unterhält.

Er weiß, daß sie täglich auf ihrem Spaziergang genau um elfeinhalb Uhr an seiner Villa vorbeikommt und er erwartet sie an seinem Fenster, von einem Vorhang halb verdeckt. „Aufmerksam schaut sie in meine Fenster, um mich zu sehen", schreibt er an Anatól, „was ihr aber wegen ihrer Kurzsichtigkeit schwerlich gelingt. Ich aber sehe sie ausgezeichnet."

Erstaunlich ist es, zu beobachten, wie überaus sensibel Peter auf jeden noch so geringen Eindruck reagiert, und sich dadurch Spannungen und Entladungen in seinem Innenleben abspielen. Als die Freundin ihn nach Florenz in ihre nächste Nähe einlädt, folgte er begeistert dieser Aufforderung. Kaum aber ist er in Florenz eingetroffen, bemächtigen sich seiner wechselnde Stimmungen: bald kennen seine Gefühle der Zärtlichkeit und Zuneigung zu Frau Nadjéshda keine Grenzen, bald aber fühlt er sich durch ihre Nähe bedrückt und befürchtet, sie könne eine Annäherung versuchen. Kaum aber ist sie abgereist und er allein zurückgeblieben, als Trauer und Verzweiflung sich seiner bemächtigen. Er fühlt sich plötzlich einsam und verlassen und wandert trostlos mit Tränen in den Augen an der nun öden Villa Oppenheim vorüber, die noch vor kurzem von regem Leben und fröhlichem Kindergeschrei erfüllt war. Über alle diese Spannungen und wechselnden Eindrücke seines Inneren sind wir durch viele Briefe an die Zwillingsbrüder Modést und Anatól unterrichtet.

Frau Nadjéshda an Peter.
Villa Oppenheim, den 21. November 1878.
„Ich kann Ihnen gar nicht sagen, wie glücklich ich bin, mein unvergleichlicher Freund, daß Ihre Wohnung

Ihnen gefällt und wir einander so nahe sind. Seitdem Sie hier sind, gefallen mir sogar meine Zimmer besser, und der Spaziergang erscheint mir unterhaltsamer. Heute kam ich an Ihrem Hause vorüber, schaute in alle Fenster und suchte zu erraten, was Sie wohl gerade machen.

Ich weiß gar nicht, wie ich Ihnen für die Widmung der Suite, ‚unserer‘ Suite, danken soll. Gott, welcher Zauber liegt in diesem Wörtchen ‚unser‘, welches Glück bedeutet es, mit Ihnen etwas gemeinsam zu besitzen, — wie ist das schön! Wenn Sie spazieren gehen, lieber Freund, so kommen Sie doch auch mal an unserer Villa vorbei, um zu sehen, wo ich wohne. Sie ist jetzt voller Menschen. Meine Tochter Lida hat zwei Kinder, aber keine russische Amme. Dafür hat sie drei deutsche Wärterinnen mitgebracht.

Eben spielte ich die Canzonetta aus Ihrem Violinkonzert und geriet in unbeschreibliches Entzücken. Das gedruckte Exemplar dazu erhielt ich aus Moskau.

Ist es auch warm genug bei Ihnen, lieber Freund? Welche Temperatur bevorzugen Sie? Ich befürchtete, Sie könnten frieren und ließ den Kamin anheizen.

Ihre Sie von ganzem Herzen liebende
N. v. Meck."

Peter an Frau Nadjéshda.

Den 21. November 1878, 11 Uhr abends.

„Ihr Briefchen, teure Freundin, erhielt ich während des Mittagessens. Iwán Wassíljeff, der meinen Aljóscha suchte, stieß zufällig auf mich und übergab mir Ihre Zigaretten. Gott, wie fürsorgend und gütig Sie sind, meine unvergleichliche Freundin! Und wie seltsam: Fünf Minuten, bevor ich Ihre Zigaretten erhielt, kam mir der Gedanke, daß mein Vorrat erschöpft wäre und ich mich um Ergänzung würde an Sie wenden müssen. Kaum aber hatte ich diesen Gedanken gefaßt, als Ihre Zigaretten, noch dazu so gute, gewissermaßen vom Himmel in meine Arme regneten. Mit Aljóscha unternahm ich heute einen herrlichen Spaziergang. Wir gingen in die Stadt über San Miniato, wo ich die herrliche Aussicht genoß, und kehrten über die Porta Romana heim. Dabei konnte ich Ihre großartige Villa in allen Einzelheiten betrachten. Welch schöne Aussicht Sie haben! Und wie entzückend ist Ihr Garten, aus dem Kinderstimmen mir entgegenschallten. Wie seltsam zu wissen, daß in dieser Villa, mir so nahe, mein bester und liebster Freund wohnt. Wie angenehm empfand ich Ihre Nähe, wo Sie doch sonst so weit entfernt sind!

Meinen Tag habe ich folgendermaßen eingeteilt. Um acht stehe ich auf und arbeite nach dem Morgenkaffee bis zum Frühstück. Nach dem Frühstück will ich bis zwei oder drei Uhr spazieren gehen und dann bis zum Mittagessen wiederum arbeiten. Abends werde ich lesen, spielen, Briefe schreiben, die Natur, die Einsamkeit und die Stille genießen und gelegentlich das Theater besuchen.

Meine Wohnung ist sehr warm. In bezug auf mein Bedürfnis nach Wärme bin ich Ihr Antipode. Ich fürchte mich vor zuviel Wärme und sorge in Rußland stets dafür, daß nicht zuviel geheizt wird. Hier genügen mir ungeheizte Zimmer, wenn es nur einen Kamin gibt.

Den 22. November 1878.

Ich muß Ihnen doch gestehen, daß ich heute in nicht geringe Aufregung geriet, als Sie und die Ihrigen an mir vorbeifuhren. Das ist so neu, so ungewohnt für mich, denn ich pflege Sie sonst nur mit dem inneren Auge zu schauen. Die Vorstellung fällt mir schwer, daß meine unsichtbare, gute Fee für einige Augenblicke plötzlich sichtbar wurde. Geradezu eine Art Verzauberung!

Den 26. November 1878.

... Es regnet ununterbrochen. In meinem Zimmer aber ist es so gemütlich, so hell und mein Herz so ruhig. Wie genieße ich diese Stille nach den zwei fürchterlichen Monaten in Moskau und Petersburg. Sogar dem unscheinbaren Geräusch des tropfenden Regens lausche ich mit Vergnügen im Bewußtsein, daß ich in Ihrem warmen Nestchen vor den störenden, unerträglichen

Zusammenstößen mit der Außenwelt geschützt bin. Schon lange habe ich nicht mehr ein solch süßes und zauberhaftes Gefühl völliger Zufriedenheit empfunden. Das Telegramm Modésts über die begeisterte Aufnahme meiner Sinfonie bei der Aufführung in Petersburg war mir eine höchst erfreuliche Überraschung. Diese Nachricht versetzte mich in eine solche angeregte Stimmung, daß ich mich heute den ganzen Tag in *unsere* Sinfonie vertiefte: ich singe sie vor mich hin, bringe mir viele Einzelheiten in Erinnerung, wann und wo dieser oder jener Teil entstanden ist, versetze mich in jene Zeit vor zwei Jahren zurück und denke mit soviel Wohlbehagen an meine heutige Lage. Welcher Wechsel für mich! Was alles hat sich in diesen zwei Jahren ereignet! Als ich unsere Sinfonie begann, kannte ich Sie noch wenig. Aber ich weiß noch genau, daß ich diese Sinfonie für Sie niederschrieb. Ich hatte das bestimmte Vorgefühl, daß niemand wie Sie meiner Musik soviel Verständnis entgegenbringen würde, daß unsere Seelen nah verwandt wären, daß vieles in dieser Sinfonie Geoffenbarte niemandem so verständlich sein würde, wie Ihnen. Wie liebe ich diesen meinen Sprößling, nie werde ich an ihm eine Enttäuschung erleben."

*

Der Drang nach Vervollkommnung ist in Peter stets lebendig. „Manchmal habe ich die Empfindung, daß ich in den letzten zehn Jahren nur wenig Fortschritte gemacht habe. Das sage ich Ihnen, teure Freundin, nicht um von Ihnen gegenteilige Versicherungen zu erhalten, sondern ich bin auch heute wie vor zehn Jahren von meinen Leistungen nicht befriedigt. Ich kann keinem einzigen meiner Werke Vollkommenheit nachrühmen. In keinem ist das erreicht, was mir vorgeschwebt hat. Aber vielleicht ist das gut so! Vielleicht ist das ein Ansporn zu weiterer Vervollkommnung! Wer weiß, ob meine Energie nicht erlahmen würde, wenn ich restlos mit meiner Arbeit zufrieden wäre!"

In diesen Tagen schickt Frau Nadjéshda ihrem Freund eine Komposition von Lalo zur Begutachtung.

Diese Musik ist heute für uns belanglos. Aber Peter macht über sie einige beachtenswerte Bemerkungen, als er in diesem Zusammenhang Mussórgski erwähnt. Es gäbe in diesem Stück von Lalo einige Stellen, die an „*musikalische Schweinereien in der Art Mussórgskis*" erinnerten. „Eine Dissonanz muß harmonisch oder melodisch ihre Auflösung erhalten", fährt er fort. „Ist weder das eine noch das andere der Fall, so ergeben sich Ungereimtheiten à la Mussórgski."

Wie bedauerlich sind solche engstirnigen Ansichten und solch ein Fehlurteil. Wir wissen, daß Debussy anderthalb Jahrzehnte später voller Bewunderung die Kompositionen Mussórgskis immer wieder durchgenommen hat und sich von dieser Musik, namentlich vom „*Borís Godunóff*", durchdringen ließ. Tschaikówski bespöttelt jene impressionistischen Farbtupfenakkorde, mit deren Anwendung Mussórgski in erstaunlicher Weise viele Jahrzehnte übersprang. Solche Farbtupfenakkorde, die sich viel später bei Debussy vorfinden, bedürfen gar keiner Auflösung. Wie die Farbflecke der impressionistischen Malerei charakterisieren sie die Stimmung eines Stückes. Sie werden meist kurz angeschlagen und verklingen schnell. Es handelt sich hier also nicht um Akkorde mit harmonischer Struktur, so daß Auflösungen solcher Dissonanzen im Sinne der Harmonielehre gar nicht in Betracht kommen.

In einem der zahlreichen Briefe jenes Florentiner Idylls erwähnt Peter auch seinen früheren Schüler *Sergéi Tanéjeff*, seinen späteren Nachfolger am Moskauer Konservatorium. „Ich setzte große Hoffnungen auf ihn, muß Ihnen aber gestehen, daß sich meine Hoffnungen bis heute nicht erfüllt haben. Der Hauptgrund, warum sein Künstlertum so beschränkt blieb, besteht darin, daß sein Talent nicht vom inneren Feuer durchglüht wird. Er spürt in sich nicht den Drang, die Besessenheit, sich durch Musik auszusprechen. So bleibt seine Begabung an der Oberfläche haften, das heißt: auf Bestellung wird er jede Aufgabe gut und angemessen lösen, aber der schöpferische Impuls fehlt ihm."

Leider erkannte unser Tondichter nicht, daß gerade

der schöpferische Impuls, das Feuer der Besessenheit seinem Antipoden Mussórgski im höchsten Maße eigen war.

Im gleichen Zusammenhang sei daran erinnert, daß gerade dieser Tanéjeff die Musik Tschaikówskis glühend und blindlings bewunderte und sogar dessen sehr unbedeutende Kinderlieder gegen die meisterhafte „Kinderstube" Mussórgskis ausspielt! Darüber spricht er sich in einem Brief an Peter Iljítsch (vom 22. Juni 1884) folgendermaßen aus: „Am meisten gelang Ihnen zweifellos ‚Der Kuckuck', der ein wenig an eine Komposition — entschuldigen Sie den Vergleich — von Mussórgski erinnert, nur mit dem Unterschied, daß jetzt einem wirklichen Musiker das gelang, was früher ein *musikalischer Schuster* unternahm." Solch ein Urteil kann einem in unseren Tagen nur ein Lächeln entlocken. Denn die bezaubernden Kinderlieder Mussórgskis sind heute in aller Munde, während Tschaikówskis belanglose Kinderlieder gänzlich der Vergessenheit anheimgefallen sind.

In Florenz hat Peter einen großen Teil seiner Orchestersuite instrumentiert. Dann aber begeistert er sich für einen neuen Plan: aus dem Stoff der *„Jungfrau von Orleans"* will er eine Oper gestalten. Davon wird in einem besonderen Kapitel noch ausführlich die Rede sein.

*

Die wenigen Wochen, die Frau Nadjéshda und Peter gemeinsam in Florenz verbringen, sind beiden allzuschnell vorübergegangen.

„Leben Sie wohl, mein Lieber, unvergleichlicher Freund", schreibt sie ihm am 13. Dezember 1878. „Zum letzten Mal erhalten Sie meine Zeilen aus der Villa Oppenheim, in Ihrer mir so teuren Nachbarschaft. Wie wäre ich glücklich, wenn solche paradiesischen Tage sich wiederholen könnten. Ich danke Ihnen, mein Teurer, für alles Liebe und Gute, das Sie mir hier geschenkt haben. Stets werde ich mit Entzücken an die Zeit zurückdenken, die ich so nahe und in dauernder Gemeinschaft mit Ihnen verbracht habe. Wie traurig ist mir zu Mute, die Tränen treten mir in die Augen, daß dieses Glück nun zu Ende ist."

Peter antwortet:

„Welch schmerzlicher Tag! Sie können sich gar nicht vorstellen, geliebte, teure Freundin, wie unsagbar traurig mir zu Mute ist seit Ihrer Abreise. Wie bitter ist es für mich, diese Zeilen aus der Villa Bonciani an Sie zu richten und dabei zu wissen, daß dieser Brief Sie nicht in Ihrer Villa, sondern in Wien erreichen wird. Wie öde und leer ist die Viale dei Colli, seitdem Sie nicht mehr hier sind. Wie vermißte ich heute vormittag zur gewohnten Stunde Ihr liebes Hündchen, das stets Ihr Erscheinen anzukündigen pflegte, dann Ihre Kinder, dann Sie selbst! Solange Sie hier waren, sah ich die Viale dei Colli für unseren gemeinsamen Besitz an. Jetzt ist sie mir fremd geworden."

An die Brüder schreibt Peter in diesen Tagen:

„Nadjéshda Filarétowna ist abgereist. Schmerzlich empfinde ich eine Leere und große Sehnsucht nach ihr. Mit Tränen in den Augen gehe ich an ihrer verwaisten Villa vorüber. Ich hatte mich so daran gewöhnt, täglich mit ihr in Verbindung zu stehen, sie jeden Vormittag zu sehen, wenn sie mit ihrem Gefolge an meinem Hause vorbeifuhr. Gott, welch seltene, wunderbare Frau ist sie doch! Wie rührend war sie um mich besorgt, um mein hiesiges Leben im höchsten Grade angenehm zu gestalten."

Am letzten Tage hat Frau Nadjéshda dem Freunde zweitausend Franken zur Herausgabe der ihr gewidmeten Orchestersuite durch ihren Hofmeister übergeben lassen. Aber Peter schickt ihr das Geld mit einem Dankesbrief zurück. Der Druck der Suite koste ihn nichts. Im Gegenteil: er erhielte für das Werk vom Verleger Jürgenson sogar eine kleine Vergütung. Sie sorge ohnehin schon für ihn durch eine laufende Unterstützung, er verfüge im Augenblick über genügend Geld.

So fährt Frau Nadjéshda nach Wien, um dort gemeinsam mit ihren Söhnen, die aus Petersburg herbeieilen, das russische Weihnachtsfest zu feiern. Auch Peter hält es nicht länger in dem für ihn vereinsamten Florenz. Er reist für einige Tage nach Paris, um nach weiteren Unterlagen für das Libretto seiner Oper „*Die Jungfrau von Orléans*" Ausschau zu halten, und von Paris weiter nach Clarens am Genfer See.

Erneute Begegnung in Paris

Am 30. Dezember 1878 trifft Peter in seinem geliebten Clarens ein, wo er von den Pensionsbesitzern der Villa Richelieu mit offenen Armen empfangen wird. Es erweist sich, daß die Pension völlig leer ist. Als einziger Gast fühlt er sich sehr wohl und stürzt sich in die Arbeit.

Frau Nadjéshda befindet sich um diese Zeit noch immer in ihren zwanzig Zimmern eines Wiener Hotels. Sie ist im Begriff, nach Paris abzureisen und hat nur den einen Wunsch, es möge der Freund ihr auch dorthin folgen, sie würde ihm eine schöne Wohnung ganz in ihrer Nähe mieten, das Florentiner Idyll sollte sich wiederholen.

„Ich möchte es so einrichten wie damals in der Viale dei Colli, so daß ich alle Tage auf meinem Spaziergang an Ihrer Wohnung vorübergehen könnte. Welch großes Glück empfand ich damals! Wie unternehmend war ich, wie pulste das Blut in meinen Adern! Mir schien, als ob nichts Böses mir zustoßen könnte, da Sie mir so nahe waren. O, welch schöne Zeit war das!

Neulich hörte ich mir eine Vorstellung des ‚*Siegfried*' von *Wagner* an, der mir wenig gefiel. Sie wissen, welche Längen die Werke des großen deutschen Tondichters aufweisen. Die Vorstellung dauerte von halb sieben bis dreiviertel elf. Aber die Musik enthielt manche Schönheiten.

Ich wünschte sehr, Peter Iljítsch, daß Sie Hans von Bülow mit Ihrem ‚*Eugén Onégin*' bekannt machten. Schicken Sie ihm doch einen Klavierauszug, mein Lieber. Er schätzt Ihre Musik und wird sicherlich über Ihren ‚Onégin', diese Perle einer Oper, in Entzücken geraten."

Peter ist sogleich bereit, den Wunsch der Freundin zu erfüllen, und nach Paris zu reisen. Bülow wäre ihm sehr sympathisch. Vor einigen Jahren habe er sein Klavierkonzert öfters in Amerika gespielt und ihm begeistert über den Erfolg berichtet. Aber seine Anschauungen wären mitunter etwas seltsam. So habe er ihm einstmals geschrieben, es gäbe fünf Komponisten, die für die zukünftige Entwicklung der Musik von Bedeutung wären: *Raff, Brahms, Saint Saëns, Rheinberger* und er: *Tschaikówski*. Liest man ein solches Urteil und eine solche Zusammenstellung der Namen, so faßt man sich an den Kopf. Welch unfaßliche Entwicklung hat eine so sprunghafte Natur, wie die Bülows, genommen, des einstigen großen Vorkämpfers für Wagner und Liszt! Als Bülow das schrieb, sind die drei Sterne erster Ordnung: Wagner, Liszt und Bruckner noch am Leben. Er aber setzt seine Hoffnungen auf heute fast vergessene Eklektiker wie Saint Saëns, Raff und Rheinberger.

Anfang Februar trifft Peter in Paris ein, wo er einen Monat zuzubringen gedenkt. Eine Wohnung in einer ruhigen Straße ist für ihn vorbereitet. Wie in Florenz holt ihn Pachúlski im Auftrage von Frau Nadjéshda am Bahnhof ab. Freund und Freundin wohnen nahe beieinander, Briefe gehen hin und her, aber das Idyll von Florenz will sich nicht wiederholen. Paris besitzt eine andere Atmosphäre. Alle Freundschaften und Liebesbeziehungen haben ihre Höhepunkte. Florenz war ein solcher Höhepunkt. Die Briefe, die in Paris gewechselt werden, strahlen nicht mehr die gleiche Herzlichkeit und Unmittelbarkeit aus, wie zwei Monate zuvor in Florenz.

In diesen Tagen wird in Paris unter Leitung des bekannten Kapellmeisters Colonne das Oratorium „*Fausts Verdammung*" von *Berlioz* gegeben. Mit Recht hält Peter dieses Werk für eines der großartigsten der gesamten Weltliteratur.

„Schon lange habe ich Musik nicht so genossen, wie

gestern", schreibt Peter. „Welch herrliche Partien gibt es in diesem ‚*Faust*'! Wissen Sie, meine Freundin, ich gehöre durchaus nicht zu den unbedingten Verehrern von Berlioz. Seinem musikalischen Gehirn gebrach es an Fülle, es fehlte ihm die Fähigkeit, seinen Eingebungen in bezug auf Harmonie und Modulation die letzte Abrundung zu geben. Kurzum: In jeder Musik gibt es allerhand befremdende Elemente, mit denen ich mich nicht befreunden kann. Aber ungeachtet dessen besaß er die Seele eines wahrhaft großen Künstlers, dem es bisweilen glückte, sonst unerreichbare höchste Gipfel künstlerischen Schaffens zu erklimmen. Einige Partien aus dem ‚*Faust*', vor allem jene unaussprechlich schöne Naturschilderung am Ufer der Elbe, gehören zu den Perlen seines Schöpfertums. Mit Mühe unterdrückte ich während dieser Szene die Tränen, die mir schon in die Augen traten. Wie herrlich dieses Rezitativ des Mephistopheles vor dem Einschlummern Fausts und ebenso der darauf folgende Chor und Tanz der Geister. Hört man diese Musik, so spürt man, wie tief ihr Schöpfer von poetischen Vorstellungen durchdrungen und bis ins Tiefste von seiner Aufgabe erfüllt und erschüttert war."

Und in einem gleichzeitigen Brief an den Verleger Jürgenson heißt es: „Welch ein Werk! Der arme Berlioz! Solange er lebte, wollte man nichts von ihm wissen. Jetzt nennen ihn die Zeitungen den ‚großen Hektor'."

„Es scheint mir, daß Colonne ein guter, aber nicht erstrangiger Kapellmeister ist", schreibt Peter einige Tage später seiner Freundin. „Ich halte ihn für zuverlässig und arbeitsam, aber es fehlt ihm an Feuer und an jener Kraft, die das Orchester gewissermaßen zu *einem* Lebewesen, zu *einem* Rieseninstrument zusammenzuschweißen vermag. In meinem ganzen Leben habe ich nur einen solchen Dirigenten erlebt: *Richard Wagner*, der 1863 nach Petersburg kam und in mehreren Konzerten Sinfonien von Beethoven zur Aufführung brachte. Wer diesen Aufführungen unter Wagners Stabführung nicht beigewohnt hat, der kann sich keine

Vorstellung von der gewaltigen Größe dieser Sinfonien machen."

In einem ihrer Briefe erkundigt sich Frau Nadjéshda nach *Turgénieff*, der fast sein ganzes Leben gemeinsam mit der berühmten Sängerin *Viardot-Garcia* in Frankreich, vor allem in Paris verbracht und nur selten Rußland besucht hat. Niemals hat er die persönliche Bekanntschaft Tschaikówskis gemacht, aber er bezeugt stets großes Interesse für dessen Kompositionen.

Peter an Frau Nadjéshda.

Paris, den 19. Februar 1879.

„Sie fragen mich, meine Freundin, warum ich *Turgénieff* nicht besuche? Hören Sie meine eingehende Erwiderung. Mein ganzes Leben habe ich unter dem Zwang gesellschaftlicher Verpflichtungen gelitten. Von Natur bin ich ein Wilder. Jede Bekanntschaft mit einem fremden Menschen war für mich stets die Ursache großer Qualen. Es fällt mir schwer, zu erklären, worin diese Qualen bestehen. Vielleicht ist es die bis zur Manie gesteigerte Schüchternheit, oder ein mangelndes Bedürfnis nach Umgang mit Menschen oder auch die Furcht, sich nicht so zu zeigen, wie man ist; vielleicht auch das Unvermögen, ohne Selbstüberwindung zu verschweigen, was man denkt (bei keiner neuen Bekanntschaft läßt sich das vermeiden). Kurzum, ich weiß nicht, was es ist; aber solange ich infolge meiner gesellschaftlichen Stellung Begegnungen nicht vermeiden konnte, lernte ich viele Menschen kennen, tat so, als ob das für mich ein Vergnügen wäre, spielte gezwungenermaßen irgendeine Rolle (in Gesellschaft läßt sich das nicht vermeiden) und litt unsäglich. Darüber könnte ich viele komische Episoden erzählen. Gott allein weiß, was ich gelitten habe, und wenn ich jetzt so ruhig und glücklich bin, so deswegen, weil ich hier und da auf dem Lande mir keinen Zwang aufzuerlegen brauche und nur solche Menschen sehe, vor denen ich mich ungezwungen geben kann, wie ich bin. Nie in meinem Leben habe ich einen Schritt getan, um die Bekanntschaft irgendeiner hervorragenden Persönlichkeit zu machen. Geschah das aber ohne mein Zutun, so erlebte ich jedesmal Enttäuschung und Langeweile . . .

Meiner Meinung nach kann man die Gesellschaft eines Menschen nur dann genießen, wenn man infolge langjährigen Umgangs und gemeinsamer Interessen — besonders innerhalb der Familie — sich ungezwungen so geben kann, wie man ist. Trifft das nicht zu, so ist jedes Zusammensein unerträgliche Last.

Das ist der Grund, liebe Freundin, warum ich weder Turgénieff noch sonst jemanden besuche. Turgénieff hat mehrfach sein Interesse für meine Musik bekundet, und die Viardot meine Lieder gesungen. So sollte ich sie eigentlich besuchen und das würde für mich von Nutzen sein. Jetzt aber habe ich mich endgültig damit abgefunden, daß meine Menschenscheu meinen Erfolgen hinderlich ist, und ich bin völlig beruhigt.

Alles, was Sie mir über die französischen Sitten und die Zivilisation Frankreichs schreiben, die im Grunde eine abstoßende Roheit verdeckt, stimmt vollkommen. Wissen Sie: Für mich ist Turgénieff, der Paris zu seiner zweiten Heimat gemacht hat, ein Rätsel! Sein ganzes Leben unter diesen Aufschneidern, eingebildeten Routiniers zu verbringen, die auf alles, was nicht zu Paris und Frankreich gehört, verächtlich herabsehen — das wäre für mich unerträglich!"

In diesen Tagen führt Colonne Tschaikówskis Orchesterfantasie „Der Sturm" auf. „Für mich ist es eine ungewohnte Vorstellung, zu wissen, daß ich inmitten von Zuhörern, die meine Anwesenheit nicht vermuten, mein Werk hören werde", schreibt er der Freundin. „Hinsichtlich des Erfolges oder Nichterfolges zerbreche ich mir nicht den Kopf. Das französische Publikum ist in überlieferten Vorstellungen vom Wert musikalischer Schöpfungen erstarrt. Wenn schon die eigenen Tondichter erst viele Jahre nach ihrem Tode zu Ansehen gelangen, wie könnte ein Ausländer da anderes erwarten!"

Peter an Modést.

Paris, den 26. Februar 1879.

„Gestern war ein aufregender Tag. Vormittags fand die Aufführung meines ‚Sturm' statt. Die Qualen, die ich dabei zu erdulden hatte, sind der beste Beweis dafür, daß ich nirgends als auf dem Lande leben sollte. Sogar das Anhören meiner Werke, früher für mich ein Hochgenuß, bereitet mir jetzt nur noch Pein. Schon am Abend vorher stellten sich bei mir Durchfall und Übelkeiten ein. Meine Erregung wuchs ständig, und als die ersten Akkorde erklangen und ebenso während des Spiels hatte ich das Gefühl, sofort sterben zu müssen, — so weh tat mir das Herz! Nicht etwa aus Furcht vor einem Mißerfolg war ich so erregt, sondern weil ich seit einiger Zeit beim Anhören meiner Kompositionen jedesmal die größte Enttäuschung über mich selbst erlebe.

Vor dem ‚Sturm' wurde Mendelssohns ‚*Reformationssinfonie*' gespielt, wobei ich die ungewöhnliche Meisterschaft dieses Werkes bewundern konnte. Mir aber fehlt es an Meisterschaft. Was ich bis jetzt geschaffen habe, sind lediglich Schöpfungen eines nicht unbegabten Jünglings, von dem noch viel zu erwarten ist. Am meisten wundert mich, daß mein Orchester so schlecht klingt. Allerdings sagt mir mein Verstand, daß ich meine Fehler etwas übertreibe, aber das ist für mich kein Trost. Gespielt wurde der ‚*Sturm*' nicht übel. Die Musiker gaben sich Mühe, waren aber nicht vom Feuer der Begeisterung ergriffen. Als die letzten Akkorde verklungen waren, hörte man ein etwas schwindsüchtiges Händeklatschen, das von drei oder vier Pfiffen unterbrochen wurde, worauf der ganze Saal Rufe wie ‚Oh, Oh!' ertönen ließ, als Protest gegen die Pfiffe. Dann trat Stille ein. Dies alles habe ich ohne Betrübnis über mich ergehen lassen. Nur bedrückte mich die Erkenntnis, daß der ‚*Sturm*', den ich bisher für eines meiner besten Werke gehalten habe, im Grunde so unbedeutend ist. Ich verließ sofort den Saal. Das Wetter war herrlich und ich unternahm einen zweistündigen Spaziergang.

Heute habe ich mich mit dem Mißerfolg des ‚*Sturm*' bereits abgefunden und tröste mich in der Hoffnung, daß es mir nach der ‚*Jungfrau von Orleans*' und nach der Suite endlich gelingen wird, ein vorbildliches sinfonisches Werk zu schaffen. So werde ich wohl bis zu meinem letzten Atemzug nach Meisterschaft streben, aber sie nie erreichen."

Peter, der nun kurze Zeit in vollen Zügen das „Faulenzen" genießt, hat jetzt Muße, sich der Lektüre zu überlassen. „Zum ersten Mal in meinem Leben lese ich ‚*Les confessions*' von Rousseau", schreibt er der Freundin. „Ich zögere, Ihnen dieses Buch zu empfehlen, falls Sie es noch nicht gelesen haben sollten. Denn neben zahlreichen Genieblitzen gibt es in diesem Buch höchst zynische Geständnisse, ungeeignet für die Lektüre einer Frau. Doch genieße ich voll Bewunderung die erstaunliche Kraft und Schönheit seines Stils, sowie die Tiefe und Wahrhaftigkeit seiner Analyse der menschlichen Seele. Außerdem ist es für mich ein unaussprechlicher Genuß, in seinen Bekenntnissen Züge meines eigenen Wesens wiederzufinden, die noch in keinem Buch mit solchem Feingefühl beschrieben worden sind. So las ich eben seine Erklärung, warum er, ein so kluger Mensch, in Gesellschaft nie den Eindruck eines klugen Menschen erwecken könne, wofür er seiner Menschenscheu die Schuld gibt. Dabei spricht er von dem unerträglichen Zwang, in der Gesellschaft eine Unterhaltung zu führen, leere Phrasen zu plappern, nur um das Gespräch in Gang zu halten. Gott, wie treffend und wahr beurteilt Rousseau diese Plage des gesellschaftlichen Lebens!"

Paris war diesmal für Peter eine Enttäuschung. Hier hält es ihn nicht länger. Anfang März reist er über Berlin in die Heimat, während Frau Nadjéshda noch einige Zeit in der französischen Hauptstadt verweilt.

«Eugen Onegin», op. 24, Duell-Szene. Opernhaus Zürich, Juni 1976.
(Wolfgang Brendel als Onegin Rüdiger Wohlers als Lenski.
Regie: Götz Friedrich, Bühnenbild: Toni Businger, Dirigent: Gerd Albrecht)

Aufführung des Eugén Onégin
Zweites Idyll in Simáki

Fieberhaft wird in Moskau die erste Aufführung des „*Eugén Onégin*" vorbereitet. Nicht das dortige Opernhaus hat diese Aufgabe übernommen, sondern Nikolái Rubinstein probt seit vielen Wochen, um mit den Schülern seines Konservatoriums diese Musik, in die er vernarrt ist, würdig aufzuführen. Hören wir, was Peter, der sich nur wenige Tage in Moskau aufhielt, über dies Ereignis seiner Freundin zu berichten weiß (Brief vom 19. März 1879 aus Petersburg):

„Soeben kehrte ich aus Moskau zurück, wo ich kurz vor Beginn der Hauptprobe eingetroffen war. Sie fand bei voller Beleuchtung und in Kostümen statt, während der Zuschauerraum verdunkelt blieb. Das gab mir die Möglichkeit, mich in eine dunkle Ecke zu verkriechen und mir ungestört die ganze Oper anzuhören. Ich empfand große Freude. Die Vorstellung verlief im allgemeinen zufriedenstellend. Chor und Orchester machten ihre Sache ausgezeichnet. Die Sänger dagegen — Konservatoriumsschüler — ließen viel zu wünschen übrig.

Diese Stunden, die ich in einer dunklen Ecke verbrachte, waren die einzig angenehmen meines Moskauer Aufenthaltes. Während der Pausen sah ich alle meine früheren Kollegen wieder. Große Freude empfand ich darüber, daß alle ohne Ausnahme von der Musik des ‚*Onégin*' sehr eingenommen waren. Nikolái Grigórjewitsch, der so selten Lob austeilt, gestand mir, er wäre in diese Musik geradezu verliebt. Und Tanéjeff wollte mir in der Pause nach dem ersten Akt seine Ergriffenheit ausdrücken, brach aber statt dessen in Tränen aus. Ich kann Ihnen gar nicht sagen, wie mich das gerührt hat.

Sonnabend, am Tage der Aufführung, trafen meine Brüder und einige andere Persönlichkeiten, darunter Anton Rubinstein, in Moskau ein. Diesen ganzen Tag verbrachte ich in höchster Erregung, hauptsächlich deswegen, weil ich auf Bitten Nikolái Grigórjewitschs mich bereit erklärt hatte, bei Hervorrufen auf der Bühne zu erscheinen.

Während der Vorstellung erreichte meine Erregung den höchsten Grad. Vor dem Beginn hatte Nikolái Grigórjewitsch mich auf die Bühne gebeten, wo ich zu meinem Schrecken das ganze Konservatorium versammelt fand. An der Spitze der Professoren überreichte mir Nikolái Grigórjewitsch einen Kranz, wobei alle Anwesenden in lauten Beifall ausbrachen. Auf die Ansprache von Rubinstein mußte ich einige Worte erwidern. Welche Überwindung mich das gekostet hat, das weiß Gott allein. Nach den Aktschlüssen wurde ich viele Male hervorgerufen. Doch schien es mir, als ob das Publikum keine besondere Begeisterung zeigte.

Nach der Aufführung gab es ein gemeinsames Festessen in der Eremitage, dem auch Anton Rubinstein beiwohnte. Doch habe ich keine Ahnung, ob der ,Onégin' ihm gefallen hat. Jedenfalls erwähnte er mein Werk mit keinem Wort. Erst gegen vier Uhr kam ich mit starken Kopfschmerzen nach Hause und verbrachte eine qualvolle Nacht. Auf der Rückreise nach Petersburg habe ich mich erholt und fühle mich heute wieder ganz frisch."

Es kann kein Zweifel darüber bestehen, daß diese erste Aufführung des „Onégin" in Moskau, die nur bescheidenen Ansprüchen genügte, eine recht kühle Aufnahme fand. Die Gesangskräfte des Konservatoriums vermochten die notwendigen Anforderungen nicht zu erfüllen.

Púschkins „Eugén Onégin" dürfte der einzige Roman der Weltliteratur sein, der in Versen geschrieben wurde. Im Frühjahr 1877 sucht Tschaikówski, gemeinsam mit seinem Schüler Schilówski, aus diesem Epos ein Opernlibretto zu formen. Beide sind keine Dichter, und neben Púschkins herrlichen Versen, die hier und dort übernommen werden konnten, stoßen wir auf banale Wendungen und dilettantische Reime.

Über den „Onégin" schreibt Turgénieff an Leo Tolstói: „Welch bedeutende Musik. Besonders gelungen sind die melodiösen lyrischen Partien. Aber welch hilfloses Textbuch." Und dem Verleger Jürgenson gegenüber lobt Turgénieff die Musik des „Onégin", macht sich aber über das Libretto lustig, es wäre ein „Cimborasso".

Peter Iljitsch aber schreibt an Modést: „Du glaubst gar nicht, wie wild ich auf diesen Stoff bin. Genau weiß ich, daß die Oper nicht genug Handlung, nicht genug Bühneneffekte besitzen wird. Aber der Reichtum der Poesie, die Lebenswahrheit und Einfachheit der Vorgänge wiegen diese Mängel auf."

Will man die Bedeutung Púschkins für die russische Literatur mit wenigen Worten umreißen, so müßte man feststellen, daß durch seine Persönlichkeit mit einem Schlage eine selbständige klassische Dichtung ins Leben gerufen wird. Alle tastenden Versuche und Experimente seiner Vorgänger faßt er mit sicherem Instinkt zusammen und drückt seinen Schöpfungen den Stempel seiner unverwechselbaren Eigenart und seines flammenden Temperaments auf. Es lassen sich nicht viele Beispiele in der Weltliteratur aufzeigen, daß durch eine einzige Persönlichkeit ein solch völliger Wandel eintritt. Doch kann eine Parallele zu *Michael Glinka* gezogen werden, der, fast gleichaltrig mit Púschkin, mit der Aufführung seiner Oper *„Das Leben für den Zaren"* im Jahre 1836 in Petersburg einen gewaltigen Erfolg erringt. Von diesem Tage an tritt Rußlands Musik als selbständiger Faktor neben die westeuropäische. Von diesem Tage an behauptet sich Rußlands Kunstmusik neben dem unerschöpflichen Reichtum seiner herrlichen Volksweisen.

Man weiß, mit welcher Leichtigkeit Tschaikówski in höchstem Schaffensdrang die Musik seines *„Onégin"*, dieser *„Lyrischen Szenen"*, — wie er seine Oper benennt — entworfen hat. Selten ist ihm so einheitlich und dabei so absichtslos, so unwillkürlich, die typisch russische Atmosphäre seiner Tonsprache gelungen. Die Bodenständigkeit dieser Musik ist dadurch begründet, daß die Verbindung von Tönen durch eine außerordentliche Kantabilität und der klangliche Ausdruck in Rede und Gegenrede einer Lösung zugeführt wurden, die als zentrale Kraft unzählige Menschen überwältigt und bis zum heutigen Tag ganze Generationen leidenschaftlich bewegt hat, so daß es in Rußland kaum eine andere ernste Musik gibt, die so volkstümlich wurde, die so tief in das Bewußtsein der Nation eindringen konnte. Das Besondere, das Einzigartige besteht nicht in der Musik der Arien oder Tänze, sondern in den lyrischen Intonationen, in dem Arioso-Stil der Reden und Dialoge, in der Meisterschaft, mit der jede Eigentümlichkeit der Sprache durch Steigen oder Fallen der Tonhöhe nachgezeichnet wird.

Diese *„Lyrischen Szenen"* sind eine Kammeroper, sie dürfen nicht im Stil der „Großen Oper" aufgeführt werden. Púschkin hat mit der Mädchenfigur der Tatjána einen Frauentyp geschaffen, in den ganz Rußland seit Generationen verliebt ist, und die Worte der berühmten Briefszene Tatjánas — diese Briefszene, eine unsterbliche Leistung Tschaikówskis — gehören zu den schönsten Liebeserklärungen der Weltliteratur. Einen weiteren Höhepunkt offenbart die Musik der Duellszene, namentlich jenes erschütternde Duett der kämpfenden Partner, ein trauermarschartiger Kanon über einem Basso ostinato der Pauken. Zu erwähnen sind auch die rassigen Volkschöre:

Gemischter Chor

Durch das Feld da fließt ein Bächlein, ü - ber'n Bach da führt ein Steglein,

führt zu einem kleinen Gärtlein, und im Garten sitzt ein Mägdlein.

Für Frauenchor

Kommt, ihr Mädchen, all' her - bei, je - de heute fröh - lich sei!

Nur dann wird diese Kammeroper außerhalb Rußlands bleibend Fuß fassen können, wenn alles Feinsinnige, Zurückhaltende, nur Angedeutete nicht vergröbert und durch Opern-Routine zugedeckt wird. Es kann allerdings nicht verschwiegen werden, daß der letzte Akt ein wenig in die Atmosphäre der „Großen Oper" abgleitet.

Die folgenden zwei Notenbeispiele: — das Liebesmotiv der Tatjána aus dem „*Onégin*" (1877) und das Liebesmotiv der Desdemona aus Verdis „*Othello*" (1887) — zeigen, wie, völlig unabhängig voneinander, zwei große Tondichter, beide ihrer Zeit verhaftet, fast die gleiche Sequenz — nur rhythmisch voneinander abweichend — zur Schilderung der Liebe verwenden:

Tschaikówski: „Onégin" (1877), Liebesmotiv der Tatjána:

Verdi: „Othello" (1887), Liebesmotiv der Desdemona:

Kaum ist Peter Iljítsch wieder in Petersburg, als unerwartet Antonína sich bemerkbar macht und ihn in Anatóls Wohnung überrascht. Sie versucht ihn wieder für sich zu gewinnen, beteuert ihm ihre Liebe und bezieht ganz in seiner Nähe eine Wohnung. Vergeblich sucht er ihr klar zu machen, daß er für ihren Lebensunterhalt zwar sehr gern sorgen würde, daß aber eine Wiedervereinigung nicht in Frage kommt. In seiner Hilflosigkeit übergibt er ihr einen Hundertrubelschein unter der Bedingung, daß sie nach Moskau zurückkehrt. Sofort willigt sie ein, nimmt den Schein, aber denkt nicht daran, Petersburg zu verlassen. Nun ergreift er die Flucht und fährt zur Schwester nach Kámenka.

Frau Nadjéshda ist unterdessen in Moskau eingetroffen und legt dem Freunde dringend nahe, seinen Aufenthalt wieder einmal in Brailoff zu nehmen, sie käme erst zu einem späteren Termin dorthin. Diesmal ist Peter von dem Vorschlag weniger entzückt als früher. Er hat sich in Kámenka bereits in seine Arbeit vertieft, die er nicht unterbrechen möchte. Dort ist er im Begriff, seine erste, Frau Nadjéshda gewidmete „Orchestersuite" zu beenden, worauf er dann gleich mit der Instrumentation der „Jungfrau von Orleans" beginnen will.

Peter an Frau Nadjéshda.

Kámenka, den 12. April 1879.

„Obwohl ich mich manchmal über Kámenka beklage, weil es so unansehnlich und so wenig ländlich ist, fühle ich mich hier doch wie neu geboren. Wir haben herrliches Wetter. Der Frühling ist in voller Entfaltung, die Veilchen blühen, der Wald wird immer grüner, die Nachtigallen schlagen ...

Zuzeiten überkommen mich wundervolle Augenblicke völliger Entrückung, hervorgerufen durch den Anblick der Natur. In solchen Augenblicken gedenke ich Ihrer, liebe Freundin, und bedaure, daß Sie noch in Moskau sind, wo die Straßen voll Schnee liegen.

Für mich wurde hier eine kleine, aus drei Zimmern

bestehende Wohnung eingerichtet, die ständig zu meiner Verfügung steht. Sie besteht aus einem kleinen Arbeitszimmer, meinem Schlafzimmer und einer Kammer für Aljóscha. Gestern trafen alle meine Sachen ein: Bücher, Noten, Fotografien, so daß meine kleine Wohnung schon einen ganz koketten Eindruck macht. Es umgeben mich hier so viele teure, mir herzlich zugetane Wesen! Zwischen uns besteht ein überaus liebevolles Verständnis. So fühle ich mich sehr wohl, die Seele hat Frieden gefunden und mich beherrscht ein unsagbar tiefes Glücksgefühl. Die ganze Zeit seit meiner Abreise erscheint mir wie ein schwer lastender Traum."

Frau Nadjéshda denkt noch immer an das idyllische Zusammensein in Florenz in der Viale dei Colli. Ließe sich das Leben zu zweit nicht wiederholen? „Das hängt nur von Ihnen ab", schreibt sie dem Freund. „Ganz in der Nähe von Brailoff befindet sich in meinem Besitz das Vorwerk *Simáki*. Das Haus ist in einem lauschigen Garten gelegen, durch den sich ein Flüßchen schlängelt. Im Garten schlagen Nachtigallen. Die Zimmer sind zwar niedrig, aber im Sommer recht gemütlich. Sechs Zimmer ständen zu Ihrer Verfügung. Das ist ein abgelegenes, poetisches Plätzchen. Wenn Sie sich entschließen könnten, für einen Monat oder länger dort zu wohnen, während ich in Brailoff bin, würde mich das unsagbar glücklich machen. Für mich wäre das eine Wiederholung der schönsten Zeit meines Lebens in der Viale dei Colli. In Brailoff könnte ich zwar nicht jeden Tag meinen Spaziergang an Ihrem Häuschen vorbeinehmen, aber täglich würde ich Ihre Nähe empfinden und mich heiter, ruhig und so glücklich fühlen. Gott, wie schön könnte das werden! Ein reizendes kleines Boot stände zu Ihrer Verfügung, Aljóscha würde Sie herumrudern. Zehn Schritte hinter dem Hause beginnt der Wald, am Flußufer gibt es viele schöne Stellen, bei Mondschein ist es dort entzückend! Mein Lieber, mein Teurer, kommen Sie, kommen Sie! Die gesunde Luft wird Ihnen gut tun, die Natur sporrnt zur Arbeit an und niemand würde Sie dort stören. Bis in den September könnten wir dort unser Leben gemeinsam verbringen."

Als Frau Nadjéshda dies schreibt, hatte sich Peter mit Aljóscha bereits nach Brailoff begeben. Er wohnt im schloßartigen Gebäude. Wieder steht die ganze Dienerschaft wie im Jahr zuvor zu seiner Verfügung. Täglich geht er in der herrlichen Umgebung spazieren, nimmt den Nachmittagstee im Freien und niemand stört ihn. Seine Arbeit an der *„Jungfrau von Orleans"* hat er in Kámenka gelassen, da er nur zur Erholung hergekommen ist. Und doch fühlt sich dieser Stimmungsmensch nicht glücklich und möchte am liebsten wieder abreisen. Als Frau Nadjéshda ihm nun den Vorschlag mit Simáki nahelegt, ist er zunächst wenig entzückt, wie ein Brief an Modést zeigt:

„Im ersten Augenblick ärgerte ich mich über diesen Vorschlag. Es mißfiel mir, daß Nadjéshda Filarétowna gar nicht zu begreifen scheint, wie nahe mir meine Geschwister stehen, daß ich den Sommer mit ihnen verbringen möchte. Auch kam mir der Gedanke, daß ich in Simáki zwar vier Werst (Kilometer) von ihr entfernt wäre, daß aber doch allerhand Klatsch entstehen könnte, namentlich durch ihre erwachsenen Kinder, die über unsere Beziehungen manchen Unsinn schwatzen würden. Überhaupt empfinde ich diesen Vorschlag ein wenig als Vergewaltigung und Beschränkung meiner Freiheit. Doch versteht es sich von selbst, sie macht einen solchen Vorschlag ausschließlich, um mir die Möglichkeit zu geben, in einer herrlichen Umgebung ganz für mich zu leben. Was hältst du davon? Weißt du, Modi: Diesmal fühle ich mich in Brailoff durchaus nicht so glücklich wie voriges Jahr. Mit Bedauern erkenne ich, daß ich meine Zeit vertrödele: allerdings indem ich lese, spazieren gehe, gut esse, Musik mache und mich in keiner Weise langweile oder sorge. Aber in meinem tiefsten Innern ersehne ich den Tag meiner Abreise. Dafür gibt es viele Gründe. Alle laufen darauf hinaus, daß ich nicht in Stimmung und wenig aufnahmefähig für die Schönheiten der Natur bin. Es war eine Torheit, daß ich meine bereits angefangene Partitur zur ‚Jungfrau von Orleans' nicht mitgebracht habe. Vielleicht läßt meine niedergedrückte Stimmung sich dadurch erklären, daß ich nicht arbeite."

Peter an Frau Nadjéshda.

Bratloff, den 5. Mai 1879.

„Gestern las ich aufmerksam in der Partitur des ‚Lohengrin', die ich mitgebracht habe. Ich weiß, daß Sie keine große Verehrerin von Wagner sind, auch ich bin weit davon entfernt, Wagnerianer zu sein. Wagners Theorien sagen mir nicht zu. Aber sein ungeheures musikalisches Talent muß ich gerechterweise anerkennen. Nirgends zeigt sich seine Begabung in so hellem Licht, wie im ‚Lohengrin'. Diese Oper wird stets der Gipfel seiner Schöpfungen bleiben. Nach dem ‚Lohengrin' begann der Abstieg seines Talentes, hervorgerufen durch die maßlose Hybris dieses Mannes. Er verlor jedes Maß und schlug über die Stränge. Alles, was er nach dem ‚Lohengrin' geschaffen hat, ist Musik, die keine Zukunft besitzt. Im Augenblick beschäftigt mich die Instrumentation des ‚Lohengrin'. Da ich jetzt im Begriff stehe, meine eigene Oper zu instrumentieren, möchte ich die Partitur des ‚Lohengrin' eingehend studieren, um möglicherweise durch dieses Studium für die Behandlung meines Orchesters Nutzen zu ziehen. Wagner besitzt eine erstaunliche Meisterschaft, aber aus Gründen, die ich mit Beispielen der Orchestertechnik erläutern müßte, beabsichtige ich nicht, etwas von Wagner zu übernehmen. Erwähnen will ich bloß, daß er sein Orchester ‚sinfonisch' behandelt, und daß er für die Singstimme zu dick und nicht durchsichtig genug instrumentiert. Je älter ich werde, um so mehr bin ich davon überzeugt, daß die beiden Gattungen Sinfonie und Oper in jeder Beziehung äußerste Gegensätze darstellen. So wird das Studium des ‚Lohengrin' meine Instrumentationstechnik nicht ändern, aber dies Studium ist reizvoll und im negativen Sinne nützlich."

Nur kurze Zeit verbringt Peter diesmal in Brafloff.

Vor der Abreise hinterläßt er Frau Nadjéshda ein Tagebuch, in dem er ihr alle seine kleinen Erlebnisse getreulich schildert. Während er nach Kámenka zurückkehrt, fährt die Freundin nach Brailoff. Unterwegs, spät abends, treffen sich beide Züge auf einer Station, wo sie, aus entgegengesetzten Richtungen kommend, längere Zeit Aufenthalt haben. Peter ist ausgestiegen, um frische Luft zu schöpfen und erkennt unerwartet den prächtigen Salonwagen Frau Nadjéshdas, der dem fahrplanmäßigen Zug angehängt ist.

„Es regnete, als ich ausstieg", schreibt er der Freundin, „aber ich wurde belohnt, da mein Zug zwanzig Minuten neben dem Ihrigen stand. Ich erkannte sofort Ihren Salonwagen an den Buchstaben L. R. (Libau-Rómny-Bahn) und auch daran, daß alle Vorhänge herabgelassen waren. Sie schliefen wohl schon um diese Zeit. Ich hoffte, daß vielleicht Pachúlski aus Ihrem Wagen steigen würde, mit dem ich mich gern unterhalten hätte."

Aus Brailoff antwortet die Freundin:

„Wie bedaure ich, nicht gewußt zu haben, daß unsere Züge einander begegnen und wir zwanzig Minuten nebeneinander verbringen würden. Sonst hätte ich durch eine Ritze des Vorhangs nach Ihnen Ausschau gehalten ...

Dank sei Ihnen für Ihr, mir so teures Tagebuch, das ich bei meiner Ankunft vorfand, das ich mit unbeschreiblichem Genuß gelesen habe. Sehr bedaure ich, daß ich für Ihre ‚Residenz Simáki' nicht sogleich alles herrichten kann. Wie froh bin ich, wieder in meinem geliebten Brailoff zu sein, noch dazu so unmittelbar nach Ihnen. Mit welch unsagbar angenehmen Gefühlen betrete ich Ihre Zimmer, mein lieber Freund, die noch ganz von Ihrer Gegenwart erfüllt sind ..."

Nadjéshda Filarétowna ist eine energische, selbstbewußte Frau, die in ihrem Leben vieles durchgesetzt hat. In dem Leben ihres Mannes ist sie die treibende Kraft gewesen. Jetzt hat sie sich in den Kopf gesetzt, ein gemeinsames Leben mit Peter zu führen, indem sie in Brailoff bleibt und Peter in Simáki, vier Kilometer entfernt. Sie spürt nicht, daß der Freund Hemmungen empfindet und ihrem stürmischen Drängen ausweicht. Früher hatte Peter in einem Brief an Modést angedeutet, daß er seine Beziehungen zu Frau Nadjéshda als *„nicht normal"* ansieht und ergänzend schreibt er ihm jetzt: „Wie sollte ich mich über eine so herrliche und kluge Frau nicht ärgern, da sie, ungeachtet aller meiner Andeutungen, sich hartnäckig weigert, zu begreifen, daß ich kein Verlangen danach habe, als geheimnisvoller Unbekannter in nächster Nähe von ihr zu wohnen? Gerade jetzt beherbergt sie außer ihrer eigenen Familie noch einige Musikstudenten, deren Anwesenheit mich bedrückt. Warum kann sie nicht verstehen, daß das für mich peinlich ist? Ich habe ihr einen langen Brief geschrieben und ihr vorgeschlagen, daß ich erst im Herbst kommen könnte. Da sie um diese Zeit ins Ausland reisen will, hoffe ich, daß sie mich verstehen wird."

Peter ist ein Stimmungsmensch. Damit soll nicht gesagt werden, daß er Launen hatte. Sondern seine sensible, mimosenhaft zarte Natur ist im höchsten Grade abhängig von den verschiedenen Eindrücken, die täglich auf ihn einstürmen. Wahrhaft glücklich fühlt er sich nur, wenn er sich in seine Arbeit vertiefen kann und die ganze Umwelt für ihn versinkt. In den Schaffenspausen zwischen den einzelnen Arbeiten sucht er Erholung, die häufig nicht voll zur Auswirkung gelangt. Der ihn im tiefsten beherrschende dämonische Schaffenstrieb läßt ihn nur selten Ruhe finden und drängt auch in Perioden der Entspannung an die Oberfläche. Er fürchtet sich vor dem Zusammensein mit Frau Nadjéshda in Brailoff und dem benachbarten Simáki und doch zieht es ihn dahin. Er möchte mit seinen Geschwistern den Sommer in Kámenka verbringen und dennoch entschließt er sich, den Wunsch der Freundin zu erfüllen. Er haßt die großen Städte, namentlich Petersburg, und besucht sie dennoch immer wieder. Sie bereiten ihm Qualen und nach kurzer Zeit ergreift er jedesmal die Flucht — ein ewiger Wanderer.

Am 7. August trifft er im idyllisch gelegenen Simáki

ein. Vier Kilometer von dort entfernt residiert Frau Nadjéshda.

„Ich sitze auf der Veranda, genieße den herrlichen Abend und bin in Gedanken bei Ihnen, der Spenderin dieses Glücks. Nun will ich Ihnen den ersten Tag beschreiben. Nach einer angenehm verbrachten Nacht nahm ich den Morgenkaffee ein, setzte mich an die Arbeit und spürte nicht, wie schnell die Zeit bis zum Mittagessen verflog. Nachdem ich diese unvermeidliche Zeremonie mit größtem Vergnügen erledigt hatte, setzte ich mich nochmals an die Arbeit bis vier Uhr. Da das Wetter sich gebessert hatte, unternahm ich einen großen Spaziergang. Ich ging den Abhang hinab, stieg durch den Gemüsegarten bis zum Birkenwäldchen hinauf, überschritt einen Graben, erreichte das Feld und befand mich schließlich nach Überquerung einer Wiese im Wald. Unterwegs traf ich keine Menschenseele, was für mich stets den besonderen Reiz eines Spazierganges ausmacht. Nach zweieinviertel Stunden raschen Ganges kehrte ich in mein reizendes Winkelchen zurück. Ich schrieb viele Briefe, trug das Tischchen auf die Veranda hinaus und bringe nun diese Zeilen an Sie zu Papier in der herrlich reinen Landluft, die mir in Kámenka fehlt. Ich kann Ihnen nicht sagen, wie wohl, heiter und zuversichtlich ich mich fühle. Dank sei Ihnen, liebe Freundin. Bis auf Morgen."

Wiederum wie in Florenz nimmt der Geiger Pachúlski Kompositionsunterricht bei Peter und überbringt als gern gesehener Postillion d'amour fast täglich Briefe aus dem nahen Brailoff, die Peter sogleich beantwortet. Frau Nadjéshda hat ihrem Freunde einen Diener, einen Koch und einen Kutscher nebst Wagen und Pferden zur Verfügung gestellt. Aus den folgenden Briefen ersehen wir, daß kleine, harmlose Intermezzi den immerhin geisterhaften Verkehr der Liebenden beleben. Es ist nicht ganz einfach, die Neugierde der reizenden siebenjährigen Tochter Mílotschka zu befriedigen. Sie wundert sich, daß der „große Unbekannte" in Simáki, von dem soviel die Rede ist, niemals real in Erscheinung tritt.

Peter an Frau Nadjéshda.

Simáki, den 11. August 1879.

„Pachúlski sagte mir, er würde bei seinem nächsten Besuch Mílotschka mitbringen. Sie wissen, wie ich Mílotschka liebe. Ihr entzückendes Gesichtchen auf den Photographien kann ich nicht genug betrachten. Sie ist ein reizendes, liebes, sympathisches Kind. Überhaupt habe ich Kinder sehr gern. So antwortete ich auf Pachúlskis Vorschlag zustimmend, denn ich konnte ihm nicht sagen, was ich Ihnen anvertraue. Seien Sie mir nicht böse, liebe Freundin, und lachen Sie mich nicht aus wegen meiner Verrücktheit, aber ich kann Mílotschka nicht zu mir einladen und zwar aus folgendem Grund. Meine Beziehungen zu Ihnen, in ihrer jetzigen Form, sind mein größtes Glück und die notwendige Voraussetzung für mein Wohlergehen. Ich wünschte nicht, daß sie sich in irgendeiner Weise änderten. Ich habe mich daran gewöhnt, in Ihnen meinen guten, aber unsichtbaren Geist zu sehen. Der eigenartige Zauber, die ganze Poesie unserer Freundschaft besteht gerade darin, daß Sie mir so nahe und so unendlich teuer sind, wir uns aber im landläufigen Sinne gar nicht kennen. Und diese Form der Bekanntschaft müßte auch für die Ihnen am nächsten stehenden Menschen Geltung haben. Ich möchte Mílotschka so lieben, wie ich sie bisher geliebt habe. Käme sie zu mir, so wäre jedesmal der ganze Zauber dahin. Alle Ihre Familienangehörigen stehen mir nahe und sind mir teuer und Mílotschka ganz besonders. Nur möge um Gottes willen alles so bleiben, wie es bis jetzt war.

Und was könnte ich Mílotschka antworten, wenn sie fragt, weshalb ich ihre Mutter niemals besuche. Ich müßte unsere Bekanntschaft mit einer Lüge beginnen, einer allerdings sehr harmlosen, aber immerhin einer Lüge, und das fiele mir schwer. Vergeben Sie mir diese Offenheit, meine liebe, mir so nahestehende Freundin."

Frau Nadjéshda antwortet:

„Wie bin ich glücklich, mein lieber, unvergleichlicher Freund, wenn ich morgens beim Aufstehen mir vorstelle, wie nahe Sie mir sind, daß Sie das mir bekannte und so teure Häuschen bewohnen und vielleicht gerade in diesem Augenblick von Ihrer Veranda aus jene Aussicht auf das Dorf genießen, die ich so liebe, oder vielleicht in jener breiten, schattigen Allee umherwandern, die mein Entzücken ausmacht. Wie genieße ich es, daß Sie bei mir zu Gast sind, que je vous possède, wie die Franzosen sagen.

Über Mílotschka habe ich mich schon heute morgen in meinem Brief geäußert. Unsere Beziehungen empfinde ich genau so wie Sie und wünschte nichts daran zu ändern. Innerlich mußte ich über Pachúlskis Naivität lächeln, der sich einbildete, Mílotschka würde Sie tatsächlich besuchen. Denn sie lag ihm immer in den Ohren, er möge sie einmal im Wagen mitnehmen. Sie haben ganz richtig erraten, daß die Art unserer Bekanntschaft, daß wir uns nicht sehen, ihre Neugierde erweckt hat. So fragte sie mich vor einigen Tagen: ‚Ist es wahr, daß du Peter Iljítsch gar nicht kennst?' Ich antwortete ihr: ‚Ganz im Gegenteil, ich kenne ihn sehr gut und vor allem liebe ich ihn sehr.' Diese Antwort hat sie vollkommen befriedigt. So stimmen also, lieber Freund, unsere Ansichten auch in dieser Sache vollkommen überein."

Auch bei diesem Zusammensein in so großer Nähe findet, genau so wie damals in Florenz, ein unerwartetes Zusammentreffen statt, das Peter in einem Brief an Anatól folgendermaßen schildert:

„Gestern gab es einen peinlichen Zwischenfall. Gegen vier Uhr fuhr ich in den Wald, überzeugt, daß ich Nadjéshda Filarétowna nicht begegnen würde, da sie um diese Zeit zu Mittag speist. Es traf sich aber so, daß ich etwas früher ausfuhr, und daß sie sich verspätete, so daß wir unerwartet einander begegneten. Obgleich wir uns nur einen Augenblick sahen, geriet ich doch in große Verwirrung, grüßte aber höflich, indem ich den Hut lüftete. Sie aber schien ganz die Fassung zu verlieren und wußte nicht, was tun. Im vordersten Wagen saß sie mit Mílotschka, es folgten noch zwei Wagen mit der ganzen Familie."

Frau Nadjéshda dagegen empfindet diese Begegnung als sehr reizvoll. Bei ihrer Kurzsichtigkeit und der schnellen Fahrt hat sie den Freund nicht gleich erkannt. Sie, die grande dame, ist überhaupt nicht so schnell aus der Fassung zu bringen, wie der Freund meint.

„Ich bin ganz entzückt über unsere Begegnung", schreibt sie ihm, „und kann Ihnen gar nicht sagen, wie warm mir ums Herz wurde, als ich begriffen hatte, daß Sie es waren, den wir trafen. Ich wünsche keine persönlichen Beziehungen zwischen uns, aber es bereitet mir ungeheuren Genuß, mich schweigend und passiv in Ihrer Nähe zu wissen, mit Ihnen unter einem Dach zu sein, wie damals im Theater in Florenz, oder Ihnen, wie neulich, zu begegnen, Sie nicht als Mythos, sondern als lebenden Menschen zu empfinden, der mir teuer ist, der mein Leben so verschönt."

Frau Nadjéshdas beweglicher und unternehmungslustiger Geist ist stets auf der Suche nach einem Betätigungsfeld. Jetzt ist sie auf einen neuen Plan verfallen. Sie, die große Gegnerin von Ehen, möchte sich plötzlich als Ehestifterin betätigen und ihren sechzehnjährigen Sohn Kólja mit Natáscha Dawúidoff verheiraten, der zwölfjährigen Tochter von Peters Schwester Alexándra. Keineswegs gleich. Aber da sie in ihrem Leben die Erfahrung gemacht hat, daß Ehen sich nicht vermeiden lassen, will sie rechtzeitig Vorsorge treffen, um das Lebensglück ihrer Kinder — es sind ihrer elf — in die richtige Bahn zu lenken. Oft hat der Freund ihr die Mitglieder der Familie des Schwagers Dawúidoff einzeln in leuchtenden Farben geschildert. Sie ist über die Einzelheiten, die sie erfahren hat, hell begeistert und sucht mit vorsichtigen, andeutenden Fragen die Meinung des Freundes zu ergründen.

„Ich glaube, ich habe Ihre Gedanken erraten", schreibt er ihr. „Sie möchten wissen, ob Natáscha ihrem Alter nach als Lebensgefährtin für Ihren Kólja passen würde? Ist es nicht so? Oh, wenn sich das in Zukunft verwirklichen ließe! Wie wäre das schön."

Und Anatól schreibt er aus Simáki: „Über Natáscha habe ich dir viel zu erzählen. Sie ahnt nicht, daß über ihre Person ein ganzer Briefwechsel zwischen Nadjéshda Filarétowna und mir entstanden ist. Es handelt sich darum, daß diese erstaunliche, wunderbare Frau von dem Gedanken begeistert ist, ihren Sohn Kólja mit Natáscha zu verheiraten, natürlich nicht jetzt, aber nach fünf Jahren. Ich kann dir gar nicht sagen, welch entzückende Briefe sie mir aus diesem Anlaß geschrieben hat. Von diesem Plan ist sie ganz ernsthaft erfüllt. Sprich darüber nicht mit unserer Schwester, ich werde es ihr später bei Gelegenheit selber sagen. Denn sonst könnte sie, die die Briefe von Nadjéshda Filarétowna nicht kennt, es lustig finden, daß Heiratspläne für einen sechzehnjährigen Jungen und ein elfjähriges Mädchen gesponnen werden."

Frau Nadjéshda an Peter.

Brailoff, den 21. August 1879

„Wie scharfsinnig Sie sind, lieber Freund, Sie haben vollständig erraten, was ich mit Natáscha im Sinne habe. Wenn Sie sich dessen erinnern, was ich, ein geschworener Feind aller Ehen, Ihnen einstmals darüber geschrieben habe, so werden Sie mir vielleicht Inkonsequenz vorwerfen. Doch haben sich meine Anschauungen über die Ehe nicht im geringsten geändert. Nachdem meine vier älteren Kinder geheiratet haben, sammelte ich genug Erfahrung und bin überzeugt, daß auch meine jüngsten Kinder diesem Übel nicht entgehen werden. So möchte ich sie wenigstens vor größerem Unglück bewahren, indem ich für sie eine vernünftige Wahl treffe. Das ist der Grund, lieber Freund, warum ich mich schon jetzt mit solchen Plänen befasse und den Wunsch hege, unsere Kinder: Ihre Natáscha und meinen Kólja zu vereinigen. Ich bin überzeugt, daß eine so wertvolle Frau und beispielhafte Mutter, wie Ihre Schwester Alexándra, Töchter gleicher Art haben wird. Und mein Kólja ist der Sohn eines vortrefflichen Vaters."

Es sei hier vorweggenommen, daß Frau Nadjéshda einen guten Instinkt bewiesen hat. Denn die geplante

Ehe ist nach einigen Jahren tatsächlich zustande gekommen, allerdings nicht zwischen Kólja und Natáscha, sondern mit deren jüngerer Schwester Anna Dawúidoff. Und diese Ehe wurde eine glückliche. Für Frau Nadjéshdas Menschenscheu ist es bezeichnend, daß sie nicht nur dieser Hochzeit fernblieb, sondern auch nachher niemals die Bekanntschaft der Familie Dawúidoff gemacht hat und nur im brieflichen Verkehr mit diesen so nahen Verwandten ihres Freundes gestanden hat.

Am 1. September will Peter Simáki verlassen. Auf den dringenden Wunsch von Frau Nadjéshda macht er vor der Abreise einen Besuch in dem ihm so vertrauten Brailoff. Es wird verabredet, daß sie mit ihren Angehörigen für viele Stunden einen Ausflug unternimmt, damit er unterdessen in völliger Ungestörtheit den Aufenthalt in dem schönen Hause genießen kann.

Von diesem Besuch und dem ganzen romantischen Aufenthalt in Simáki ist Peter entzückt. Also war doch ein zweites Idyll nach den herrlichen Florentiner Tagen möglich?

„Zwei Stunden habe ich bei Ihnen zugebracht, meine liebe Freundin! Wie liebe ich dieses Haus, vor allem die Gemächer der unteren Etage, das heißt Ihre Zimmer und das meinige. Die längste Zeit verbrachte ich in Ihrem Zimmer. Es läßt sich schwer beschreiben, wie wohl ich mich in diesen Räumen fühlte, die Sie so kurze Zeit vor mir verlassen hatten, die noch ganz von Ihrer Gegenwart erfüllt waren. Ich spielte auf Ihrem Flügel, versuchte Ihr Klavier, setzte mich in alle Winkel Ihres Zimmers, trank Tee, wanderte im Park umher und kehrte in glücklichster Stimmung heim. In Ihrem Empfangszimmer entdeckte ich in dem Album unter den Bildern Ihrer Angehörigen auch zwei Bilder von mir. Dieser Anblick rührte und erfreute mich unsagbar. Wie dankbar bin ich Ihnen dafür, liebe Freundin! Daß ich als einziger, der nicht zu Ihrer Familie gehört, Platz in Ihrem Album gefunden habe, hat mich besonders gerührt."

Peter ist voller Schaffenslust. Er spürt, daß sein Talent im Aufstieg begriffen ist und möchte noch viele

Jahre leben, um den Gipfel seiner Entwicklung und Schaffenskraft zu erreichen. Nur der Gedanke, daß er Frau Nadjéshda überleben könne, wäre ihm ganz unerträglich.

„Ich muß Ihnen, liebster Freund, meine unaussprechliche Dankbarkeit ausdrücken, die ein Satz Ihres Briefes in mir hervorgerufen hat: ‚*Der Gedanke, ich könnte Sie überleben, ist mir ganz unerträglich.*‘ Gott, wie lieb, wie unsagbar teuer sind mir diese Worte! Wenn Sie wüßten! wie ich Sie liebe! Das ist nicht nur Liebe, das ist Verehrung, Vergötterung, Anbetung! Was ich auch Schweres, Bitteres, Schmerzhaftes noch erleben mag, sobald einige liebe Worte von Ihnen mich erreichen, vergesse ich alles ..."

Diese überschwenglichen Worte bereiten Peter „unendliche Freude". Doch jetzt tauchen neue Pläne auf. Seine Abreise am 1. September steht bevor. Mit dem Umweg über Moskau und Petersburg will er sich wiederum zu seinen Lieben nach Kámenka begeben, um von dort Mitte November direkt nach Neapel zu reisen, wo Frau Nadjéshda ihn erwarten will.

In Brailoff aber herrscht große Betrübnis nach seiner Abreise. „Wie öde und leer ist es jetzt hier ohne Sie, mein lieber, unvergleichlicher Freund! Mir ist ganz bange und traurig zu Mut. Es scheint mir, als ob ohne Ihre Gegenwart mir irgend etwas zustoßen, niemand mich beschützen würde. Wie verlassen fühle ich mich jetzt! Gestern besuchten wir den Felsen und den Wladímirschen Wald bei herrlichem Wetter. Lange saß ich unter einem Baum an diesem entzückenden Fleckchen, genoß in vollen Zügen die Natur und dachte, dachte immerzu und ohne Ende an Sie. Je mehr ich Sie vermisse, um so ungestümer sehne ich mich nach Neapel, jenem zauberhaften Ort, wo mir wiederum meine Sonne aufgehen wird ..."

Ein Liebesgeständnis

Auch Peter denkt voller Trauer und Sehnsucht an die schönen Tage in Simáki zurück. Wie hat er dies Glück, diese Ruhe, diese Ländlichkeit, die Nähe dieser bezaubernden Freundin genossen. Kaum in Petersburg eingetroffen, hat er nur den einen Wunsch, möglichst schnell von hier zu flüchten. —

„Es fällt mir schwer, liebe, getreue Freundin, Ihnen meine trübe Stimmung zu schildern, die mich in Petersburg ohne Unterlaß dermaßen bedrückt, daß es mich große Überwindung kostet, Ihnen zu schreiben. Als hätte jemand mir mit einem Holzscheit auf den Kopf geschlagen, — so hat dieser plötzliche Wechsel des stillen Landlebens mit der brodelnden Großstadt sich auf mich ausgewirkt. Ich habe nur noch den einen Wunsch, möglichst schnell von hier abzureisen und schäme mich dieses Geständnisses nicht nur vor Ihnen, sondern auch vor mir selbst. Hier wohnen mein Vater und meine Brüder, die ich so glühend liebe, aber der Abscheu vor Petersburg ist stärker, als jedes Gefühl von Anhänglichkeit..."

Einige Tage später heißt es:

„Während meines kurzen Moskauer Aufenthalts empfand ich die gleiche quälende Langeweile, womöglich noch stärker als in Petersburg. Wie seltsam! Meine Moskauer Freunde empfangen mich stets mit Enthusiasmus, und auch ich freue mich im ersten Augenblick, sie wiederzusehen. Aber kaum ist die erste Wiedersehensfreude verflogen und sind die gegenseitigen Fragen nach Gesundheit und näheren Lebensumständen erörtert, stellen sich Langeweile und Befangenheit ein. Zwischen uns hat sich ein Abgrund aufgetan, der immer tiefer wird. Ihre Lebensweise, die früher auch die meine war, die allzugroßen Opfer an den Gott Bacchus, die kleinlichen persönlichen Interessen — dies alles ist mir gänzlich fremd geworden..."

Der von ewiger Unruhe Besessene scheut nicht davor zurück, für nur vier Tage die Riesenreise nach Gránkino zu unternehmen, einem in der östlichen Ukraine gelegenen Gut, um Modést zu treffen, der dort seinen Zögling Kólja unterrichtet. In diesem weltabgelegenen Winkel erreichen ihn zwei überschwengliche Briefe von Frau Nadjéshda aus Brailoff. Soeben hat sie den vierhändigen Klavierauszug der ihr gewidmeten vierten Sinfonie erhalten und verbringt Stunden und Tage am Klavier, um unablässig diese Sinfonie zu spielen, von der sie sich gar nicht mehr trennen mag. In diesem Rauschzustand entströmen ihrer Feder hemmungslos leidenschaftliche Liebesworte und eine Beichte ihres übervollen Herzens.

„Mein lieber, vergötterter Freund!

Ich schreibe Ihnen in einem Zustand überschwenglicher Begeisterung, der von meinem Inneren dermaßen Besitz ergriffen hat, daß dadurch sogar meine Gesundheit gefährdet wird. Diesen Zustand von Trunkenheit möchte ich in keinem Falle missen. Sie werden gleich sehen, warum. Vor zwei Tagen erhielt ich den vierhändigen Klavierauszug *unserer* Sinfonie, und nun hören Sie, wodurch ich in ein Entzücken geriet, wobei es mir heiß und kalt über den Rücken läuft.

Ich spiele und spiele immerzu diese Musik und kann mich nicht satt daran hören. Diese göttlichen Klänge haben mein ganzes Wesen erfaßt, erregen meine Nerven, versetzen mein Gehirn in einen solch schwärmerischen Fieberzustand, daß ich schon zwei Nächte keinen Schlaf mehr fand. Wenn ich des Morgens aufstehe, habe ich nur den einen Gedanken, mich möglichst schnell an den Flügel zu setzen und Ihre Musik zu spielen. O Gott, wie meisterhaft ist es Ihnen gelungen, Verzweiflung und Hoffnung, Schmerz, Leiden und alles das auszudrücken, was mir so oft im Leben widerfuhr und mir deshalb Ihre Musik nicht nur als Schöpfung, sondern auch als Ausdruck meines Lebens und meiner Gefühle lieb und teuer macht. Ich bin es wert, daß diese Sinfonie mir zugehört: niemand ist imstande, diese Musik so tief zu empfinden, wie ich; niemand vermag ihren Wert so zu erkennen, wie ich. Die Musiker beurteilen diese Musik mit ihrem Verstand, ich aber höre und

fühle sie und gebe mich ihr hin mit meinem ganzen Wesen. Wenn mir bestimmt wäre, zu sterben, um diese Musik zu hören, so würde ich sterben und dennoch zuhören. Wie tut es mir leid, mein Lieber, Teurer, daß Sie sich in Petersburg so schlecht fühlten, doch zugleich — vergeben Sie mir, mein unvergleichlicher Freund — freute ich mich, daß Sie solche Sehnsucht nach Simáki haben. Da persönliche Beziehungen zwischen uns nicht bestehen, weiß ich nicht, ob Sie meine Gefühle der Eifersucht Ihnen gegenüber verstehen können. Wissen Sie, daß ich auf ganz unerlaubte Weise eifersüchtig auf Sie bin: wie eine Frau auf den geliebten Mann. Wissen Sie, daß ich damals, als sie heirateten, sehr unglücklich war und mir das Herz fast brach. Der Gedanke, daß jene Frau Ihnen so nahe stand, war mir schmerzlich, bitter, unerträglich, und nun hören Sie, welch schlechter Mensch ich bin — ich freute mich, als Sie mit ihr unglücklich wurden. Deswegen mache ich mir heute Vorwürfe und glaube, daß ich diese Gefühle vor Ihnen zu verbergen wußte. Aber es war mir unmöglich, sie zu unterdrücken. Wir Menschen sind nun einmal nicht Herren unserer Gefühle. Ich haßte jene Frau, weil Sie unglücklich mit ihr waren, aber noch hunderttausendmal mehr hätte ich sie gehaßt, wenn Sie mit ihr glücklich geworden wären. Mir schien, als ob sie mir das geraubt hätte, was mir zukam, worauf ich allein ein Anrecht hatte. Denn ich *liebe Sie*, wie niemand Sie lieben kann, Sie sind mir teurer, als irgend jemand auf dieser Welt. Sollte mein Geständnis Ihnen unangenehm sein, so vergeben Sie mir diese unfreiwillige Beichte. Ich habe mich verraten, — daran ist die Sinfonie schuld. Aber ich glaube, es ist besser, wenn Sie wissen, daß ich kein so vollkommener Mensch bin, wie Sie annehmen. Außerdem kann das unsere Beziehungen in keiner Weise ändern. Ich wünsche gar keine Veränderung, doch möchte ich die Gewißheit haben, daß *nichts* sich bis an mein Lebensende zwischen uns ändern wird, daß *niemand*...
Aber so zu sprechen, habe ich kein Recht. Vergeben Sie mir und vergessen Sie alles, was ich gesagt habe, mir

ist so wirr im Kopfe. Heute ist schönes Wetter, so will ich denn hinausgehen und frische Luft schöpfen...

Auf Wiedersehen, teurer Freund, vergessen Sie diesen Brief, aber vergessen Sie nicht Ihre Sie von ganzem Herzen liebende N. v. Meck."

Dieser „Beichte" läßt Frau Nadjéshda einige Tage später weitere Geständnisse folgen.

„Ich fahre fort, mich an Ihrer Musik wie an Opium zu berauschen und suche mich vor mir selbst damit zu rechtfertigen, daß wir bald abreisen, wodurch dem Klavierspielen für lange Zeit ein Ende gesetzt ist. Mein ganzes Wesen wird von der vierten Sinfonie erfüllt: diese Coda und ihre Motive bringen mich um meinen Verstand. Nachts höre ich diese Klänge, sogar das Notenbild kann ich nicht ohne Erregung sehen. Die ganze Sinfonie ist staunenswert, aber der erste Satz... höher steht nichts in der Musik, darüber hinaus gibt es keinen Weg, das ist der Gipfel des Schöpferischen, die Krone des jemals Erreichbaren, das ist das Göttliche in Ihnen, dafür wäre ich bereit, meine Seele preiszugeben, meinen Verstand zu verlieren — es wäre mir nicht leid darum...

Der Abschied von Brailoff fällt mir schwer, aber jetzt reißt es mich immerzu vorwärts! Alle meine Gedanken, mein Streben, mein Hoffen, alle meine Wünsche sind auf Neapel gerichtet — dorthin, wo mein wiedererwachtes Herz höher schlagen, meine Sonne mir aufgehen, mich erleuchten und mit ihren Strahlen erwärmen wird. Oh, nur das, was vom Herzen kommt, ist wahres, ursprüngliches Leben."

Peter antwortet am 25. September 1879 aus Gránkino: „Hier fand ich Ihre beiden Briefe vor und kann Ihnen gar nicht sagen, welche Freude ich empfand, als ich Ihre Handschrift erkannte und dabei fühlte, wie nahe wir uns stehen. Daß *unsere* Sinfonie endlich im Druck erschienen ist, erfuhr ich erst durch Sie. Von vornherein wußte ich, daß Sie diese Musik lieben müßten, das konnte gar nicht anders sein. Als ich diese Musik schrieb, dachte ich unentwegt an Sie. Damals standen wir uns lange noch nicht so nahe wie jetzt, aber schon damals fühlte ich, wenn auch unklar, daß es in der ganzen Welt keine Seele gibt, die wie die Ihre imstande wäre, alle tiefsten und geheimsten Regungen meines Inneren zu verstehen.

Niemals hat die Widmung einer Komposition einen tieferen Sinn gehabt. In dieser Musik offenbart sich nicht nur mein Ich, sondern auch Ihr Ich, so daß dies in Wahrheit nicht meine, sondern *unsere* Sinfonie ist. Sie allein sind imstande, das zu verstehen und zu fühlen, was ich während der Niederschrift empfunden und erlebt habe. Sie wird immer mein Lieblingswerk bleiben, ein Denkmal jener Zeit, als nach langer seelischer Erkrankung und vielen unerträglichen Qualen, die mich bis an den Rand des Abgrunds und der Verzweiflung gebracht hatten, plötzlich das Morgenrot der Wiedergeburt und des Glücks in Gestalt jenes Menschen mir entgegenleuchtete, dem die Sinfonie gewidmet ist.

Ich schaudere bei dem Gedanken, was aus mir geworden wäre, wenn das Schicksal mich nicht mit Ihnen zusammengeführt hätte. Ihnen verdanke ich alles: mein Leben, die Möglichkeit, meine Ziele zu verwirklichen, meine Freiheit und eine solche Fülle von Glück, die ich früher für unmöglich gehalten hätte. Ihre Briefe habe ich mit solch unendlicher Dankbarkeit und Liebe gelesen, für die es in Worten keine Erwiderung gibt. Ich kann sie nur in Musik ausdrücken."

Wir erinnern uns, daß schon ein Jahr zuvor der *„Serbische Marsch"* unseres Tondichters Frau Nadjéshda in einen Zustand des Rausches und völliger Entrückung versetzt hatte. Damals, in dieser überschwenglichen Stimmung nach der Aufführung, bot sie dem Freunde das „Du" an. Diesmal läßt sie die Musik der vierten Sinfonie alles um sich her vergessen. Sie kennt keinen anderen Gedanken mehr als den an den Freund. Mit allen Fasern ihres Herzens strebt sie zu ihm. Sie sehnt sich nach Neapel, um sich erneut mit ihm zu vereinigen. Aber es ist eine seltsame, unkörperliche, geisterhafte Vereinigung: dieses Leben am gleichen Ort, in nächster Nähe, wie in Florenz, Paris, Brailoff, ohne daß man miteinander in Berührung kommt, dies bloße Wissen, daß der andere in unmittelbarer Nachbarschaft sein Eigenleben führt, wahrlich, eine seltsame Liebe, eine geisterhafte Leidenschaft!

Der ewige Wanderer

Von Gránkino fährt Peter nach Kámenka. Frau Nadjéshda hat unterdessen einen neuen Plan entworfen. Sie ist in Paris eingetroffen und will dort eine Aufführung der vierten Sinfonie ihres Freundes unter der Stabführung des Dirigenten Colonne durchsetzen. Zu diesem Zweck schickt sie Pachúlski zu Colonne, der anfangs den Unnahbaren spielt und sich nicht sprechen läßt. Als er aber erfährt, daß es sich um eine Sinfonie Tschaikówskis handelt, dessen sinfonische Dichtung „Der Sturm" er bereits aufgeführt hatte, und daß eine russische Dame eine namhafte Summe für die Aufführung zu spenden beabsichtigt, zeigt er sich zugänglich.

„Empfangen Sie meinen herzlichsten Dank", schreibt Peter der Freundin, „daß Sie um meinen Ruhm so besorgt sind. Mir wäre es gewiß sehr angenehm, wenn Colonne *unsere* Sinfonie in sein Programm aufnähme, obgleich ich davon überzeugt bin, daß sie beim französischen Publikum keinen Erfolg haben wird. Es gilt als große Ehre, in den Konzerten Colonnes aufgeführt zu werden, und es gibt viele französische Tondichter, die vergeblich nach dieser Ehre streben."

In Kámenka verbringt Peter sorglose Tage. „Ich fahre fort, ein stilles, glückliches Leben zu führen, liebe Freundin. Ich mache große Spaziergänge, lese sehr viel und fange sogar an, ein wenig zu arbeiten. Mehr denn je bin ich davon überzeugt, daß ich ohne Arbeit nicht leben kann. Schon vor einigen Tagen empfand ich in meinem tiefsten Innern Unzufriedenheit mit mir selbst, die allmählich in Langeweile umschlug. Sowohl die Lektüre, die ich so leidenschaftlich betreibe, als auch die Spaziergänge, für die ich keine geringere Leidenschaft empfinde, füllten meine Zeit nur unvollkommen aus. Ich begriff, daß mir die Arbeit fehlt und so fing ich an, zu komponieren. Sofort verging die Langeweile und mir ward froh zu Mute. Ich begann mit der Niederschrift eines Klavierkonzerts (des zweiten Klavierkonzerts op. 44). Daran will ich ohne Hast und in Ruhe arbeiten."

Am 15. Oktober heißt es im Hinblick auf das Treffen in Neapel: „Noch genau ein Monat ist es bis Neapel. Diesem Tag sehe ich mit Ungeduld entgegen, so wie eine Schülerin den Tag ihrer Entlassung aus der Schule nicht erwarten kann oder wie sich ein kleines Kind auf die Geschenke am Geburtstag freut. Mein neuer musikalischer Sprößling beginnt zu gedeihen und seine Charaktereigenschaften treten allmählich hervor. Ich arbeite mit großer Lust."

Kaum hat Peter sich einige Wochen in Kámenka aufgehalten, als der ewig Unruhige wieder die Bahn besteigt und mit dem riesigen Umweg über Moskau und Petersburg nach Paris eilt, wo er am 13. November eintrifft und Frau Nadjéshda ihn in voller Ungeduld erwartet. Von einem Zusammensein in Neapel ist nicht mehr die Rede. Wieder empfängt Pachúlski ihn am Bahnhof und geleitet ihn in die für ihn vorbereitete Wohnung. Noch am gleichen Abend, nachts um zwölf, richtet er einen langen Dankesbrief an Frau Nadjéshda. Wiederum beginnt dieses Leben zu Zweien am gleichen Ort. Tag für Tag fliegen Briefe hin und her. Meist ist Pachúlski der Überbringer der Botschaften. Aber die gleiche Intensität des Erlebens wie vor einem Jahr in Florenz und noch jüngst in Simáki wird nicht erreicht. Paris, diese unruhige Metropole, war damals wie auch dieses Mal ungeeignet für ein Idyll. Sowohl Peter als auch Frau Nadjéshda hassen die Großstädte und fühlen sich an kleineren Orten oder auf dem Lande wohl. Die Briefe sind sachlicher geworden, überschwengliche Gefühle treten zurück.

Peter zeigt ein großes Interesse für die Oper „*Die Einnahme von Troja*" von *Berlioz*, die jetzt ihre erste

Aufführung erlebt. „Ich kenne dieses Werk gut nach dem Klavierauszug", schreibt er. „Der arme Berlioz! Zu seinen Lebzeiten wurde diese Oper gar nicht gespielt. Ich halte dieses Werk nicht für bedeutend, vor allem im Vergleich zu seinen Meisterwerken ‚Fausts Verdammung' und ‚Romeo und Julia'."

Um diese Zeit bemühen sich mehrere deutsche Verleger (darunter Bote u. Bock und Fürstner in Berlin), das Verlagsrecht von Werken von Tschaikówski für Deutschland zu erwerben. Der russische Meister lehnt alle Angebote ab, wie wir aus einem Brief an Frau Nadjéshda erfahren. Er wolle seinem Moskauer Verleger Jürgenson die Treue halten, der von Anbeginn keine Ausgaben gescheut und sich stets als verständnisvoller, warmherziger Freund erwiesen habe.

„Bis jetzt hat Jürgenson an der Gesamtheit meiner Kompositionen noch nicht viel verdient. Denn wenn auch einige unter ihnen einen guten Absatz haben, so schlummern doch viele andere auf den Regalen seines Lagers. Seine Berechnung ist darauf gegründet, daß mein Ruf über die Grenzen Rußlands dringt und meine Werke auf den europäischen Markt gelangen. Finden Sie nicht, daß es Jürgenson gegenüber ungerecht und kränkend wäre, wenn ich seinen Absatz auf Rußland beschränken wollte, jetzt, wo mein Name in Europa bekanntzuwerden beginnt?"

In diesem Zusammenhang verdient es festgehalten zu werden, daß das Urheberrecht damals noch keine allgemeine Geltung besaß, so daß der Verlag Fürstner eine ganze Anzahl von Werken Tschaikówskis gegen den Willen des Autors und ohne Entgelt nachgedruckt hat.

In Paris beendet Peter die Skizzen seines bereits in Kámenka begonnenen zweiten Klavierkonzertes. Nun hält ihn nichts mehr in dieser Stadt, denn auch Frau Nadjéshda ist im Begriff, Paris zu verlassen und nach Rußland in ihr geliebtes Brailoff zurückzukehren, wo sie Weihnachten im Kreise ihrer Familie feiern will. Mit vielen Dankesworten verabschiedet sich Peter in einem Brief an die Freundin und eilt kurz vor Weihnachten nach Rom, wo Modést und dessen Zögling Kólja ihn bereits erwarten.

„Gott, welche Wohltat ist dieses herrliche italienische Klima!", schreibt er aus Rom. „Stellen Sie sich vor, teure Freundin, daß ich mich nach allen Schrecken des Pariser Winters nun unter einem klaren, tiefblauen Himmel befinde, den in voller Pracht eine leuchtende, warme Sonne bestrahlt. Von Regen und Schnee ist keine Rede, auf der Straße geht man im bloßen Rock, aus meinem Fenster blicke ich auf den grünenden Monte Pincio, kurz, dieser Wechsel ist geradezu zauberhaft. Noch nie habe ich den ganzen Reiz Italiens so empfunden, wie diesmal. Modést und Kólja fand ich hier vor, völlig begeistert von Rom. Abends scheint der Mond und vor unseren Fenstern breitet sich das herrliche Panorama der Ewigen Stadt aus.

Heute besuchte ich San Giovanni in Laterano und bewunderte die großartige Fassade dieser Kirche. Im Inneren war Gottesdienst. Ein Kardinal zelebrierte die Messe, wobei ein Chor a cappella sang. Welch schöne Stimmen gibt es in Italien! Ein Tenor trug eine schlechte Arie im Opernstil vor, aber mit einer solch herrlichen Stimme, daß ich in Entzücken geriet. Doch besitzt der katholische Gottesdienst nicht entfernt die Feierlichkeit und Poesie wie bei uns in Rußland."

In den folgenden Briefen heißt es:

„Heute ist Weihnachten. Am Morgen besuchten wir Sankt Peter und hörten die feierliche Messe. Wie majestätisch ist dieses Bauwerk! Es war überfüllt von Menschen, die aber im Vergleich zu der ungeheuren Größe dieses Gotteshauses wie ein kleines Häuflein erschienen. Überall vor den zahllosen Altären wurden Messen gelesen. Ununterbrochen bewegten sich Priester in Prozessionen von einem Altar zum anderen. Alles war voller Bewegung, malerisch und schön ...

In meinem Zimmer steht ein recht gutes Klavier. Bei Ricordi kaufte ich mir Stücke von Bach und einige vierhändige Übertragungen und spielte allein oder vierhändig mit Modést. Aber zum Arbeiten komme ich noch gar nicht. Das Leben in Rom ist so abwechslungsreich und geräuschvoll, daß es mich vom Schreibtisch abhält Doch hoffe ich, daß ich mich allmählich daran gewöhnen und dann mit der Arbeit beginnen werde...

Heute besuchten wir die Via Appia. Kennen Sie, liebe Freundin, diese alte Straße nach Neapel, die zu beiden Seiten mit Sarkophagen, Mausoleen und Grabplatten geschmückt ist? Einst schäumte hier das Leben. Scharen von Menschen, reich geschmückte Wagen mit römischen Patriziern, Sänften, Fußgänger bewegten sich hier. Jetzt ist die Straße verlassen und schweigsam, wie die Gräber zu beiden Seiten. Nicht einmal englische Touristen waren zu sehen. Wir wanderten drei Kilometer, ohne einem menschlichen Wesen zu begegnen. Mitunter öffnete sich zur Linken eine wundervolle Aussicht auf die Albaner Berge, Tivoli und Frascati. Es war ein herrlicher Tag!...

Heute begann ich mit der Umarbeitung meiner zweiten Sinfonie, für die ich den ersten Satz ganz neu komponieren will. Die Arbeit geriet mir so gut, daß ich bis zum Frühstück die Hälfte im Entwurf beendet hatte. Wie dankbar bin ich dem Schicksal, daß mein Verleger Bessel mich jahrelang an der Nase herumführte und meine Partitur nicht druckte. Hätte er es getan, wäre eine Neuausgabe nicht mehr möglich und meine unglückliche Sinfonie hätte ihren ursprünglichen Zustand behalten. Was bedeuten doch sieben Jahre im Leben eines strebenden und ständig sich vervollkommnenden Künstlers! Werde ich vielleicht nach sieben Jahren meine jetzigen Arbeiten mit ebensolchen Augen betrachten, mit denen ich heute ein Werk abschätze, das 1872 geschrieben wurde? Das ist durchaus möglich, denn auf dem Wege zum Ideal gibt es keine Grenzen, und nach sieben Jahren werde ich noch über meine Kräfte verfügen.

Gestern erhielt ich einen Brief von Jürgenson. ‚Unsere' Suite (die erste Orchestersuite) wurde bereits vor zwei Wochen in Moskau aufgeführt. Keiner meiner Freunde hat mir von dem Erfolg berichtet. Am meisten gefiel der Miniaturmarsch, den ich anfangs streichen wollte. Ich behielt ihn auf Anraten von Tanéjeff, der voraussagte, daß der Marsch dank seiner wirkungsvollen Instrumentation mehr gefallen würde, als die übrigen Sätze. Die Suite ist Ihnen gewidmet, nur Sie und ich sollen es wissen. Ich ließ keine Widmung auf das Titelblatt drucken, wie in unserer Sinfonie, damit nicht irgendwelche Leute dahinterkommen, wer dieser ‚beste Freund‘ ist.

Heute besuchten wir mit Modést den Vatikan. Die Fresken Michelangelos in ihrer gewaltigen Größe erscheinen mir nicht mehr so rätselhaft wie anfangs. Ich bewundere sie, aber ich gerate vor ihnen nicht in Entzücken, sie überwältigen und rühren mich nicht. Mein Liebling bleibt Raffael, dieser Mozart der Malerei.

Doch muß ich Ihnen gestehen, daß mir im Grunde das Verständnis für die bildenden Künste abgeht. Nur sehr wenige Gemälde und Statuen vermögen einen tiefen Eindruck auf mich zu machen. Mir scheint, daß ich nicht ständig in Rom leben könnte. Hier gibt es zuviel zu sehen. Florenz würde ich für einen ständigen Aufenthalt den Vorzug geben. Rom ist großartiger, reicher, aber Florenz ist lieblicher und sympathischer.

Welch gewaltiges Werk ist Michelangelos Moses! Schon mehrfach habe ich mich in die Betrachtung dieses Bildwerks vertieft und jedesmal mit größerem Verständnis. Er ist in der Tat von einem Genie höchsten Ranges erdacht und verwirklicht worden. Es heißt, der Moses wäre anatomisch nicht ganz richtig. Das erinnert mich an den alten Fetis, der bei Beethoven nach Fehlern suchte und triumphierend verkündete, er habe in der ‚Eroica‘ die Umkehrung eines Akkordes entdeckt, die gegen den guten Geschmack verstoße. Finden Sie nicht auch, daß Beethoven und Michelangelo verwandte Naturen sind?"

In diesen Tagen (Januar 1880) führt Colonne in Paris Tschaikówskis vierte Sinfonie auf. Das Andante und das Scherzo finden Beifall, die anderen Sätze jedoch werden mit eisigem Schweigen aufgenommen. Aber der gewandte Weltmann Colonne versteht es, diesen Umstand in seinen Briefen zu verschweigen, so daß Frau Nadjéshda, die sich bereits wieder in Moskau befindet, über den angeblichen großen Erfolg in Seligkeit schwimmt. Gern hätte Peter der Aufführung in Paris beigewohnt, aber er erhielt die Benachrichtigung zu spät. „Wie bedaure ich, daß ich die einzige Gelegenheit, meine Sinfonie zu hören, versäumt habe", schreibt er der Freundin. „Ich versprach mir einen solchen Genuß davon, von niemandem bemerkt, die Aufführung zu erleben."

Colonne aber, der Feuer gefangen und mehr und mehr Gefallen an den Werken des russischen Meisters gefunden hat, läßt nicht locker. Einige Wochen später führt er das Andante und das Scherzo der Sinfonie nochmals in Paris auf und trägt damit viel zur Verbreitung der Werke unseres Tondichters im Ausland bei. Frau Nadjéshda, die mit Colonne im Briefwechsel steht, sucht ihn zu Aufführungen noch anderer Werke des Freundes zu ermuntern. Peter ist ihr dankbar dafür, bittet sie aber inständig, dem französischen Dirigenten nicht wieder Geld anzubieten. Der Gedanke, daß Colonne ihn möglicherweise nur um des Geldes willen aufführe, wäre ihm ganz unerträglich.

*

In Rom fühlt sich Peter schon lange nicht mehr so wohl, wie anfangs. Er hat zwar die Umarbeitung der zweiten Sinfonie beendet und sogar ein neues Werk: „*Capriccio italien*" begonnen und im Entwurf beendet, aber seine nie aussetzende innere Unruhe läßt ihn keine Entspannung finden.

„Müßte ich nicht eigentlich in Seligkeit schwimmen", schreibt er am 4. Februar 1880 der Freundin, „da ich solch herrliche Eindrücke von der Natur und von Kunstwerken empfange? Statt dessen nagt fast beständig ein geheimnisvoller Wurm an meinem Herzen. Ich begreife nicht, was in mir vorgeht, mir ist nicht wohl und, obgleich ich ganz gesund bin, schlafe ich schlecht und empfinde nicht jene Frische und Munterkeit, die man bei meiner jetzigen sorglosen Lebensweise erwarten könnte. Nur zuweilen gelingt es mir, mich von diesen drückenden Gefühlen zu befreien. O Gott! Welch unergründliche und verwickelte Maschine ist doch der menschliche Organismus! Zuweilen scheint mir, als ob ich an einer geheimnisvollen, körperlichen Krankheit litte, die der Anlaß ist zu so verschiedenartigen Stimmungen meines Inneren. In letzter Zeit glaubte ich, mein Herz wäre nicht in Ordnung. Aber noch vorigen Sommer fand es ein Arzt nach einer Untersuchung ganz gesund. Es sind also die Nerven an allem schuld. Aber was sind Nerven? Warum geruhen sie am gleichen Tage ohne ersichtlichen Grund bald regelrecht und normal zu funktionieren, bald ihre Spannkraft und Energie einzubüßen, so daß Schwäche, Unlust zur Arbeit und zur Aufnahme künstlerischer Eindrücke sich einstellen. Das alles sind Rätsel."

Zur gleichen Zeit sucht Frau Nadjéshda in Moskau die ihr gewidmete Orchestersuite durch vierhändiges Klavierspiel kennenzulernen, um sich auf die bevorstehende Aufführung des Werkes vorzubereiten.

„Welch große Kunst ist doch die Musik", schreibt sie dem Freunde. „Welch schmerzlich-süße Augenblicke bereitet sie dem Menschen, wenn in ihr sich ein ganzes Leben mitsamt seinen Freuden und Leiden widerspiegelt! Es gibt keine Kunst, die dem Menschen soviel Tränen, solche Gefühle höchsten Glückes verschafft, wie die Musik. Und es gibt keinen Tondichter, der mit seiner Musik eine solche Fülle von Glück in mir auslöst, wie Sie, mein vergötterter Freund. Beim Anhören Ihrer Schöpfungen zieht mein ganzes Leben in meinem Inneren an mir vorüber. Wenn ich Ihre Musik spiele oder höre, gerät alles in mir in Aufruhr, mein ganzes Wesen wird erschüttert, nichts bleibt mir unverständlich. Wie segne ich Sie für diese Erlebnisse. Wenn ich mein halbes Leben dafür hingeben müßte — ich täte es mit Freuden. Denn dies ist mein einziges Glück."

*

Anfang März befindet sich Tschaikówski wieder in Petersburg, wo er sofort in den Strudel gesellschaftlicher Verpflichtungen hineingerissen wird. Man feiert ihn in einem Konzert, in dem ausschließlich Werke von ihm zur Aufführung gelangen und er zum ersten Mal seine Orchestersuite hört. Alle diese Dinge werden in zahlreichen Briefen an die Freundin erwähnt, die ihn in Moskau erwartet. Völlig erschöpft trifft er hier ein, um in einem kleinen, abseits gelegenen Hotel im Stillen zu arbeiten.

An Frau Nadjéshda.

Moskau, den 2. April 1880.

„Heute traf ich hier ein und möchte drei Tage incognito bleiben, um meine Arbeiten zu beenden. Außerdem bedarf ich der Erholung. Stellen Sie sich vor, liebe Freundin, daß ich die letzten Tage in Petersburg Frack und weiße Binde fast gar nicht abgelegt und mit hohen und sogar allerhöchsten Persönlichkeiten Umgang pflegte. Das alles ist sehr schmeichelhaft, zuweilen auch rührend, aber ungeheuer ermüdend. Wie wohl fühle ich mich in meiner verborgenen Klause und bin glücklich, allein zu sein und keine Besuche machen zu müssen."

Moskau, den 3. April 1880.

„Mein Vorhaben, den gestrigen Tag allein zu verbringen, ist auf die merkwürdigste Art durchkreuzt worden. Nachdem ich um zwei Uhr zu Mittag gespeist hatte, unternahm ich einen Spaziergang am Moskwá-Fluß in der Hoffnung, dort niemanden zu treffen. Als ich den Quai entlangging, begegnete mir plötzlich ein Wagen, in dem ein mich freundlich grüßender Admiral saß. Ich erkannte sofort den Großfürsten Konstantin Nikolájewitsch. Er hatte gerade das Konzert des Konservatoriums besucht und machte eine Spazierfahrt, als das Schicksal uns zusammenführte. Er winkte mich heran, äußerte sein Erstaunen, mich nicht im Konservatorium getroffen zu haben und sagte, er würde beim Generalgouverneur auf dem Festessen Rubinstein von unserer merkwürdigen Begegnung berichten. So war mein Incognito gelüftet und es blieb mir nichts anderes

mehr übrig, als gepreßten Herzens Rubinstein aufzusuchen und den Sachverhalt zu klären."
Wiederum, wie in Petersburg, beginnen die Besuche, Einladungen und Feiern. Die Gastfreundschaft der Moskowiter, die festlichen Gelage scheinen keine Grenzen zu kennen, so daß der Vielgeprüfte es vorzieht, recht bald nach Kámenka zu entweichen. Dort findet er die kränkelnde Schwester im Bett vor. Die vielen Neffen und Nichten entwickeln sich prächtig und vergöttern ihren Onkel „Pétja". Das Haus ist fortdauernd voller Gäste — das ist russischer Stil. So kommt er nur wenig zum Arbeiten.

„Eben beendete ich die Instrumentation meines ‚*Italienischen Capriccio*'", schreibt er der Freundin aus Kámenka. „Ich bin mir nicht klar darüber, welchen Wert dieses Stück besitzt, weiß aber genau, daß es gut klingen wird, denn das Orchester ist effektvoll und glänzend behandelt."

Frau Nadjéshda ist unterdessen von Moskau nach Brailoff übergesiedelt. Aber nur für wenige Wochen. Sie, die Unstete, die ähnlich ihrem Freunde nirgends für längere Zeit Ruhe finden kann, plant eine große Reise, die sie in die Schweiz, nach Italien und Südfrankreich führen soll und hofft, daß Peter gleichzeitig Brailoff und Simáki besucht ... Wieder einmal befindet er sich in Geldverlegenheit. Frau Nadjéshda schickt ihm zwar regelmäßig die vereinbarte Rente, aber er versteht es nicht, mit seinen Mitteln hauszuhalten. Seine vielen Reisen, die er stets in Begleitung von Aljóscha unternimmt, kosten ihn viel Geld. Und überall gibt es sogenannte gute Freunde, die ihn ausnutzen, denen er in seiner grenzenlosen Gutmütigkeit die Bitte um eine Unterstützung nie abschlagen kann.

Am 8. Juni 1880 schreibt er aus Kámenka an Anatól: „Von Frau von Meck erhielt ich eine Einladung nach Brailoff. Leider kommt es ihr gar nicht in den Sinn, über unsere Abmachung hinaus, mir Geld anzubieten. Mit Schrecken denke ich an meine vielen Schulden. Oh, ich bin doch verwöhnt und muß mir immer wieder ins Gedächtnis rufen, wieviel Dank ich dieser wundervollen Frau schulde. Am liebsten würde ich jetzt hier bleiben, fahre aber doch auch gern nach Brailoff, um Nadjéshda Filarétownas Wunsch zu erfüllen."

Anfang Juli trifft Peter in Brailoff ein und schreibt von dort aus an Modést:

„Seit drei Tagen bin ich hier. Insgeheim hoffte ich, daß ich bei meiner Ankunft ein versiegeltes Päckchen mit einigen tausend Rubeln vorfinden würde, die ich verdammt nötig habe. Feierlich komme ich vorgefahren, trete ein, frage: ‚Sind Briefe für mich da?' ‚Jawohl', lautet die Antwort. Ich gehe in mein Zimmer, finde zwei Briefe und eine versiegelte Kassette. Voller Aufregung öffne ich sie, entnehme aber statt einiger Tausender eine Uhr und ein Briefchen mit der Bitte, sie als Geschenk anzunehmen. Bereits im Winter war die Uhr in Paris bestellt worden und erst vor kurzem eingetroffen. Sicherlich hat sie einige tausend Franken gekostet. Auf der Vorderseite ist die Jungfrau von Orléans zu Pferde abgebildet, auf der Rückseite Apollo mit zwei Musen. Beides auf schwarzem Emaille mit goldenen Sternchen. Es ist feinste, ungemein gediegene Arbeit. Gott, wie lieb Nadjéshda Filarétowna ist! Aber unter uns gesagt: Ich hätte vorgezogen, nicht die Uhr, sondern ihren Wert zu erhalten. Nadjéshda Filarétowna hat mich so verwöhnt und meine Nöte und Wünsche stets erraten, daß ich gehofft habe, ihr Instinkt würde ihr sagen, was ich jetzt brauche. Aber ich habe mich geirrt und sehe nun, daß ich bis zum Herbst keine Kopeke in der Tasche haben werde."

Gleichzeitig schreibt Peter seinem Verleger Jürgenson und bittet ihn um einen Vorschuß von viertausend Rubeln, als Honorar für seine Kompositionen.

„Vorigen Winter habe ich große Schulden machen müssen, außerdem schulde ich meinem Schwager seit drei Jahren tausend Rubel. Im ganzen benötige ich ungefähr viertausend Rubel. Gewiß brauchte ich mich nur an Frau von Meck zu wenden, sie würde mir unbesehen aushelfen. Aber das zu tun, ist mir unmöglich, ich kann es nicht. Denn alles hat seine Grenzen. Sie würde mir das Geld nicht leihen, sondern schenken. Anders handelt sie nie, ich aber will um keinen Preis ihre übermäßige Güte ausnützen. Sie hat mir eben eine Taschenuhr geschenkt, die sie in Paris bestellte, die zehntausend Franken gekostet hat. Oh, wie hätte ich es vorgezogen, statt der Uhr das Geld zu erhalten! Aber das läßt sich nicht ändern. Dieses so wertvolle Schmuckstück in Geld zu verwandeln, kann und mag ich nicht. Das wäre unverantwortlich!"

An Frau Nadjéshda.

Braíloff, den 2. Juli 1880.

„Vor drei Stunden traf ich in Braíloff ein: in großer Aufregung und mit klopfendem Herzen. Voller Ungeduld erwartete ich Nachrichten von Ihnen, teure Freundin! Dann aber ließ die Erinnerung an die vielen, früher in Braíloff verbrachten, glücklichen Stunden mein Herz heftiger schlagen. Ich fand alles wie früher vor, alles spiegelt Ihre unsichtbare Anwesenheit wider. Zuerst fragte ich nach Briefen von Ihnen und fand deren zwei. Ich freue mich, daß Sie gesund sind, entdeckte aber in den Briefen einen gewissen traurigen Unterton.

Dann übergab mir Marcel Ihr versiegeltes Päckchen, in dem ich Ihr kostbares Geschenk vorfand. Erstaunt war ich über die wundervolle Schönheit dieses Schmuckstücks und gerührt über die Gedanken und Gefühle, die Sie veranlaßten, mir dieses herrliche Geschenk zu machen. Die Uhr werde ich bis an mein Lebensende stets bei mir tragen; aber nicht, weil ich dadurch an Sie erinnert werden müßte — nie könnte ich Sie auch nur einen Augenblick vergessen und wenn ich tausend Jahre alt werden sollte — sondern, weil es süß ist, einen Gegenstand bei sich zu haben, dessen Vollkommenheit in würdigster Form Ihre unbeschreibliche Güte zum Ausdruck bringt, ein Andenken an unsere so kostbare Freundschaft."

Diese Uhr hat Peter viele Jahre stets bei sich getragen. Er hing mit großer Liebe an diesem Andenken und verzweifelte sehr, als sie ihm ein Jahrzehnt später gestohlen wurde.

Nun verbringt er einen Monat zuerst in Brailoff, dann in Simáki, während Frau Nadjéshda sich in der Schweiz aufhält. Zum Arbeiten kommt er diesmal kaum. Wieder ist er entzückt von der ihn umgebenden Natur und berichtet Frau Nadjéshda über seine Eindrücke in tagebuchartigen Aufzeichnungen.

In diesen Tagen lernt Peter *Bizets* Oper „*Carmen*" kennen, und begeistert sich für diese Musik, die damals nur wenigen bekannt war und noch nicht den späteren Welterfolg errungen hatte. Man weiß, daß auch Nietzsche um die gleiche Zeit sich nicht genug tun konnte, „*Carmen*" zu preisen: „*So stark, so leidenschaftlich, so anmutig und so südlich ist diese Musik.*"

An Frau Nadjéshda.

Simáki, den 18. Juli 1880.

„,*Carmen*' ist im wahrsten Sinne des Wortes ein Meisterwerk, das heißt eine jener seltenen Schöpfungen, die die musikalischen Bestrebungen eines ganzen Zeitalters widerspiegeln. Mir scheint, daß unser Zeitalter sich von früheren Epochen durch folgende Merkmale unterscheidet: Die heutigen Kompositionen streben nach hübschen und pikanten Wirkungen. Dieses ,Suchen' finden wir weder bei Mozart, noch Beethoven oder Schubert und Schumann. Was ist die sogenannte ,*Neurussische Schule*' anderes, als die Pflege gewürzter Harmonien, origineller Orchestereffekte und anderer Äußerlichkeiten? Die musikalische Idee ist in den Hintergrund getreten. Der Einfall ist nicht mehr das Ziel, sondern das Mittel dieser oder jener Tonverbindung.

Früher hat man ,*komponiert*', ,*geschaffen*', heute wird (mit wenigen Ausnahmen) nur zusammengefügt. Diese Art des musikalischen Schaffens ist selbstverständlich rein verstandesmäßig, und deswegen wirkt die zeitgenössische Musik, obgleich sie witzig, pikant, effektvoll ist, doch kalt, weil sie von keinem Gefühl durchwärmt wird.

Und da erscheint nun so ein Franzose, bei dem alle

diese gewürzten Pikanterien nicht erklügelt sind, sondern frei dahinströmen, dem Ohr schmeicheln und dennoch das Herz rühren und bewegen. Der Komponist scheint uns zu sagen: ‚Ihr wollt nichts Erhabenes, Großes; ihr wollt etwas Hübsches? Da habt ihr eine hübsche Oper!' In der Tat kenne ich in der Musik nichts, was dies Element, das ich mit ‚hübsch' bezeichne ‚*le joli*', besser darstellte, als diese Oper. Von Anfang bis zum Ende ist sie bezaubernd. Pikante Harmonien, ganz neuartige Klangverbindungen gibt es hier eine Menge, aber sie sind nicht Selbstzweck. Bizet ist ein Künstler, der mit seiner Zeit geht, aber doch von echter Begeisterung durchglüht ist. Und welch prächtiges Textbuch besitzt diese Oper! Den letzten Auftritt kann ich nicht ohne Tränen spielen. Dort der Pöbel mit seinen groben Belustigungen beim Stierkampf, hier die furchtbare Tragödie und der Tod der beiden Hauptpersonen, die das Fatum vereinigt, jenes böse Schicksal, das nach vielen Leiden das unabwendbare Ende herbeiführt.

Ich bin überzeugt, daß ‚Carmen' nach zehn Jahren die beliebteste Oper der Welt sein wird. Aber der Prophet gilt nichts in seinem Vaterland. ‚Carmen' hatte in Paris keinen Erfolg. Bizet starb bald nach der ersten Aufführung seiner Oper in der Blüte seiner Jahre. Wer weiß, ob nicht der Mißerfolg ihn getötet hat?"

Wiederum, in völliger Verkennung der Tatsachen, läßt Tschaikówski es sich nicht nehmen, der ihm so verhaßten „*Neurussischen Schule*" einen Hieb zu versetzen. Aber die Meisterschaft von „*Carmen*" erkennt er mit sicherem Blick.

*

Bei Durchsicht der großen Bibliothek in Brailoff entdeckt Peter eines Tages unbekannte Tänze von *Michael Glinka*, diesem sogenannten „*Vater der russischen Musik*", der als erster versuchte, die russische Tonkunst von dem bislang übermächtigen Einfluß der italienischen Musik zu befreien und ihre Bodenständigkeit zu begründen. Seine erste Oper „*Das Leben für den Zaren*", 1836 in Petersburg mit größtem Erfolg aufgeführt, schließt mit dem berühmten monumentalen Hymnus „*Sláwsja*", einem Preisgesang auf Rußlands Größe.

„Welch ungewöhnliche Erscheinung ist Glínka", schreibt Peter der Freundin. „Liest man seine ‚Erinnerungen', die einen gutmütigen, lieben, aber seichten und sogar nichtswürdigen Menschen erkennen lassen, spielt man seine kleinen Klavierstücke, so möchte man gar nicht glauben, daß er der Schöpfer des ‚*Sláwsja*' ist, jenes genialen Chores, der zu den größten Offenbarungen musikalischen Schöpfertums gehört. Welch erstaunliche Schönheiten finden wir in seinen Opern und Ouvertüren! Wie einzigartig ist sein Orchesterstück ‚*Kamárinskaja*', aus dem so viele russische Tondichter, darunter auch ich, Anregung für kontrapunktische und harmonische Behandlung der Themen geschöpft haben, wenn es sich darum handelte, russische Tanzmelodien zu bearbeiten.

Und dann schreibt dieser Mann im reifen Alter solch nichtige flache Stücke wie die ‚Krönungspolonaise' (ein Jahr vor seinem Tode) und die ‚Kinderpolka', die er in seinen Erinnerungen so selbstzufrieden und eingehend beschreibt, als handelte es sich um Meisterwerke!

Auch Mozart offenbart in seinen Briefen an den Vater und sonst in seinem Leben Kindlichkeit, aber das ist etwas ganz anderes. Mozart war ein geniales Wesen, kindlich, sanft wie eine Taube, mädchenhaft bescheiden, gleichsam nicht von dieser Welt. Nie stößt man bei ihm auf Selbstzufriedenheit oder Eigenlob; es ist, als wüßte er nichts von der Größe seines Genius.

Glínka dagegen vergöttert sich selbst. Über die nichtigsten Dinge seines Lebens, über jedes kleine Werk berichtet er ausführlich, in der Überzeugung, es sei von geschichtlicher Bedeutung. Glínka war ein genialer russischer Edelmann, von kleinlicher Eigenliebe, wenig gebildet, überheblich und voll Eitelkeit, unduldsam und krankhaft empfindlich, sobald Kritik an seinen Werken geübt wurde. Solche Eigenschaften sind meist bei kleinen Geistern anzutreffen; unverständlich aber bleibt es, daß sie in einem Menschen vorhanden waren, der —

sollte man annehmen — gelassen und voll stolzer Bescheidenheit sich seiner Kraft hätte bewußt sein müssen. Und doch hat er das ‚Sláwsja' geschrieben!"

An Frau Nadjéshda.

Simáki, den 27. Juli 1880.

„Wie schnell sind diese Wochen verflogen. Nur noch wenige Tage werde ich Ihr Gast sein. Doch ist es vielleicht gut, daß ich nicht länger bleiben kann. Der Zustand ununterbrochener Ekstase, in dem ich mich befinde, greift meine Nerven an. Ich bin ungeheuer empfindlich geworden, oft treten mir fast grundlos Tränen in die Augen, wenn ich lese, wenn ich Musik mache, wenn die Natur mich überwältigt. Ich lebe ein unnormales, vierfaches Leben. Zuweilen tragen mich meine Gedanken so weit empor, daß ich den Boden unter den Füßen verliere. In solchen Augenblicken reizt und verletzt mich jede Erinnerung an die Zugehörigkeit zur realen Welt. Dieser Zustand ist sehr angenehm, aber durchaus nicht normal. Wie dem auch sei, es fällt mir schwer, von hier fortzufahren...

Nun muß ich von der lieben Hausfrau Abschied nehmen und ihr danken. Die abgenutzte Wendung ‚ich finde keine Worte' möchte ich nicht aussprechen. Und doch finde ich keine anderen Worte. Hier war ich glücklich!"

Debussy

Frau Nadjéshda an Peter.

Interlaken, den 10. Juli 1880.

„Vor zwei Tagen ist ein junger Pianist aus Paris bei mir eingetroffen, der eben das Konservatorium mit Auszeichnung beendet hat. Ich habe ihn als Musiklehrer für die Kinder, als Begleiter für Julias Gesang und für mich als Partner zum Vierhändigspielen verpflichtet. Dieser junge Mann spielt virtuos Klavier, besitzt eine glänzende Technik, doch vermisse ich in seinem Spiel jede innere Anteilnahme. Dazu hat er wohl noch zu wenig erlebt. Er behauptet, zwanzig Jahre alt zu sein, sieht aber wie ein Sechzehnjähriger aus."

Dieser Jüngling war *Claude Debussy*, damals achtzehnjährig, dessen große spätere Laufbahn um jene Zeit niemand voraussehen konnte. Seine Kompositionen aus dieser Zeit sind noch gänzlich unselbständig, blaß und unter dem Einfluß seines Lehrers Massenet entstanden. Durch Frau Nadjéshda lernt er Werke von Tschaikówski kennen, die sie mit ihm vierhändig spielt; er begeistert sich sofort für den russischen Meister. Aber diese Begeisterung sollte nicht anhalten. Seine Entwicklung, die sich nur langsam vollzieht, führt ihn auf ganz andere Bahnen. Es ist die Zeit, wo Richard Wagners Werke sich eine beherrschende Stellung auch in Frankreich erobern. Die französischen Tondichter sträuben sich gegen die Musik dieses gewaltigen Zauberers, aber viele von ihnen unterliegen doch seinem übermächtigen Einfluß. Auch Debussy wehrt sich gegen Wagner. Die berauschende Wirkung der Musikdramen des Bayreuther Meisters, der auch ein Nietzsche sich nie ganz entziehen konnte, treibt Debussy in das entgegengesetzte Extrem. Als Gipfel seiner künstlerischen Entwicklung wird er sehr viel später sein spinnwebenzartes musikalisches Drama „*Pelleas und Melisande*" schreiben, diesen „*Anti-Tristan*", der auch ein „Tristan" mit umgekehrten Vorzeichen genannt werden könnte. Was dort sich rauschhaft, pathetisch, dramatisch, ausdrucksgesättigt, farbig, überschwenglich gebärdet, wird bei Debussy ins Lyrische, Konturenlose, ins Halbdunkel, nur Andeutende, in ein „*Sfumato*" der Farben umgebogen. Die impressionistischen französischen Maler haben Debussy den Weg gewiesen. Seine Musik geht „auf leisen Sohlen". Er wird der Begründer und das Haupt des musikalischen Impressionismus.

Hier sollen uns nur seine Beziehungen zur russischen Musik beschäftigen. Über Mussórgski, dem Tschaikówski so verständnislos gegenübersteht, wird Debussy von Frau Nadjéshda nichts Günstiges gehört haben.

Aber in den achtziger Jahren begeistern sich einige französische Musiker für Mussórgskis „*Borís Godunóff*", und ein Klavierauszug dieses „Musikalischen Volksdramas" gelangt in die Hände Debussys, der von dieser Musik entflammt, ganze Abende damit zubringt, Ernest Chausson den „Borís Godunóff" vorzuspielen. Äußerst bezeichnend bleibt, daß Debussy nicht direkt, sondern erst auf dem Umweg über Mussórgskis „impressionistische" Lieder „*Ohne Sonne*" und „*Die Nacht*" den Zugang zu „Borís Godunóff" fand. Und 1901 veröffentlicht er einen Aufsatz über Mussórgskis genialen Liederzyklus „*Die Kinderstube*" (aufgenommen in die unter dem Titel „Monsieur Croche antidilettante" gesammelten Aufsätze), dem folgende Sätze entnommen seien:

„Niemand hat je mit so tief innerlichem Klang zu dem Besten, was in uns ist, gesprochen, wie Mussórgski; er ist einzig in seiner Art und wird es bleiben, denn seine Kunst ist frei von allen Kunstgriffen, von allem Formelhaften, an dem sie verdorren könnte. Nie hat ein ähnlich verfeinertes Empfinden sich mit gleich schlichten Mitteln ausgedrückt; man möchte diese Kunst mit der eines neugierigen Wilden vergleichen, der die Musik Schritt für Schritt mit steigender Erregung entdeckt; es handelt sich dabei auch nie um eine bestimmte Form, wenigstens ist die Form so vielfältig, daß sie sich von der herkömmlichen, amtlich besiegelten Form schlechterdings nicht ableiten läßt: alles hält sich und fügt sich aneinander durch eine Folge leicht aufgetragener Farbflecke, die durch ein geheimes Band, eine erleuchtende, hellseherische Gabe zu einem Ganzen verwoben sind. Bisweilen auch ruft Mussórgski Eindrücke hervor, wie von schaurigen, stürmischen Schatten, die das Herz umfangen und bis zur Ohnmacht bedrücken."

Hier spricht Debussy von den „Farbflecken" in der Musik Mussórgskis, von Tupfenakkorden, die in „Pelleas und Melisande" später eine solche Rolle spielen sollten. Kein Zweifel, daß der französische Meister beim russischen anknüpft und sich dann in seiner eigenen Art zu seinen Gipfelleistungen emporentwickelt.

Dies sei hier vorweggenommen. Zunächst befinden wir uns in Südfrankreich, in Arcachon, wo Frau Nadjéshda mit Familie und Anhang inzwischen eingetroffen ist. Von hier schreibt sie ihrem Freunde und gibt in ihren Briefen dem jungen Lehrer ihrer Tochter den Kosenamen: *„Bussyk"* oder auch *„Bussy"*.

„Ich selbst habe Bizets ‚*Carmen*' nicht durchgespielt, aber nach den Worten des Musikus Bussyk, der jetzt bei uns lebt, soll Bizet augenblicklich in der Pariser Musikwelt in hohem Ansehen stehen. Herr de Bussy, dieses Exemplar der Pariser Welt, hat mich endlich davon überzeugt, daß man die französischen und russischen Pianisten nicht miteinander vergleichen kann: so unendlich viel höher stehen unsere russischen Klavierspieler als Gestalter und Meister der Technik. Dabei hat mein Pianist das Pariser Konservatorium mit Auszeichnung beendet und bereitet sich jetzt für den ‚Prix de Rome' vor. Aber was besagen alle diese Preise?"

Arcachon, den 7. August 1880.

„Gestern entschloß ich mich zum ersten Mal, *unsere* Sinfonie mit meinem kleinen Franzosen vierhändig zu spielen und befinde mich heute daher in höchster Erregung. Ich kann dieses Werk nicht hören, ohne in einen fieberhaften Zustand zu geraten und vermag mich tagelang von diesem Eindruck nicht zu befreien. Mein Partner spielt die Sinfonie ohne Verständnis, aber sonst ausgezeichnet. Sein einziges großes Verdienst bleibt es, daß er gut vom Blatt spielt, selbst Ihre Werke. Seine zweite Tugend ist seine Begeisterung für Ihre Musik. Er hat die theoretischen Fächer bei Massenet studiert und hält Massenet für eine große Leuchte. Gestern spielte ich mit ihm auch Ihre Suite. Über die Fuge geriet er in helle Begeisterung und sagte: ‚Unter den zeitgenössischen Fugen habe ich noch nie etwas so Schönes gefunden, Herr Massenet könnte nichts dergleichen schaffen.' Deutsche Musik mag er nicht, die Deutschen hätten nicht unser Temperament, ihre Musik wäre so schwerfällig, so undurchsichtig, meint er. Er ist das reinste Pariser Kind, sozusagen ein Boulevard-Sprößling. Übrigens komponiert er hübsch, ist aber auch hierin reiner Franzose."

Während Frau Nadjéshda über Paris und Neapel nach Florenz fährt, ist Peter wieder in Kámenka eingetroffen.

„Sie fragen mich, wie ich über den Ruhm denke?" schreibt er der Freundin. „Welch gegensätzliche Gefühle löst dieses Wort in mir aus! Einerseits wünsche ich ihn und erstrebe ihn, andererseits hasse ich ihn. Wenn der ganze Sinn meines Lebens in meinem Schöpfertum beschlossen wäre, muß ich den Ruhm wünschen. Sofern meine Lebensaufgabe darin besteht, Musik zu schaffen, brauche ich möglichst viele und verständnisvolle Zuhörer. Mit allen Kräften meines Inneren erstrebe ich die Verbreitung meiner Musik, wünsche ich, daß möglichst viele Menschen sie lieben und Trost in ihr finden.

Doch, oh weh! Sobald ich daran denke, daß mit meinem Ruhm auch das Interesse für meine Person zunimmt, daß ich allen Blicken ausgesetzt bin, daß sich immer neugierige Leute finden werden, die den Schleier meines intimen Lebens lüften möchten, so erfaßt mich Kummer, Ekel und der Wunsch, ganz zu verstummen, nur um in Ruhe gelassen zu werden. Wenn Sie wollen, liebe Freundin, liegt in diesem Zwiespalt, dem Streben nach Ruhm und dem Abscheu vor seinen Folgen etwas Tragisches. Wie ein Schmetterling fliege ich dem Feuer zu und verbrenne mir die Flügel. Mitunter ergreift mich der tolle Wunsch, für immer mich zu verbergen, mich tot zu stellen, damit die Menschen mich vergessen. Und dann meldet sich wieder der Schaffensdrang ... und wieder fliege ich ins Feuer und verbrenne mir die Flügel!"

An Frau Nadjéshda.

Kámenka, den 1. September 1880.

„Ich möchte jetzt eine Zeitlang nicht arbeiten, möchte ausruhen und fremde Musik spielen. Mit Mozarts ‚Zauberflöte' fing ich an. Nie wurde zu einem sinnloseren Text eine so bezaubernde Musik geschrieben. Sie glauben gar nicht, teure Freundin, welch unbeschreiblichen Genuß ich empfinde, wenn ich mich in diese Musik vertiefe! Das kann nicht mit jener fast quälenden Begeisterung verglichen werden, die die Musik Beethovens, Schumanns, Chopins und ihrer Nachfolger auslöst. Diese Musik versetzt mich in Unruhe und höchste Erregung, aber sie liebkost nicht, sie besänftigt nicht, wie die Mozarts. Bis zu meinem siebzehnten Jahr kannte ich nur wenig Musik. Erst eine Aufführung des ‚Don Juan' weckte in mir das Verständnis und die Liebe zu ihr. Meine Kameraden, schon als Kinder mit der heutigen Musik vertraut, lernten Mozart erst nach Chopin kennen, in dessen Musik der Geist der Zeit Byrons: Enttäuschung und Verzweiflung sich so stark widerspiegeln. Ich aber bin zu meinem Glück in einer wenig musikalischen Familie aufgewachsen und wurde infolgedessen vor meiner Bekanntschaft mit Mozart nicht mit jenem Gift durchtränkt, das Beethovens Musik kennzeichnet. Erst im Jünglingsalter lernte ich Mozart kennen und entdeckte durch ihn ungeahnte Weiten des musikalisch Schönen. Solche Jugendeindrücke sind entscheidend fürs ganze Leben. Wissen Sie, daß ich mich jünger, frischer, fast wie ein Jüngling fühle, wenn ich Mozart spiele?"

Diesen Brief erhält Frau Nadjéshda in Florenz in der Viale dei Colli, wo sie in derselben Villa Oppenheim Wohnung genommen hat, wie zwei Jahre zuvor, als der Freund in der nahen Villa Bonciani Unterkunft fand. Alle süßen Erinnerungen jener zauberhaften Tage steigen wieder in ihr auf. Sie sehnt sich stürmisch nach Peter und nach einer Wiederholung jener traumhaft glücklichen Tage. Er aber kann diesmal nicht erscheinen. Seine „Jungfrau von Orléans" soll im Herbst in Petersburg zur Aufführung gelangen, und seine Anwesenheit während der Proben ist dort erforderlich.

Frau Nadjéshda hat ihren kleinen französischen Pianisten „Bussyk" mit nach Florenz genommen. Er hätte reizende Kompositionen (darunter ein Trio) im Stile Massenets geschrieben, die sie dem Freunde zur

Beurteilung schicken wolle. Die Zeit, für die ihr Franzose verpflichtet sei, wäre bald abgelaufen, so habe sie statt seiner den Cellisten Daniltschénko ins Haus genommen. Doch wäre Bussy noch da, so daß zusammen mit Pachúlski und Daniltschénko jeden Abend Trio gespielt würde.

Von diesem Trio, diesen drei Musikern, läßt Frau Nadjéshda eine Photographie anfertigen, die sie dem Freunde schickt. Bussys Gesicht und Hände hätten auf diesem Bilde eine gewisse Ähnlichkeit mit Anton Rubinstein in seiner Jugendzeit, schreibt Peter. „Gebe Gott, daß Bussy ein ebenso glückliches Schicksal zuteil wird, wie dem ‚Könige der Pianisten'."

Frau Nadjéshda behält ihren kleinen Franzosen noch zwei Wochen länger als vorgesehen. „Es tut mir sehr leid, daß er bald abreist", schreibt sie, „denn er hat mir mit seiner Musik viel Freude bereitet und besitzt ein gutes Herz. Wir nahmen gestern Bizets ‚*Arlésienne Suite*' durch, ein herrliches Stück, und Glínkas ‚*Jota Aragonese*', die mich ebenfalls begeisterte.

Bussy spielt mir häufig aus Ihrer ‚*Jungfrau von Orleans*' vor, einer Musik, die mich jedesmal von neuem in Entzücken versetzt, vor allem die Szene zwischen Dunois und der großartige Marsch im dritten Akt.

Die Ähnlichkeit zwischen Bussy und Anton Rubinstein habe auch ich schon bemerkt. Ich glaube, Bussy steht eine schöne Zukunft bevor, weil er der Musik mit seinem ganzen Wesen ergeben ist und für nichts anderes Sinn hat. Von Natur ist er als echter Franzose leichtlebig, aber er besitzt ein gütiges Herz."

Florenz, den 31. Oktober 1880.

„Stellen Sie sich vor, Peter Iljítsch, daß unser kleiner Franzose bittere Tränen vergoß, als er uns verließ. Das hat mich sehr gerührt; er besitzt ein anhängliches Herz. Am liebsten wäre er noch geblieben, aber seine Vorgesetzten im Konservatorium waren bereits unzufrieden, daß er seine Abreise um vierzehn Tage hinausgeschoben hatte."

Noch zweimal, im nächsten und übernächsten Sommer, ließ Frau Nadjéshda Debussy zu sich kommen. Er erschien gern, denn geheime Fäden zogen ihn in das gastliche Haus. Frau Nadjéshdas vierzehnjähriges Töchterlein Sónja, dem er täglich eine Klavierstunde gab, hatte es ihm angetan. Er war restlos in die Kleine verliebt, die für ihre Jahre sehr entwickelt war. Von alledem ahnte die Mutter nichts. Sie mochte ihren „Bussyk" gern als angenehmen, anregenden Hausgenossen und schätzte sein vortreffliches Klavierspiel.

Im dritten Sommer, als Zwanzigjähriger, hielt er um die Hand Sónjas an, die inzwischen ihr siebzehntes Lebensjahr erreicht hatte. Aber bei Frau Nadjéshda fand er kein Verständnis. Ihre Sónja mit einem mittellosen, etwas leichtfertigen, wenn auch talentvollen französischen Musiker vom Pariser Boulevard zu verheiraten — kam nicht in Frage. So verließ er für immer diese ihm so liebgewordene Familie.

In späteren Jahren, als Sónja längst verheiratet und Debussy eine Berühmtheit geworden war, hat man im Hause von Meck sich seiner gern erinnert, aber zu einem Wiedersehen ist es nie mehr gekommen.

Ouvertüre 1812 — Serenade

Nicht lange führt unser Tondichter ein geruhsames Leben in Kámenka. Der Drang zur Arbeit ist stets übermächtig in ihm vorhanden, und sobald Besessenheit sich seiner bemächtigt, verschwinden alle guten Vorsätze, sich Ruhe und Erholung zu gönnen.

„Kaum hatte ich einige Tage müßig verbracht, als Kummer und sogar Unwohlsein mich überwältigten. Ich fand keinen Schlaf mehr und fühlte mich matt und abgespannt. Heute hielt ich es nicht mehr länger aus und arbeitete ein wenig an meiner Serenade. Und was glauben Sie? Sofort war ich wieder gesund, munter und ruhig. So zeigte es sich, daß ich keine zwei Tage ohne Arbeit verbringen kann, falls ich mich nicht gerade auf Reisen befinde. Das hat natürlich seine gute und seine schlechte Seite. Ich habe große Angst davor, daß ich ein Vielschreiber werden könnte, wie zum Beispiel Anton Rubinstein, der es gleichsam für seine Pflicht hält, fast täglich die Welt mit neuen Schöpfungen zu beglücken. Auf diese Weise hat er seine große schöpferische Begabung in gangbare kleine Kupferstücke umgewandelt und so sind seine meisten Werke der letzten Jahre kupferne Kopeken, aber nicht reines Gold, das er schaffen könnte, wenn er weniger komponierte."

Im Sommer 1881 soll die Erlöserkirche in Moskau eingeweiht werden, die zur Erinnerung an den großen Brand von Moskau 1812 und die darauf folgende Vernichtung des Napoleonischen Heeres errichtet worden war. Für diese Feier und zur Verherrlichung des Sieges erhält Tschaikówski den Auftrag, ein Musikstück zu schreiben, das auf dem freien Platz vor der Kathedrale seine Aufführung erleben soll. In unglaublich kurzer Zeit vollendet Peter diese „Ouvertüre 1812", die in ihrer ursprünglichen Fassung nicht nur für ein Riesenorchester mit Schlagzeug, sondern auch für Chor entworfen wurde. Die in Deutschland gedruckten Partituren enthalten diesen wirkungsvollen Chor nicht. Aber auch ohne Chor sollten Aufführungen dieses Werkes nur im Freien oder in Riesensälen stattfinden, wo der gewaltige Orchesterapparat zur Geltung kommen kann.

„Die Ouvertüre wird sehr laut und lärmend sein", berichtet der Tondichter seiner Freundin. „Ich schrieb sie ohne wärmeres Gefühl und ohne Liebe, so daß es ihr wahrscheinlich an künstlerischem Wert gebricht."

Dieser strengen Selbsteinschätzung können wir nicht zustimmen. Die Ouvertüre ist zwar ein Gelegenheitswerk, enthält aber an vielen Stellen ausdrucksvolle und sogar ergreifende Musik.

Die langsame Einleitung beginnt mit einem Gebet im psalmodierenden Ton russischer Kirchenchöre, vorgetragen von vier Solo-Celli und zwei Solo-Bratschen. Eine Schilderung der Angst und Unruhe des Volkes schließt sich an. Der klagende Ruf einer Oboe wird von drohenden Oktaven der Celli und Bässe abgelöst:

Die Klagerufe verdichten sich, die thematischen Figuren (vor allem das Motiv a des letzten Beispiels) tauchen bald in der Höhe, bald in der Tiefe auf, das Tempo wird beschleunigt, und wir erleben zwei gewaltige Orchesterschläge (Eulenburg, Kleine Partitur Seite 12), worauf nach diesem packenden einleitenden Gemälde einige rezitativische Takte (grollende Celli und Bässe) zum *Andante* (Seite 13) überleiten.

Nun erklingen über einem lang ausgehaltenen Orgelpunkt (auf dem tiefen B) gleichsam aus der Ferne die gedämpften Fanfaren der heranrückenden Truppen, untermalt von leisem Paukenwirbel und den Akzenten der kleinen Trommel. Es folgt eine melodische Passage der hohen Streicher, die allmählich sich in die Tiefe verliert und pianissimo verklingt. Eine Pause (Fermate) darf als Stille vor dem Sturm gedeutet werden.

Es beginnt der Hauptteil (Allegro giusto, Seite 16). Der Kampf bricht aus. Mit einem Oktavsprung setzt das erste Thema ein. In das entfesselte Orchester hinein ertönen als historische Illustration die ersten Takte der Marseillaise, grell aufleuchtend in den hohen Trompeten (Seite 23), zum Teil melodisch verbogen (in den Hörnern), nirgends als Siegesfanfare sich gebärdend.

Das zweite Thema (Seite 37), eine lyrische Episode, begleitet von Triangelschlägen, steht in vollem Gegensatz zur Dramatik des vorangegangenen Schlachtgetümmels. Tschaikówski hat sich in keinem seiner Werke als genauer musikalischer Illustrator einer programmatischen Idee betätigt. Unabhängig vom Programm hält er sich an die klassische Form. Das zweite lyrische Thema ist daher nur als wirkungsvoller Gegensatz zum Vorherigen gedacht.

Auf die lyrische Episode folgt (Seite 44), gewissermaßen als drittes Thema, das Volkslied: „Am Tor, am heimatlichen Tor", eine Tanzweise, teils lustigen, teils schwermütigen Charakters, rhythmisch belebt durch die Schläge eines Tamburins.

Seite 56 beginnt die kurze Durchführung mit dem Oktavsprung des ersten Themas und der Verwendung von Motiven der Marseillaise.

An die ungemein verkürzte erste Themengruppe des Reprisenteiles (Seite 56) schließt sich das zweite gesangliche Thema (Seite 61) an und zwar über einem lang ausgehaltenen Orgelpunkt auf dem tiefen B. Dieser dient dem dritten Thema (Seite 64) und auch noch einem fanfarenartigen Überleitungssatz (Marseillaise) als Unterlage. Nach einer stürmischen, aber etwas äußerlichen Steigerung erklingt das psalmierende Largothema der Einleitung (Seite 76), diesmal aber vom gesamten Orchester unter Mitwirkung eines Blasorchesters (einer „banda") fortissimo intoniert.

Nochmals hören wir im folgenden Allegro vivace (Seite 81) die Fanfarenmotive der Einleitung, hier aber als triumphierenden Siegesmarsch. Gleichzeitig erklingt in der Tiefe als krönender Abschluß die berühmte Zarenhymne (Seite 83), die in rein musikalischer Beziehung vielleicht großartigste aller Volkshymnen, die von Alexei Ljwoff, dem Direktor der Hofsängerkapelle in Petersburg, auf Geheiß des Zaren Nikolaus I. um das Jahr 1840 komponiert wurde.

Noch ein anderes Werk entsteht in diesen Tagen in Kámenka, ebenfalls in unvorstellbar kurzer Zeit. Es ist die so beliebte reizvolle *„Serenade für Streichorchester"*.

An Frau Nadjéshda.

Kámenka, den 10. Oktober 1880

„Stellen Sie sich vor, teure Freundin, meine Muse war mir in letzter Zeit so gnädig, daß ich hintereinander sehr schnell zwei Werke komponiert habe, nämlich eine große feierliche Ouvertüre und eine Serenade in vier Sätzen. Ich bin eben dabei, beide Stücke zu instrumentieren. Die Serenade habe ich aus innerem Antrieb komponiert. Sie ist vom Gefühl erwärmt und besitzt, wie ich hoffe, künstlerischen Wert. Wie immer habe ich an den Stellen, die mir am besten gelangen, an Sie gedacht. Man sagt, daß gute Schauspieler niemals für das große Publikum spielen, sondern sich einen bestimmten Zuhörer, eine mitfühlende Seele heraussuchen und den ganzen Abend nur für diesen Menschen spielen und ihm zu gefallen trachten. Ich mache es ebenso: An den Stellen der Musik, die unmittelbar meinem Innern entströmen, wo die Eingebung mich überwältigt, denke ich stets an Sie, in der Überzeugung, daß es niemanden gibt, der mich so versteht, wie Sie ...

Wie sehnlich wünsche ich, daß Sie bald Gelegenheit finden, meine Serenade in ihrer orchestralen Fassung zu hören. Auf dem Klavier verliert sie viel von ihrem Reiz. Die beiden Mittelsätze werden, wie ich glaube, Ihren Beifall finden. Der erste Satz darf als ein Tribut meiner Verehrung für Mozart angesehen werden; dies ist eine absichtliche Nachahmung seines Stils, und ich würde mich glücklich schätzen, wenn man fände, daß ich meinem Vorbild einigermaßen nahegekommen bin."

Frau Nadjéshda an Peter Iljítsch.

Florenz, den 18. Oktober 1880.

„Teurer, unvergleichlicher Freund!

Gestern erhielt ich Ihren lieben Brief, in dem Sie im Zusammenhang mit Ihren neuesten Schöpfungen mir Ihre freundschaftlichen Gefühle zum Ausdruck bringen. Ja, es ist wirklich so, daß ich mit ganzem Herzen, mit vollem Verständnis, mit meinem ganzen Wesen Ihrer Musik folge und ihren Schöpfer vergöttere. Ihre Schöpfungen sind eine Autobiographie und, o Gott, wie schön, wie edel, wie erhaben ist sie! In Ihrer Musik höre ich nicht nur herrliche Klänge, aus ihr spricht eine Seele, wie es sonst keine auf der Welt gibt.

Warum haben Sie, Peter Iljítsch, kein Klaviertrio geschrieben? Jeden Tag bedaure ich das, weil wir hier so oft Trio spielen, und ich seufze, daß es keines von Ihnen gibt."

„Sie fragen mich, warum ich kein Klaviertrio schreibe?" antwortet Peter. „Verzeihen Sie, liebe Freundin, gern würde ich Ihren Wunsch erfüllen, aber das übersteigt meine Kräfte. Wohl infolge der Beschaffenheit unserer Hörorgane kann ich eine Verbindung von Klavier mit Geige oder Cello nicht vertragen. Mir scheint, daß diese Klangfarben miteinander nicht verschmelzen, und ich versichere, daß es für mich eine Qual ist, mir ein Trio oder eine Sonate für diese Instrumente anzuhören. Diese physiologische Tatsache kann ich nicht erklären, sondern nur feststellen.

Etwas ganz anderes ist die Verbindung von Klavier mit Orchester: auch hier können die Klangfarben nicht miteinander verschmelzen, denn der elastische Ton des Klaviers prallt gewissermaßen von jeder anderen Klangmasse ab. Aber hier treten zwei ebenbürtige Kräfte auf: das gewaltige, an Farben so unerschöpflich reiche Orchester, mit dem der kleine, unscheinbare, aber geistesstarke Gegner in Wettbewerb tritt und als Sieger hervorgeht, talentvolles Spiel vorausgesetzt. In diesem Ringen steckt viel Poesie und eine Unmenge verlockender Möglichkeiten für den Komponisten.

Meiner Meinung nach sollte das Klavier nur in drei Fällen Verwendung finden: 1. als Soloinstrument, 2. im Wettstreit mit dem Orchester, 3. als Begleitung (zum Beispiel zu einem Lied), das heißt als Hintergrund eines Bildes. Ein Trio jedoch setzt Gleichberechtigung und Gleichartigkeit voraus (wie zum Beispiel beim Streichtrio). Wie aber kann eine solche Gleichartigkeit zwischen Streichinstrumenten einerseits und dem Klavier andererseits vorhanden sein? Darum hat ein Klaviertrio immer etwas Gekünsteltes, denn jedes der drei Instrumente spielt fortwährend nicht das, was ihm als Instrument zukommt, sondern das, was der Tonsetzer ihm aufnötigt, dem es oft schwer fällt, die verschiedenen Teile seiner Komposition auf die einzelnen Instrumente zu verteilen."

Wie recht hat Tschaikówski mit seiner scharfsinnigen

Beobachtung. Unübertrefflich klar werden die Grenzen des Klaviers abgesteckt und seine Eigentümlichkeiten hervorgehoben. Der Klavierklang verschmilzt niemals mit dem Streicherklang. Auch Beethoven, Schubert und Schumann konnten in ihren herrlichen Violinsonaten und Klaviertrios dieser Schwierigkeiten nicht Herr werden. Ein Jahr später macht Peter Iljítsch trotzdem den Versuch, sich mit diesem Problem auseinanderzusetzen und überrascht Frau Nadjéshda mit der Zusendung eines *Klaviertrios*. Aber der Versuch mißlingt. Das Werk ist viel zu lang geraten und kann in bezug auf Einfallsreichtum mit den Hauptwerken des russischen Meisters nicht entfernt verglichen werden.

Tschaikówskis beliebte „*Serenade*" gehört ebenfalls nicht zu seinen Hauptwerken. Sie ist „*Unterhaltungsmusik*" im besten Sinne des Wortes, in der Art etwa eines Mozartschen „Divertimento". Der letzte Satz mit seinem überschäumenden Temperament und seiner rassig-nationalen Prägung überragt beträchtlich die übrigen, in der Erfindung weniger plastisch geratenen Teile. Der Tondichter schätzte die beiden Mittelsätze am höchsten, ein Urteil, dem wir uns nicht anschließen können.

*

Mitte November 1880 reist Peter nach Moskau, wo er sogleich von unzähligen Menschen mit Beschlag belegt wird. Es wiederholt sich das alte Spiel: die vielen Einladungen, das Wiedersehen mit den Kollegen vom Konservatorium, zwischendurch höchst anstrengende Notenkorrekturen, so daß er schlaflose Nächte verbringt. Großen Kummer bereitet ihm die Nachricht, daß sein geliebter, von ihm fast unzertrennlicher Aljóscha unter die Soldaten eingereiht worden ist. Vergeblich hatte er versucht, ihn vom Militärdienst zu befreien. Vier Jahre wird er von ihm getrennt sein.

Peter gehört jetzt zu den bekanntesten und beliebtesten Komponisten Rußlands. Im In- und Ausland werden seine Werke mit wachsendem Erfolg gespielt.

„Wie ermüdend ist dieses Leben", schreibt er der Freundin am 21. November um vier Uhr morgens aus Moskau. „Wie unaussprechlich glücklich wäre ich, wenn ich jetzt irgendwo, etwa in der Viale dei Colli, in Ihrer Nähe Zuflucht finden könnte! Und doch habe ich kein Recht zu klagen, denn noch niemals sind mir von allen Seiten soviel Beweise von Sympathie und Liebe zuteil geworden, wie jetzt.

Nächste Woche werden in einem Konzert der ‚Musikgesellschaft' gleich zwei meiner Werke zur Aufführung gelangen: mein ‚*Italienisches Capriccio*' und die ‚*Serenade für Streichorchester*'. In einem Sonderkonzert soll meine ‚*Liturgie*' gespielt werden. Im Großen Theater wird heute meine Oper ‚*Oprítschniki*' gegeben und im Januar soll ‚*Eugén Onégin*' als Glanzvorstellung herausgebracht werden. Darüber bin ich sehr erfreut, denn für mich handelt es sich jetzt um die Entscheidung der wichtigen Frage: Kann diese Oper sich auf dem Theater behaupten oder nicht? Da ich sie nicht für die Bühne geschrieben habe, machte ich niemals den Versuch, sie an einem der großen Staatstheater anzubringen."

Am 27. November 1880 aus Petersburg.

„Heute früh traf ich in Petersburg ein und beeile mich, wenigstens ein bißchen mit Ihnen zu plaudern, teuerste Freundin. Seien Sie mir um Gottes willen nicht böse, weil ich Ihnen aus Moskau so wenig geschrieben habe. Mein Leben dort war die reinste Zwangsarbeit. Ich bin abgereist, obgleich ich noch lange nicht alles erledigt hatte. Dennoch fuhr ich ab, um wenigstens etwas auszuspannen und mein Leben umzustellen. Hier will ich strengstes Inkognito wahren und außer meinen nächsten Anverwandten niemanden besuchen.

In Moskau wurde, als Überraschung für mich, meine ‚*Serenade*' für Streichorchester gespielt, die ich eben erst in Kámenka beendet hatte. Dieses Werk, das ich augenblicklich für meine beste Komposition halte, wurde von den Professoren und Schülern des Konservatoriums sehr befriedigend zur Vorführung gebracht und machte mir ebenfalls viel Freude."

Am 11. Juni 1881 findet die Aufführung des *„Onégin"* im Großen Theater in Moskau statt. Der Beifall steigert sich von Akt zu Akt, und am Schluß wird Tschaikówski unzählige Male herausgerufen. Aber die wertvollsten Partien der Oper werden überhört. Stürmische Begeisterung dagegen löst das unbedeutende Couplet des Monsieur Triquet aus, das wiederholt werden muß. So kann ein Spötter in der Presse die Bemerkung machen, die Oper müßte nicht „Onégin", sondern *„Monsieur Triquet"* heißen. Es ist immer wieder die bekannte Erscheinung: Epochemachende Werke finden anfangs entweder gar kein Verständnis oder eine schiefe Beurteilung. Immerhin: Der Welterfolg des *„Eugén Onégin"* beginnt mit dieser denkwürdigen Moskauer Aufführung.

Das Werden einer Oper

In den idyllischen Tagen von Florenz, als Peter in der Viale dei Colli so restlos glücklich war, beschäftigte eine neue Aufgabe seine Phantasie, der er sich völlig hingab: der Stoff der *„Jungfrau von Orléans"*. Er vertieft sich in diesen Vorwurf, sucht nach verschiedenen Vorlagen und unternimmt das heikle Wagnis, *selbst* ein Libretto nach Schillers Drama zu formen.

„In den letzten Tagen habe ich mich bis an den Hals in meine Arbeit vertieft", schreibt er der Freundin. „Ich spüre gar nicht, wie die Zeit verfliegt und bin ausgezeichneter Stimmung. Morgen wird eine Hauptszene fertig werden."

Einige Tage später heißt es in einem Brief an Modést: „Die letzten Tage war ich von stärkstem Schaffensfieber durchglüht. Ich arbeite an der *‚Jungfrau von Orléans'*, du kannst dir nicht vorstellen, wie schwer die Arbeit mir fiel. Doch fehlte es mir nicht an Erleuchtung, ganz im Gegenteil: Ihr Andrang war allzu heftig (ich hoffe, du wirst mir nicht Selbstlob vorwerfen). Es bemächtigte sich meiner eine Art Raserei. Drei Tage lang quälte und zerriß ich mich infolge der Überfülle von Einfällen, so daß die Kräfte und die Zeit zum Niederschreiben nicht ausreichten! In einer Stunde wollte ich alles beenden, wie das im Traum zu geschehen pflegt. Meine Nägel sind zerkaut, der Magen arbeitet schlecht; um Schlaf zu finden, mußte ich mehr Alkohol als sonst zu mir nehmen. Und gestern abend, als ich in dem mir von Nadjéshda Filarétowna geschenkten Aktenwerk über Johanna von Orléans las, und mich in die Einzelheiten des Prozesses und der Hinrichtung vertiefte — sie hat die ganze Zeit auf dem Wege zur Hinrichtung furchtbar geschrien und flehentlich darum gebeten, man möge sie enthaupten, aber nicht verbrennen, — da bin ich in krampfhaftes Schluchzen ausgebrochen. Mich ergriff ein solches Mitleid mit der ganzen Menschheit und unbeschreibliche Trauer überwältigte mich."

Von Florenz fährt Peter nach Paris, um dort in Bibliotheken nach weiteren Unterlagen für das Textbuch seiner Oper *„Jeanne d'Arc"* zu fahnden. Bald erkennt er, daß Schillers Drama (in der großartigen Übersetzung *Shukówskis*) eine gute Vorlage für die Oper abgeben kann. Jetzt heißt es, unter Benutzung des Schillerschen Textes selbst Verse schmieden, was ihm äußerst schwer fällt.

Aus Clarens schreibt er der Freundin am 31. Dezember 1878: „Heute habe ich den ersten Chor des ersten Aktes niedergeschrieben. Die Komposition dieser Oper fällt mir deswegen so schwer, weil ich kein fertiges Textbuch besitze und noch nicht einmal ein Szenarium ausgearbeitet habe. Ich arbeite am Libretto, indem ich mich vor allem an Shukówski halte."

Einige Tage später heißt es: „Ich bin äußerst zufrieden mit der von mir geschaffenen Musik. Aber die ungewohnte literarische Tätigkeit, das heißt die Arbeit am Textbuch, wird mein Leben nicht unbeträchtlich verkürzen. Es läßt sich gar nicht beschreiben, wie mich diese Arbeit anstrengt. Wieviele Federhalter werden zernagt, bevor einige Zeilen zu Papier gebracht sind! Wie oft springe ich voller Verzweiflung auf, weil ich keinen Reim finden kann oder weil das Versmaß nicht gelingen will. Es wäre eine Wohltat, wenn jemand auf die Idee käme, ein Wörterbuch für Reime zu veröffentlichen."

Die großartige Natur von Clarens spornt Tschaikówskis Schaffenseifer an. „Welch wundervolle Tage erleben wir hier", schreibt er an Modést. „Es ist etwas ganz Einzigartiges! Als ich heute von meinem üblichen Spaziergang heimgekehrt war, setzte ich mich auf den Balkon. Vor meinen Augen weitete sich der herrliche, von Frühlingssonnenstrahlen durchglühte Rundblick, und mich ergriff plötzlich ein so unbeschreibliches Glücksgefühl, wie es nur der Anblick der Natur zu erzeugen vermag, so daß ich zwei Stunden, in Ekstase versunken, sitzen blieb. Das hat mir sehr wohl getan. In der letzten Zeit war ich allzu intensiv in meine Oper vertieft, um auf die Naturschönheiten zu achten, dafür habe ich sie heute voll ausgekostet. Weißt du, daß ich nur mit Schmerz an meine bevorstehende Abreise denken kann? Selten bin ich so ruhig und glücklich gewesen wie hier. Wie süß war die Gewißheit, daß nichts von außen her störend in meine Arbeit eingreifen könne."

Bald darauf befindet sich Peter wieder in Paris, von wo er der Freundin schreibt: „Heute habe ich erstaunlich gut gearbeitet und soviel zu Papier gebracht, wie sonst kaum in drei Tagen. Falls keine Störung eintritt, wird die Oper nach einer Woche beendet sein. Ich habe sie wirklich sehr schnell geschrieben. Das ganze Geheimnis liegt darin, daß ich täglich angespannt gearbeitet habe. In dieser Hinsicht besitze ich einen eisernen Willen, und läßt der Arbeitseifer einmal nach, so gelingt es mir doch stets, die Trägheit zu überwinden und mich wieder von der Arbeit hinreißen zu lassen."

In wenigen Monaten hat Peter die Klavierskizze seiner *Jungfrau von Orléans* zum Abschluß gebracht, jetzt gilt es noch, die Orchesterpartitur zu vollenden, eine langwierige, zeitraubende Arbeit. Aber das ist nur noch eine Angelegenheit des Fleißes, dazu bedarf es keiner Inspiration.

Am 22. Februar 1879 schreibt Peter aus Paris an Modést: „Gestern war für mich ein sehr bedeutungsvoller Tag. Unerwartet habe ich meine Oper beendet. Wenn du einmal die letzten Sätze eines Romans geschrieben hast, wirst du begreifen können, welch großen Genuß ich empfinde, einen solchen Felsblock von meinen Schultern abgewälzt zu haben. Während dreier Monate täglich zu einer bestimmten Zeit Musik aus seinem Hirn pressen zu müssen, ist doch sehr ermüdend. Jetzt aber will ich ausruhen. Denn die Instrumentierung der Skizze ist vor allem eine Arbeit des Verstandes. Für jemanden wie mich, dessen Fleiß nichts anderes bedeutet als das Streben nach dem ersehnten ‚*Recht zum Faulenzen*‘, ist das Ausruhen ein wahres Fest.

Gestern und heute stolzierte ich wie ein Hahn durch die Straßen von Paris, im herrlichen Bewußtsein, nicht arbeiten zu müssen. Du hättest deinen Bruder im neuen Paletot mit Zylinder und eleganten Handschuhen nicht wiedererkannt."

Bald darauf befindet sich Peter wieder in Kámenka bei der Schwester, von wo er der Freundin schreibt: „Ich bin schon eifrig an der Arbeit. Das Instrumentieren einer Oper ist eine sehr angenehme Beschäftigung, die nicht allzuviel Anstrengung erfordert und sogar Vergnügen bereiten könnte, wenn ich nicht die Schwäche hätte, stets in fieberhafter Eile zu arbeiten und darüber in Verzweiflung gerate, daß die Zeit mir immer nur *eine* meiner vielen Fähigkeiten auszuüben erlaubt. In *einem* Ansturm möchte ich am liebsten alles beenden, dabei sind viele Monate angespanntester Arbeit erforderlich, um eine so große Opernpartitur zu Papier zu bringen."

„Heute beendete ich den ersten Akt", heißt es eine Woche später. „Die Partitur ist sehr umfangreich geworden. Welch großen Genuß bietet der Anblick einer solchen völlig abgeschlossenen Partitur! Für den Musiker bedeutet sie nicht nur eine Ansammlung von Noten und Pausen, sondern ein ganzes Gemälde, das die Hauptgestalten, die Nebenfiguren und schließlich den Hintergrund sichtbar werden läßt. Für mich ist jede Orchesterpartitur nicht nur eine Vorahnung zukünftiger Freuden des Ohres, sondern auch ein unmittelbarer Genuß für das Auge. Darum verfertige ich fast pedantisch Reinschriften meiner Partituren und dulde in ihnen keine Verbesserungen, Streichungen und Tintenkleckse."

Peter befindet sich in voller Schaffensfreude. Seit den unvergeßlichen Tagen in Florenz bis zum idyllischen Aufenthalt in Simáki hat er neun Monate lang an der *„Jungfrau von Orléans"* gearbeitet. „Ist es nicht merkwürdig, daß ich diese Oper begonnen und beendet habe als Gast meiner lieben, so unvergleichlichen Freundin?"

Mit dem Problem der Oper hat Peter Iljítsch sein ganzes Leben gerungen. Dafür zeugen seine elf Opern, von denen die meisten sich als Fehlschläge erwiesen haben. Instinktiv fühlt er, daß Instrumental- und Kammermusik sein eigentliches Gebiet ist. Trotzdem zieht es ihn immer wieder magisch zur schillernden Welt der Bühne.

„Schreibt man eine Oper, muß man immer die Szene vor Augen haben", schreibt er der Freundin, „und sich bewußt sein, daß für das Theater neben den Melodien und Harmonien vor allem die Handlung von Bedeutung ist. Der Theaterbesucher will nicht nur hören, sondern auch sehen. Opernmusik muß, entsprechend dem Stil der dekorativen Malerei, einfach, klar und farbig sein. In meiner Oper ‚*Der Wojewóde*' habe ich viel zu großes Gewicht auf die Ausarbeitung der Musik gelegt und die Forderungen der Bühne vernachlässigt. Die Erfordernisse des mimischen Spiels lähmen die rein musikalischen Eingebungen des Tondichters ganz beträchtlich, und dies ist der Grund, warum sinfonische und Kammermusik im Range viel höher steht, als Opernmusik. Entwerfe ich eine Sinfonie oder eine Sonate, dann bin ich vollkommen frei; keinerlei Beschränkungen hemmen mich. Dafür hat die Oper den Vorzug, daß sie die Möglichkeit bietet, sich an die

Masse zu wenden. Allein schon der Umstand, daß eine Oper einen ganzen Winter hindurch gespielt werden kann, gibt ihr ein Übergewicht über die Sinfonie, die vielleicht einmal in zehn Jahren zur Aufführung gelangt.

Mir scheint, daß es mir endlich gelungen ist, meine ‚*Jungfrau von Orléans*' so zu schreiben, wie eine Oper geschrieben werden soll. Aber vielleicht täusche ich mich. Sollte dem so sein, sollte sich zeigen, daß die ‚Jungfrau' den Anforderungen des Opernstils nicht entspricht, so hätten die recht, die behaupten, ich wäre meiner Veranlagung nach ausschließlich Sinfoniker, der auf der Bühne nichts zu suchen hat. Sollte das zutreffen, würde ich ein für allemal darauf verzichten, noch weitere Opern zu schreiben."

Anfang März 1880 trifft Tschaikówski in Petersburg ein, wo einige Wochen zuvor ganz unerwartet sein vierundachtzigjähriger Vater verschieden ist, an dem er mit großer Liebe hing. So widmet er sich seiner ihm nahestehenden Stiefmutter und seinem Bruder. Dann aber nehmen zu seinem großen Leidwesen die gesellschaftlichen Verpflichtungen überhand. Der ihm wohlgesinnte Kapellmeister der Kaiserlichen Oper *Napráwnik* möchte seine neue Oper zur Aufführung bringen. Doch hat er nicht allein darüber zu entscheiden, eine Reihe hochgestellter Persönlichkeiten muß gewonnen werden. So bleibt Peter nichts anderes übrig, als ungezählte offizielle Visiten zu machen und Frühstücke und Festessen über sich ergehen zu lassen. Sein Ruhm hat sich allmählich so verbreitet, daß man sich in der Gesellschaft um ihn reißt. Im Frack mit weißer Binde fährt er von Veranstaltung zu Veranstaltung, um schließlich spät nachts todmüde ins Bett zu sinken.

Doch erst im Januar 1881 soll die *„Jungfrau von Orléans"* in Petersburg unter Napráwniks Leitung ihre erste Aufführung erleben. Peter befindet sich in großer Unruhe, weil er befürchtet, daß die Besetzung der Hauptrolle mit einer erstrangigen Sängerin auf Schwierigkeiten stoßen wird. Die allmächtige Zensur aber erlaubt sich groteske Eingriffe in das Textbuch dieser Oper, wie auch *Verdi* sich in „*Rigoletto*" und im „*Maskenball*" einschneidende Vorschriften des Zensors hatte gefallen lassen müssen.

„Wie ist das töricht! schreibt Peter. „Stellen Sie sich vor, am Schluß der Oper, wenn Johanna zum Scheiterhaufen geführt wird, bittet sie um ein Kreuz, das ein Soldat aus zwei Stöcken verfertigt und ihr überreicht. Diese kleine Szene ist verboten. Auch an einigen anderen Stellen mußten Worte und Auftritte verändert werden. Am abgeschmacktesten aber ist die Forderung, daß der Erzbischof durch einen Pilger ersetzt werden müsse, was gar keinen Sinn ergibt."

In Petersburg nimmt Tschaikówski an den Proben für die Aufführung teil. Es fehlt nicht an Aufregungen und Intrigen. Die Dekorationen sind erbärmlich. Kurz zuvor hatte die Kaiserliche Theaterdirektion Zehntausende für die Ausstattung eines neuen Balletts ausgegeben. Doch für die Oper des bekanntesten russischen Tondichters werden keine Neuanschaffungen bewilligt. Obendrein gibt es einen Streit zwischen zwei Primadonnen, die beide die Hauptrolle singen wollen, von denen die weniger geeignete von der Direktion gestützt wird. Nur Kapellmeister *Napráwnik*, dem die Oper gewidmet ist, hält treu zu Peter Iljítsch und bereitet mit größtem Fleiß eine sorgfältige Aufführung vor.

„Die Proben nehmen ihren Fortgang", schreibt Peter der Freundin. „Bei den meisten Sängerinnen finde ich soviel Verständnis für meine Musik, daß ich darauf ganz stolz bin. Dafür tun die vorgesetzten Beamten alles, um einen Erfolg zu verhindern. Ich schrieb Ihnen schon, daß die Direktion nicht eine Kopeke für die Ausstattung der Oper bewilligt hat. Jetzt sucht ein gewisser *Lukaschéwitsch*, eine unwissende, erbärmliche Kreatur des Direktors, allerhand Schwierigkeiten zu machen, um zu verhindern, daß die Sängerin Kámenskaja in der Rolle der Johanna auftritt. Dabei ist ihre Mitwirkung für den Erfolg der Oper unerläßlich.

Welche Ausmaße diese Intrigen annehmen, kann man sich kaum vorstellen. Als Lukaschéwitsch gestern

während der Probe zufällig erfuhr, ich hätte für die Erfordernisse der Bühne eine Umstellung der Musik in den Partien der Johanna und Agnes vorgenommen, rief er aus:
,Dazu hatten Sie kein Recht, Sie mußten vorher die Zustimmung der Direktion erbitten!!!'
Ich war nahe daran, meine Partitur zu ergreifen und für immer dem Theater Lebewohl zu sagen. Aber Napráwnik hielt mich von diesem Schritt zurück."

Endlich, am 13. Februar 1881, ist es soweit. Die Premiere im Marientheater kann stattfinden. Alle beteiligten Künstler, an ihrer Spitze Napráwnik, geben ihr Bestes. Der erste Akt findet den größten Applaus. Am Schluß gibt es vierundzwanzig Hervorrufe und den üblichen Premierenbeifall. Glückselig telegrafiert Peter diesen Erfolg der Freundin nach Bra´iloff. Aber fast die gesamte Presse lehnt die Oper, zum Teil mit höflichen, zum Teil mit verletzenden Worten ab. Und sie sollte recht behalten. Dieses Werk verschwindet bald vom Repertoire des Theaters und hat sich auch später nirgends an einer Bühne halten können. Das dilettantische, vom Tondichter selbst verfertigte Textbuch erweist sich als entscheidendes Hindernis für die Verbreitung dieser Oper. Die enthält schöne lyrische Partien in der Musik, aber dramatische Durchschlagskraft — das, was die Atmosphäre des Theaters verlangt — ist Tschaikówski versagt.

Am Tage nach der ersten Aufführung verläßt er Petersburg und entflieht nach Italien.

Unglück und Tod im Freundeskreis

In diesen Monaten vollziehen sich in Rußland einschneidende Ereignisse. Am 28. Januar 1881 stirbt *Dostojéwski*, am 16. März folgt ihm *Mussórgski* und am 1. März fällt *Kaiser Alexander II.* der Bombe eines Anarchisten zum Opfer. Nur wenige Stunden vor dem

Attentat hat der Zar die vollständig ausgearbeitete Fassung einer Konstitution unterschrieben, die dem Volk allerdings (im westeuropäischen Sinne) noch manche Freiheiten vorenthält, die er seinem Reich schenken und tags darauf veröffentlichen wollte. Unübersehbar, welche Entwicklung die Geschicke Rußlands hätten nehmen können, wenn die Bombe ihr Ziel verfehlt hätte und die Konstitution in Kraft getreten wäre.

Tschaikówski erfährt in Neapel von dem Attentat und ist aufs tiefste erschüttert. Vorher hat er einige Tage in Florenz und Rom verbracht.

„In Wien erlebte ich einen Schneesturm", schreibt er der Freundin. „Es trat Kälte ein, wie in Petersburg, und ich reiste eilig weiter. Als ich an der Grenze die ersten Laute der italienischen Sprache vernahm und die typischen Züge dieses mir so lieben Volkes erblickte, wurde mir ganz warm ums Herz. Wie groß aber war meine Begeisterung, als ich am frühen Morgen, schon in der Nähe von Florenz, das von strahlender Sonne beleuchtete Bild der vertrauten italienischen Landschaft vor mir sah! Nach dem gestrigen Schneegestöber kam mir das wie ein märchenhafter Traum vor. Endlich erreichten wir das liebe, herrliche Florenz. Nach dem Frühstück machte ich in der Viale dei Colli von der Porta Romana bis San Miniato einen Spaziergang, kam an der Villa Oppenheim vorbei und besuchte die Villa Bonciani, wo ich mich kurz niederließ. O Gott, wie süß sind die Erinnerungen an den Herbst 1878! Süß und zugleich schmerzlich! Das kommt nie wieder, und wenn es wiederkäme, würde es doch ganz anders sein. Zweieinhalb Jahre sind seitdem verflossen, und wir sind älter geworden!

Wie schmerzlich und doch wie süß! Welche Farben! Welch strahlende Sonne! Welcher Genuß, am offenen Fenster zu sitzen, einen Strauß Veilchen vor sich und die frische Frühlingsluft einzuatmen. O herrliches, gesegnetes Land!"

In Rom treten wieder gesellschaftliche Verpflichtungen an ihn heran, denen er nicht immer ausweichen kann. Vor allem vermißt er den geliebten Aljóscha, mit dem er seine Reisen stets gemeinsam unternahm und der nun vier Jahre lang den Soldatenrock tragen muß.

„Völliges Alleinsein bedrückt mich", schreibt er. „Ich erlebte das kürzlich in Florenz: Abends befiel mich ein unerträglich quälender Kummer nach dem morgendlichen Spaziergang in der Viale dei Colli, der alle die teuren Erinnerungen an die vergangene Zeit in mir geweckt hatte. Wie schmerzlich ist für mich der Verlust von Aljóscha!"

Schon in Moskau ist Peter zu Ohren gekommen, daß Frau Nadjéshda große Vermögensverluste erlitten hat. Ihr einundzwanzigjähriger Lieblingssohn Wladímir verwaltet im Auftrag der Mutter das Riesenvermögen und ist dieser schwierigen Aufgabe nicht gewachsen. Er und seine höchst leichtsinnige Frau Lisa genießen das Leben. In Paris pflegt sie große Einkäufe zu machen und der Schwiegermutter die Rechnungen einzusenden. Frau Nadjéshda muß immer wieder in ihren Beutel greifen und zahlen, denn sonst überläßt Lisa ihr Söhnchen Wóljitschka nicht der Großmutter, die in dieses Enkelkind ganz vernarrt ist und es möglichst oft um sich haben möchte.

Peter macht sich vor allem darüber Gedanken, ob er unter solchen Umständen die ihm von der Freundin ausgesetzte Rente noch weiter annehmen könne. In beiden Konservatorien, in Petersburg sowohl wie in Moskau, kann er jederzeit eine Anstellung finden und damit eine sichere Existenz begründen. Allerdings: Seine Freiheit, die Möglichkeit ungebundenen Schaffens, wäre dann dahin!

„Sagen Sie mir um Gottes willen die Wahrheit, liebe Freundin, und seien Sie versichert, daß ich es als *größtes* Glück empfinden würde, auf alle materiellen Zuwendungen zu verzichten, wenn dadurch Ihre Lage sich bessern könnte. Sie haben schon ohnehin zuviel für mich getan. Ohne Übertreibung kann ich sagen, daß ich Ihnen mein Leben verdanke. Wären Sie nicht in jener fürchterlichen Zeit als rettender Engel in mein Leben getreten, so hätte ich meine Gemütskrankheit nicht überstanden und wäre in den Abgrund gerissen worden.

Verheimlichen Sie mir nichts, liebste Freundin! Sollten Sie wirklich gezwungen sein, Ihre Ausgaben einzuschränken, so erlauben Sie auch mir, meine Lebensweise zu ändern. Ich würde eine Stellung an einem der Konservatorien annehmen, wo ich jederzeit eine freudig begrüßte Aufnahme finden kann."

Frau Nadjéshda beeilt sich, ihn zu beruhigen. Ihre Lage wäre zwar schwierig und undurchsichtig, aber die geringfügigen Summen, die Peter von ihr bezöge, ständen in gar keinem Verhältnis zu den Millionenverlusten, die ihr drohten. Sie befände sich in hartnäckigem Kampf mit Leuten, denen sie nur Gutes getan habe, die aber jetzt versuchten, ihr eine Schlinge um den Hals zu legen. Doch hoffe sie, dank ihrer Energie, mit ihren Widersachern fertig zu werden und bäte ihn herzlich, sich keine Sorgen um sie zu machen.

Aber Peter läßt sich nicht so schnell beruhigen. Er leidet darunter, daß die Freundin solche Kämpfe und Anfeindungen zu bestehen hat.

„Oh, wenn doch die Menschen nicht nur dem Namen nach, sondern auch in Wahrheit Christen wären", schreibt er. „Wenn sie doch alle von der einfachen Wahrheit der christlichen Lehre durchdrungen wären! Aber das wird nie geschehen, denn andernfalls wäre das Himmelreich uns nahe. Wir aber scheinen dafür geboren zu sein, ewig das Böse bekämpfen zu müssen, dem Ideal nachzujagen, die Wahrheit zu erstreben und doch nie das Ziel zu erreichen.

In meinem Hirn sieht es finster aus. Wie sollte es auch anders sein, angesichts der für unseren schwachen Verstand unlösbaren Fragen nach dem Tod, nach dem Sinn und Zweck des Lebens, nach der Ewigkeit. Dafür aber durchdringt mich immer mehr das Licht des Glaubens.

Ja, liebe Freundin, ich fühle mich immer mehr von diesem Bollwerk gegen alles Übel ergriffen. Ich fühle, daß ich Gott zu lieben beginne, was ich bisher nicht konnte. Noch werde ich von Zweifeln heimgesucht und mache immer wieder den Versuch, mit meinem schwachen Verstande das Unergründliche zu begreifen, doch die Stimme der göttlichen Wahrheit spricht zunehmend lauter. Welch unbeschreiblicher Genuß, sich vor Gottes Weisheit zu beugen!

Oft bete ich mit Tränen zu Ihm — ich weiß nicht, wo und wer Er ist, ich weiß nur, daß Er ist — und bitte Ihn, mir Seine Gnade zu gewähren, mir zu vergeben, mich zu erleuchten. Wie süß ist es, Ihm sagen zu dürfen: ‚Herr, Dein Wille geschehe!' Denn ich weiß, Sein Wille ist heilig.

Ich gestehe Ihnen, liebe Freundin, daß ich überall in meinem ganzen Leben den Finger Gottes zu spüren glaube, der mir deutlich den Weg weist und mich vor allem Übel bewahrt. Warum des Allmächtigen Wille gerade mich beschützt, weiß ich nicht. Ich will demütig sein und mich nicht für einen Auserwählten halten, denn Gott liebt alle Seine Geschöpfe. Oft vergieße ich Tränen der Dankbarkeit für alle Seine Güte.

Doch nicht genug. Ich will mich an den Gedanken gewöhnen, daß auch jedes Unglück letzten Endes zum Guten führt. Ich will Gott immer lieben, nicht nur, wenn Er mir Prüfungen auferlegt.

Einmal wird die Stunde schlagen, in der alle unserem Geiste unlösbaren Fragen, alle Rätsel unseres Daseins ihre Lösung finden und wir begreifen, warum Gott uns Prüfungen auferlegt. Ich will an ein zukünftiges Leben glauben. Erfüllt sich mein Hoffen, dann wäre ich glücklich, soweit Glück auf Erden überhaupt möglich ist."

*

In Neapel erhält Peter ein Telegramm aus Moskau, Nikolái Rubinstein wäre tödlich erkrankt und befände sich auf dem Wege nach Nizza, um dort Erholung zu finden. Sofort reist Peter nach Nizza, doch fehlt dort jede genauere Nachricht. Nun drahtet er von dort nach Paris und erhält die Antwort, Rubinstein wäre seit einigen Tagen in Paris, aber so schwer krank, daß an eine Weiterreise nicht zu denken sei. Bestürzt eilt Peter nach Paris und trifft im Grand Hotel Frau Tretjakówa, die Gattin des Oberbürgermeisters von Moskau. Sie und einige andere russische Damen haben den todkranken Künstler einige Tage in Paris betreut. In ihren Armen ist er verschieden, seine sterblichen Überreste sind bereits in der russischen Kirche aufgebahrt.

Peter kann diese unerwarteten Ereignisse gar nicht fassen und ist wie betäubt. Vergessen sind die unerfreulichen Zusammenstöße, die er mit Nikolái Grigórjewitsch gehabt hat. Dankbar gedenkt er seiner vielen Vorzüge: seiner glänzenden künstlerischen Begabung, seiner erstaunlichen Tatkraft und Organisationsgabe, durch die er Moskau zu einer Musikstadt ersten Ranges emporhob. Das von ihm so geliebte Konservatorium, das unter seiner Leitung zu hoher Blüte gedieh. Nun ist dieser Freund dahingerafft, er, der stets bereit war, Peters neueste Werke in Moskau aus der Taufe zu heben, der mit der glänzenden Wiedergabe seines Klavierkonzertes und seiner G-dur-Klaviersonate Triumphe erntete.

Vor drei Monaten hatten sich die ersten Anzeichen einer Erkrankung bemerkbar gemacht. Die Moskauer Ärzte wußten keinen Rat, selbst der berühmte Professor Sachárjin durchschaute das Übel nicht. Nikolái Grigórijewitsch aber wurde von Woche zu Woche schwächer, die Kräfte nahmen ab, und man beschloß, den Schwerkranken zur Erholung nach Nizza zu schicken.

Nur mit Mühe übersteht er die Reise nach Paris. Dort wird ein bekannter französischer Arzt herbeigerufen, der Darmtuberkulose feststellt und sich über die Unfähigkeit der Moskauer Ärzte nicht genug wundern kann. Nach wenigen Tagen stirbt der Kranke unter entsetzlichen Qualen.

„Gestern fand die Totenfeier statt", schreibt Peter. „Die Kirche war überfüllt. Der Sarg wurde in die untere Kapelle gebracht, und dort sah ich ihn zum letzten Mal. Sein Gesicht war bis zur Unkenntlichkeit verändert. Gott, wie schrecklich sind solche Augenblicke."

Während der Feier öffnet sich plötzlich die Tür, und man erblickt das Löwenhaupt von Anton Rubinstein, der aus Spanien zur Trauerfeier für den Bruder herbeigeeilt ist. Außer der russischen Gemeinde mit Turgénieff an der Spitze sind viele bekannte französische Musiker wie Colonne, Massenet, die Viardot anwesend, um dem Toten die letzte Ehre zu erweisen.

Einige Tage darauf wird der Sarg in einen Eisenbahnwagen verladen, um die sterbliche Hülle in die Heimat zu überführen. In Moskau, der Stätte seines Ruhmes, findet Rubinstein seine letzte Ruhe. Unter großem Andrang der Bevölkerung wird der Tote in einer Gruft des Danílowsk-Klosters beigesetzt. —

Um diese Zeit fährt Peter Iljítsch über Petersburg und Moskau nach Kámenka. In Moskau wird ihm die Stelle des Direktors am Konservatorium angeboten, die er nur mit Mühe ablehnen kann. Der Tod Rubinsteins hat in das Moskauer Musikleben eine große Lücke gerissen. Man ist ratlos, da niemand ihn zu ersetzen vermag. Von ihm, dem gewaltigen Klavierspieler, der auch die Sinfoniekonzerte leitete, strahlten alle Energien aus.

*

„In Moskau habe ich meinen Aljóscha wiedergesehen", schreibt Peter der Freundin, „und fühle jetzt so recht, daß mein Schmerz über die Trennung von ihm immer heftiger und brennender wird. Er hat sich sehr zu seinem Nachteil verändert, lebt im Schmutz, wie alle Soldaten in der Kaserne, und ist vor allem moralisch gesunken. Der Gedanke, daß vier Jahre Soldatenleben ihn völlig umwandeln werden, ist mir ganz unerträglich. Nach dieser langen Zeit wird Aljóscha zu mir zurückkehren, aber ach! als ein gänzlich anderer! Dabei fühle ich mehr als je, wie notwendig er mir gerade jetzt ist, wo so viel Leid sich in meinem Inneren angesammelt hat. Bloß seine Anwesenheit, schon das Bewußtsein, ein mir so grenzenlos ergebenes Wesen in der Nähe zu wissen, würde mir Kraft geben, den an mir nagenden geheimen Kummer zu überwinden. Alles, was mich an ihn erinnert, berührt mich unsagbar schmerzlich und läßt mich die Größe meines Verlustes nur um so mehr empfinden.

Ich kann mir vorstellen, daß ein Fremder, der diese Zeilen liest, darüber lächeln und in Erstaunen geraten wird, daß ich wegen eines Dieners so trauern und so leiden kann. Aber das ist erklärlich, da dieser Diener nicht nur Diener, sondern mein Freund' ist, ein so ergebener und lieber Freund."

In höchst niedergedrückter Stimmung trifft Peter in Kámenka ein. Er findet keine Sammlung, um neue Werke zu schaffen.

„Einstweilen spüre ich nicht den geringsten Drang, etwas Eigenes zu schaffen", schreibt er der Freundin. „Mitunter kommt mir der Gedanke, daß ich mein Liedchen zu Ende gesungen habe, daß meine Schaffenskraft versiegt ist. Aber dann erinnere ich mich, daß es auch schon früher Zeiten gegeben hat, wo es mir völlig an Inspiration fehlte."

Da Frau Nadjéshdas Vermögenslage noch weiter ganz undurchsichtig bleibt, sieht Peter sich nach Verdienstmöglichkeiten um. Wieder einmal herrscht Ebbe in seiner Kasse, und er bittet seinen Verleger Jürgenson um einen Auftrag. Dieser beeilt sich, ihm die Redaktion einer Gesamtausgabe der Werke *Bortnjánskis* vorzuschlagen. Notgedrungen übernimmt Tschaikówski diese Riesenaufgabe, die ihn viele Monate an den Schreibtisch fesselt. Er stöhnt unter der Last der Arbeit, die ihn nicht im geringsten interessiert. Bortnjánski war ein sehr fruchtbarer russischer Komponist des ausgehenden achtzehnten Jahrhunderts, der ganz unter italienischem Einfluß stand. Seine Kirchenmusik fand große Verbreitung. Es fehlt ihm zwar jede nationale Bodenständigkeit, doch ist ihm eine gewisse Bedeutung nicht abzusprechen. Die zehn Bände der Gesamtausgabe, die bald darauf im Verlag Jürgenson erscheinen, legen Zeugnis ab von Tschaikówskis Mitarbeit.

An P. J. Jürgenson.
Kámenka, den 31. Juli 1881.

„Ich beschäftige mich jetzt sehr eingehend mit Bortnjánski und suche diese gräßliche Arbeit bald hinter mich zu bringen. Oft gerate ich in Wut und würde am liebsten alles hinschmeißen, weil die abgeschmackten Werke Bortnjánskis mir ganz zuwider sind. Aber dann beruhige ich mich wieder und werde die Arbeit zu Ende führen, weil ich alles zu Ende führe, was ich einmal begonnen habe."

Als Frau Nadjéshda erfährt, daß er diese Arbeit nur des Verdienstes wegen übernommen hat, gerät sie ganz außer sich.

„Ich kann den Gedanken nicht ertragen", schreibt sie ihm, „daß Sie, der Schöpfer der vierten Sinfonie, sich mit Bortnjánski plagen müssen. Und warum? Weil Sie Geld brauchen. Das ist unzulässig, das ist völlig unmöglich! Ich fühle mich außerstande, Tausende für Hotelrechnungen zu verausgaben, während Sie sich mit Bortnjánski abquälen.

Wissen Sie, lieber Freund, was mich ein wenig verletzt hat? Daß Sie sich nicht an mich gewandt haben, als Sie Geld brauchten. Nun, Gott vergebe Ihnen! Jetzt aber haben Sie kein Recht, mir böse zu sein, wenn ich mir erlaube, Ihnen hier einen Scheck zu schicken."

Über diese unerwartete Geldzuweisung, gerade jetzt, wo Frau Nadjéshda sich in schwieriger Lage befindet, ist Peter im höchsten Grade gerührt. Mit Tränen in den Augen liest er ihre Zeilen.

„Meine recht erheblichen Einnahmen verbrauche ich mehr für andere, als für mich", schreibt er ihr. „Das sage ich nicht, um mit meiner Güte zu prahlen, sondern ich *muß* es sagen, um zu erklären, warum ich, ungeachtet meiner so reichlichen Mittel, häufig in solche Bedrängnis gerate und daher eine so stumpfsinnige Arbeit wie die Herausgabe der Werke Bortnjánskis übernehmen mußte. Alle meine Angehörigen werfen mir Verschwendungssucht vor: Ich spielte den Wohltäter in einem Ausmaße, das meine Mittel übersteigt. Doch was soll ich tun, wenn ich ständig auf wirkliche Not stoße, wenn mich Unterstützungsbedürftige immerzu um Hilfe anflehen?

Ich kann nicht lügen und sage Ihnen daher, daß die von Ihnen übersandte Summe mir meine Freiheit zurückgibt und mich vor vielen Unannehmlichkeiten bewahrt. Die einmal übernommene Arbeit kann ich nicht liegen lassen, werde aber einen Teil davon einem Musiker in Moskau übertragen."

Unterdessen hat Frau Nadjéshda gerechnet und immer wieder gerechnet. Unzählige Male ist sie von Braíloff nach Moskau gereist, um mit Rechtsanwälten, Finanzmagnaten und Börsenmaklern zu verhandeln und hat sich schließlich zu dem schweren Entschluß durchgerungen, ihr schönes geliebtes Braíloff zu verkaufen, um mit dem Erlös ihre Schulden zu bezahlen. Es werden ihr zwar für dieses Besitztum nur anderthalb Millionen Rubel geboten: eine für dieses kostbare Gut viel zu geringe Summe. Aber sie findet keinen anderen Ausweg. Anstatt von Braíloff mit der dazugehörigen Zuckerfabrik Einnahmen zu erzielen, hat sie Jahr für Jahr zweihunderttausend Rubel zugesetzt. Sie ahnt, daß ihr polnischer Verwalter sie seit vielen Jahren betrügt. Wir erfahren darüber aus vielen Briefen an Peter Iljítsch. Aber sie findet nicht die Entschlußkraft, den anmaßenden Verwalter an die Luft zu setzen. Die Verhältnisse sind ihr über den Kopf gewachsen. Nun muß sie einen Strich unter das Vergangene ziehen.

„Mein unendlich geliebter Freund", schreibt sie. „Wie unsagbar traurig ist mir zu Mute, Ihnen mitteilen zu müssen, daß Braíloff verkauft ist. Ich werde Sie also nicht mehr zu mir einladen können. Schwere, qualvolle Zeiten habe ich durchlebt, ehe ich mich zu dem Verkauf entschloß. Aber nachdem der Entschluß einmal gefaßt wurde, gestatte ich meinen Gedanken nicht, sich in Erinnerungen an diesen Verlust zu verlieren, der einen so unerträglich brennenden Schmerz in meinem Herzen hervorgerufen hat. Jetzt trachte ich fieberhaft danach, ein anderes Gut zu erwerben. Denn, lieber Freund, sich so unerwartet zwischen Himmel und Erde zu befinden, jeder Bodenständigkeit beraubt, mit einer so großen Familie, wie der meinigen — das ist sehr schwer."

In Kámenka verursacht die vielköpfige Familie der Dawúidoffs immer viel Unruhe. Peters Schwester Alexándra und ihre älteste Tochter Tatjána sind immerzu krank und suchen ihre Schmerzen mit Morphium zu betäuben, was in der Zukunft böse Folgen haben wird. Jetzt hat sich die zweitälteste Tochter Vera mit Rímski-Kórssakoff, einem Adjutanten des Großfürsten Konstantin, verlobt. Man wird sich erinnern, daß diese Tochter Vera für eine Ehe mit Frau Nadjéshdas Sohn Kólja in Aussicht genommen war. Nun präsentiert Peter statt ihrer seine sechzehnjährige Nichte Anna als Kandidatin für Kólja. Er schätze ihre vielen guten Charaktereigenschaften, sie wäre ein kluges Mädchen. Wie bereits erwähnt, gelingt diese Ehestiftung. Einige Jahre später führt Nikolai von Meck Anna Dawúidowa als seine Gattin heim, und sie werden ein glückliches Paar.

Von Zeit zu Zeit macht Antonína sich wieder bemerkbar. Sie erhält von Peter regelmäßig eine Rente. Ihre teils kapriziösen, teils mit Enthüllungen drohenden Briefe, in denen sie häufig weitere Geldforderungen stellt, versetzen Peter jedesmal in große Aufregung. Immer wieder muß der getreue Jürgenson den Vermittler spielen, aber es gelingt nicht, die von Tschaikówski sehnlichst erwünschte Scheidung herbeizuführen. Eines Tages entdeckt Jürgenson, daß Antonína einen Liebhaber und von ihm ein Kind besitzt, das im Findelhaus untergebracht worden ist. Erleichtert atmet Peter auf, denn nun würde sie ihn in Ruhe lassen, schreibt er. Tatsächlich bleibt er von jetzt ab von ihren Briefen verschont. Antonína, dieses unglückliche Wesen, hat schon immer im Wahn gelebt, alle Männer wären in sie verliebt. Noch mehrmals bringt sie Kinder zur Welt, von denen niemand weiß, welchen Vätern sie entstammen. Sie erhielten nicht den Namen Tschaikówski, obgleich Antonína nicht geschieden war, und niemand weiß, was aus diesen Kindern geworden ist. 1896 wird sie in eine Anstalt für Geisteskranke gebracht, wo sie noch einundzwanzig Jahre lebt, bis der Tod sie erlöst.

*

Es ist mittlerweile November 1881 geworden. Fast ein Jahr lang hat Peter nichts Eigenes geschaffen. Die Arbeit an den Werken Bortnjánskis ist nun beendet.

Nichts hält ihn noch länger in Kámenka zurück. Eilig reist er über Kíjeff und Wien nach Rom, wo Modést ihn erwartet. Frau Nadjéshda befindet sich bereits seit vielen Wochen in Florenz.

In Kíjeff besucht er das berühmte *Höhlenkloster*, die *„Láwra"*, und ist entzückt von dem hier gebotenen, seit vielen Jahrhunderten unverfälscht erhaltenen Kirchengesang.

„Da ich großes Interesse für Kirchenmusik habe", schreibt er aus Kíjeff, „besuche ich oft die Gotteshäuser und vor allem das Láwra-Kloster. Der Gesang in St. Michael und in der Brüderkirche gilt als vorbildlich, ich aber fand ihn ungemein seicht und durch Konzerteinlagen verwässert. Ganz anders die Láwra. Dort wird nach tausendjähriger Überlieferung gesungen, ohne Noten, ohne falschen Anspruch auf konzertmäßigen Gesang. Wie bodenständig, wie eigenartig und mitunter gewaltig sind diese Chöre! Das Publikum dagegen hat kein Verständnis dafür und gibt den süßlichen Gesängen der anderen Kirchen den Vorzug. Das verletzt und erbittert mich in hohem Grade." —

In Rom fühlt Peter sich in Gesellschaft von Modést und dessen Zögling sehr wohl. „Ich trage mich mit verschiedenen Plänen", schreibt er der Freundin, „und fühle mich sehr schaffensfreudig, habe aber bis jetzt noch nichts Bestimmtes in Angriff genommen. Alles, was ich bis jetzt schuf, erscheint mir so nichtssagend, unreif, so unvollkommen" ... „Gestern besuchte ich ein Festkonzert aus Anlaß des siebzigsten Geburtstages von Franz Liszt. Das Programm bestand ausschließlich aus seinen Werken. Die Darbietungen waren recht mittelmäßig. Liszt selber war anwesend. Man fühlte sich ergriffen beim Anblick des genialen Künstlers, der durch die Huldigung der begeisterten Italiener ergriffen und erschüttert wurde. Doch Liszts Kompositionen lassen mich kalt: sie enthalten mehr poetische Vorwürfe, als echte Schaffenskraft, mehr Farbe als Zeichnung; kurz seine Schöpfungen sind äußerlich effektvoll, aber innerlich leer" ...

„Sonntag wohnten wir einer feierlichen Messe in

Sankt Peter bei, die der Papst zelebrierte. Man kann sich nichts Großartigeres vorstellen, als die Prozession des Papstes, der Kardinäle, Bischöfe, Kammerherren, alle in mittelalterlichen Gewändern. Dazu die Chöre von Palestrina."

Peter schreibt jetzt für Frau Nadjéshda ein *Klaviertrio*, das dem Andenken Nikolai Rubinsteins gewidmet ist („À la mémoire d'un grand artiste").

„Wissen Sie, meine Teure, was ich jetzt komponiere? Sie werden erstaunt sein. Einst forderten Sie mich auf, ein Trio für Klavier, Violine und Cello zu schreiben, und vielleicht erinnern Sie sich noch meiner Antwort? Ich schrieb damals, ich hätte eine Abneigung gegen diese Zusammensetzung von Instrumenten. Und nun faßte ich, trotz dieser Abneigung, plötzlich den Entschluß, mich auf diesem, bisher von mir gemiedenen Gebiet zu versuchen. Der Anfang des Trios ist bereits entworfen. Ob ich es zu Ende führen werde, ob es mir gelingt, weiß ich nicht. Doch hoffe ich sehr, daß es mir gelingen wird...

Ich will nicht leugnen, daß es mich Anstrengung kostet, meine musikalischen Gedanken in die mir neue, ungewohnte Form zu gießen. Aber ich will als Sieger aus allen Schwierigkeiten hervorgehen, und das Bewußtsein, daß Sie zufrieden sein werden, spornt mich an und begeistert mich."

Wie bereits erwähnt, ist dieses Trio viel zu lang geraten und zeichnet sich keineswegs durch starke Erfindung aus, wird daher auch selten gespielt. —

Peter befindet sich in Rom in vorzüglicher Arbeitsstimmung. Nur die politischen Nachrichten, die er aus Rußland erhält, bedrücken ihn. Nach der Ermordung des Zaren Alexander II. hat dessen unbedeutender Sohn Alexander III. den Thron bestiegen. Er begünstigt die Reaktion, die sich in vollem Gange befindet. Der allmächtige Oberprokurator des Heiligen Synod *Pobedonószeff* und der slawophile Publizist *Katkóff* lenken die Geschicke Rußlands.

„Für unser liebes, armes Vaterland sind düstere Zeiten angebrochen", schreibt Peter. „Unruhe und Unzufriedenheit machen sich bemerkbar, man fühlt sich wie auf einem Vulkan, der jederzeit ausbrechen kann. Wie schön wäre es, wenn jetzt ein kluger und willensstarker Zar auf dem Throne säße! Doch ach! Die Geschicke Rußlands lenkt ein guter, sympathischer, wenig begabter, ungebildeter Monarch, der nicht imstande ist, den zerfahrenen Mechanismus des Staates mit seinen schwachen Händen zu ordnen. Im Grunde haben wir eben überhaupt keine Regierung. Der Zar verkriecht sich in seiner Residenz Gátschina (bei Petersburg). Er unterliegt dem Einfluß von Katkóff und hört auf die Ratschläge von Pobedonószeff.

Meiner Meinung nach, jetzt oder nie, müßte der Kaiser in Ermangelung hervorragender Staatsmänner Weisung und Unterstützung vom Volk selbst erhalten. Uns alle müßte er berufen, damit wir mit Rat und Tat mithelfen, die Staatsgewalt zu erneuern und zu stärken. Der „Sémski Ssobór"* tut uns not. Katkóff, der die Parlamente als „Schwatzbuden" bezeichnet, verwechselt den „Sémski Ssobór", der einst zusammentrat, wenn der Zar sich Rat holen wollte, mit westeuropäischen Parlamenten und Kammern. Der „Sémski Ssobór" würde vielleicht die Konstitution im europäischen Sinne verwerfen. Nicht darauf kommt es an, daß wir sogleich verantwortliche Minister und die ganzen englischen Staatseinrichtungen erhalten, sondern darauf, daß die Wahrheit an den Tag kommt, die Regierung wieder das Vertrauen des Volkes genießt und das Volk selbst um seine Meinung befragt wird."

Schöpferischer Tiefpunkt 1882—1888

In dem Verhältnis der Menschen zueinander — sei es Freundschaft, Liebe oder Ehe — gibt es nie einen

---

*) „Sémski Ssobór" ist eine Vertretung des Volkes aus allen Ständen, die die Zaren vor Peter dem Großen von Zeit zu Zeit in Moskau beriefen, um die Wünsche des Volkes zu erfahren und gelegentlich seine Mitarbeit zu erwirken.

Stillstand, ein Verharren auf einem bestimmten Punkt. Es herrscht ein dauerndes Fluidum, ein *„Auf und ab"* der gegenseitigen Beziehungen, deren Intensität bald zu-, bald abnimmt. Und je sensibler und empfindsamer Menschen von Natur sind, um so labiler erweist sich die Bindung, um so mehr ist sie Zuständen höchsten Glückes und tiefster Depression ausgesetzt.

Auch bei Peter und Frau Nadjéshda beobachteten wir diesen ständigen Wechsel der Stimmungen. Beide sind leidenschaftlich veranlagt, bei beiden drängt das Temperament, das pulsierende Leben, zu Explosionen; aber beide, im höchsten Grade feinfühlig veranlagt, neigen zu Zurückhaltung und sind im tiefsten Grunde einsame Menschen.

Die vier Jahre ihrer Bekanntschaft, die hier geschildert wurden, können gewissermaßen als die *„Flitterwochen"* dieses seltsamen Bundes angesehen werden. Sie zeichnen sich durch prachtvolle Intensität, durch Gefühlsergüsse, Liebeserklärungen, durch bezaubernde Geständnisse und von seiten des Tondichters durch unschätzbare Enthüllungen über die Art seines Schaffens, über das Wesen der Inspiration aus, die wir in dieser Fülle und kostbaren Aufgeschlossenheit von nur ganz wenigen schöpferischen Künstlern besitzen.

Aber ein solcher Zustand ungestümer Leidenschaft kann nicht von Dauer sein, um so weniger, als die Beziehungen dieser zwei Menschen zueinander, die sich fernblieben und doch so nahe standen, als *„nicht normal"* bezeichnet werden können: ein Ausspruch, den — wie bereits erwähnt — der Tondichter seinem Bruder Modést gegenüber einmal gebrauchte.

Es folgt nun ein Abgleiten der Gefühlstiefe. Wir besitzen zwar eine gewaltige Menge von Briefen, die im Laufe eines Jahrzehnts noch gewechselt wurden, aber die Intensität ist nicht mehr die gleiche wie bisher, der Inhalt verliert an Interesse, es gibt Wiederholungen. Dieser Briefwechsel wird beiden zur Gewohnheit und sinkt ab in ein stereotypes Mitteilen.

Aber nicht nur dieses briefliche Zwiegespräch gleitet ab, auch die Entwicklung des Tondichters wird rückläufig. Mit dem steigenden Weltruhm veräußerlicht sich sein Leben und seine Lebensführung. Ein ewig Gehetzter, durchrast er die Welt. Sein Dämon drängt ihn zu immer neuer Arbeit, aber die Ergebnisse: Seine Schöpfungen erweisen sich für viele nun folgenden Jahre mehr oder weniger als vergänglich.

Ganz allgemein: Auch für den schöpferischen Menschen gibt es keinen Stillstand der Entwicklung, kein Verharren in einem bestimmten Zustand. Für jeden Künstler bedeutet Stillstand bereits ein Absinken der Entwicklung. Dabei lassen sich mancherlei Unterschiede beobachten. Viele große Geister haben sich aus unscheinbaren, unbedeutenden Anfängen im Verlauf ihres Lebens zu bedeutenden schöpferischen Leistungen emporentwickelt und im Alter Höchstes vollbracht. Aber auch der umgekehrte Weg ist nicht selten anzutreffen: Der Künstler verströmt sein Bestes in den Jugendjahren und sinkt mit zunehmendem Alter als Schöpfer immer mehr ab.

Die nun folgende Lebensperiode des russischen Meisters, die in diesem Kapitel geschildert werden soll, zeigt den Schöpfer Tschaikówski auf absteigender Linie. Die Werke, die seinen Weltruhm begründeten, wurden aufgezeigt und erläutert. Es folgen die Jahre absinkender Schöpferkraft, worauf dann gegen Schluß seines Lebens ihm noch die großen Gipfelleistungen gelingen: *die fünfte und die sechste Sinfonie und die Oper „Pique Dame"*.

*

„Wenn ich daran denke, wie ich früher ohne die geringste Anstrengung arbeitete und selbst gelegentliche Augenblicke der Unsicherheit und Verzweiflung mir unbekannt waren, komme ich mir wie ein verwandelter Mensch vor. In früheren Jahren komponierte ich mit derselben Einfachheit und dem gleichen Instinkt, der den Fisch veranlaßt, im Wasser zu leben und den Vogel, in der Luft zu fliegen. Jetzt ist das alles anders geworden: Ich gleiche einem Menschen, der verurteilt ist, eine teure, aber schwere Last zu tragen", — eine Last, die er, was es auch koste, bis ans Ende tragen muß.

Peter kann von der Arbeit nicht lassen, aber sie geht ihm nicht mehr so leicht von der Hand wie früher. „Die Inspiration fehlt", schreibt er. „Jeden Tag beginne ich mit der Arbeit, doch verliere ich bald die Lust dazu und fürchte immer von neuem, daß es mit mir aus ist... Wie vieles habe ich im Leben erlebt und doch wie weniges vollbracht! Sogar in meinem eigensten Beruf ist mir — ich gestehe es — nichts Vollkommenes, nichts Vorbildliches gelungen. Immer noch suche, schwanke, irre ich."

In diesen Jahren entstehen die *zweite und die dritte Orchestersuite* (op. 53 und op. 55). Letztere erlebt unter Hans von Bülow ihre Uraufführung in Petersburg und findet beim Publikum und bei der Presse begeisterten Widerhall. Aber uns Heutigen sagt diese Musik nicht mehr viel, sie mutet konventionell an.

Auch die Oper „*Mazeppa*" (nach Púschkins Epos „*Poltáwa*") erweist sich als ein Fehlschlag. Zwei Jahre hat Peter daran gearbeitet, aber auch diesmal zeigt es sich, daß er im tiefsten Grunde kein Bühnenkomponist ist. Fast gleichzeitig bringen die Opernhäuser in Moskau und Petersburg das Werk heraus, aber ohne jeglichen Erfolg.

Peters Ruhm steigt jedoch von Jahr zu Jahr. Im In- und Ausland wird er eine umworbene Persönlichkeit, der man größte Hochachtung entgegenbringt. Als er wieder einmal sich in Geldnot befindet, empfängt er vom Kaiser Alexander III. ein Geschenk von dreitausend Rubeln. Die Stadt Moskau erteilt ihm den Auftrag, eine „*Kantate*" zu schreiben, die in Anwesenheit des Monarchen in den Festsälen des Kreml zur Aufführung gelangen soll. Bald darauf wird er vom Kaiser in Audienz empfangen und durch Verleihung eines Ordens ausgezeichnet. Seine Musik ist leicht verständlich, sie bietet keine Probleme. Die kaiserliche Familie findet Gefallen daran, und er gilt in Hofkreisen und überhaupt in Petersburg als *der* repräsentativste Komponist Rußlands.

Peter sehnt sich nach einem eigenen Heim. Seitdem die Schwester Alexándra nach langem Siechtum gestorben ist und ihre Kinder zum Teil verheiratet sind und die jüngeren von ihnen noch die Schule besuchen, ist Kámenka als Asyl für ihn ausgeschieden. Da bietet sich 1885 die Möglichkeit, ein eigenes Heim zu gründen. Bei Klin, zwischen Moskau und Petersburg, befindet sich das Dörfchen *Maidánowo*. Dort mietet er ein Haus, idyllisch in einem Garten gelegen, mit einer großen Veranda, abseits von jeder Unruhe, wo Störungen durch Menschen vermieden sind. Ein Birkenhain befindet sich in der Nähe, von weitem erblickt man den Glockenturm der Dorfkirche. Klin ist von Moskau anderthalb Stunden Bahnfahrt entfernt, dann sind es noch zwei Kilometer bis Maidánowo. Hier hofft der ewig Gehetzte Ruhe zu finden. Die Einrichtung des Hauses überläßt er Aljóscha, der gerade vom Militärdienst zurückgekehrt ist. Diese treue Seele macht sich daran, das Haus wohnlich einzurichten. Er kauft von überall her Möbel zusammen, hängt Gardinen auf, schafft den bereits ehrwürdigen Becker-Flügel herbei, der Peter schon jahrelang in Moskau gute Dienste leistete und sucht nach seinem Geschmack alles gemütlich herzurichten. So entsteht eine recht kurios zusammengewürfelte Ausstattung. Aber Peter ist mit allem zufrieden. Außer Aljóscha betreuen ihn ein Koch, ein Gärtner und eine Waschfrau.

Hier entstehen seine neuen Werke. Wir kennen seine Arbeitsweise, die er überall aufs strengste einzuhalten pflegt. Gegen halb acht wird aufgestanden und nach kurzer Toilette der Tee eingenommen. Es folgt ein halbstündiger Spaziergang, worauf die Arbeit um neun beginnt. Niemand darf ihn dabei stören. Um ein Uhr ißt er zu Mittag, woran sich ein zweistündiger Spaziergang anschließt. Diesen Spaziergang unternimmt Peter stets allein. Kein schlechtes Wetter hält ihn davon ab, er glaubt, sich durch diese Berührung mit der frischen Luft seine Gesundheit zu erhalten. Unterwegs kommen ihm die musikalischen Einfälle, die er flüchtig auf irgendeinem Zettel notiert, darüber später auf dem Klavier phantasiert und sie für seine Kompositionen verwendet. Gegen vier Uhr wird der Nachmittagstee eingenommen, von fünf bis sieben arbeitet er wieder. Damit ist sein Tagespensum erschöpft. Nun steht er seinen Freunden zur Verfügung, denn er liebt die Geselligkeit. Nach dem Abendessen wird musiziert, oder man spielt Karten und spricht ausgiebig und fröhlich dem Alkohol zu. Peter kann sehr viel vertragen, niemand hat ihn jemals betrunken gesehen. Um elf zieht er sich in sein Schlafzimmer zurück und liest dann noch im Bett. Für seine Freunde steht immer ein Zimmer bereit. Nach russischer Sitte ist Gastfreundschaft selbstverständlich. Die Freunde kommen und gehen, sie bleiben oft wochenlang. Ständig gibt es Besucher, und die Verbindung mit dem nahen Moskau reißt nie ab. Aber niemand darf den Hausherrn während der Arbeit stören.

Kaum ist Peter in Maidánowo eingezogen, als er sich sofort auf die Arbeit stürzt. Als erstes Werk im neuen Heim schafft und beendet er die viersätzige sinfonische Dichtung „Manfred" (op. 58). Das Programm ist unter Anlehnung an Byrons bekannte Dichtung von Balákireff entworfen worden. Aber Peter ächzt und stöhnt über diese Programmvorschriften: „Hundertmal lieber ist es mir, ohne Programm zu komponieren", schreibt er. „Wenn ich eine Programmsinfonie schaffe, habe ich ständig das Gefühl, die Zuhörer zu betrügen, indem ich nicht mit Gold zahle, sondern mit wertlosen Papierrubeln."

Das Werk wird 1886 in Moskau aufgeführt, erzielt aber keinen Erfolg. Anfangs hatte Peter eine große Vorliebe für diese Sinfonie, später aber verabscheut er sie, wie aus einem Brief vom Jahre 1888 an den Großfürsten Konstantin hervorgeht: „,Manfred' ist ein greuliches Werk, ich hasse es geradezu, mit Ausnahme des ersten Satzes. Mit Einverständnis des Verlegers will ich die drei übrigen Sätze vernichten, sie taugen wenig, besonders das Finale. Für eine Sinfonie ist das Werk viel zu lang, ich will daraus eine ,Sinfonische Dichtung' machen. Erst dann dürfte der ,Manfred' Beifall finden. Den ersten Satz habe ich mit Genuß komponiert, die übrigen kosteten mich soviel Mühe, daß ich darüber erkrankte."

Diese strenge Selbstkritik ist vollauf berechtigt. Leider wurde der Plan, das Werk in eine einsätzige sinfonische Dichtung zu verwandeln, nicht ausgeführt.

Zwei Jahre komponierte Peter an einer neuen Oper „*Die Zauberin*" („Tscharodéika"). Er plagt sich mit der Arbeit und sie schreitet nur mühsam voran. Resigniert notiert er in seinem Tagebuch: „Habe wieder unlustig gearbeitet. Und da sagt man doch, ich wäre genial? Welch ein Unsinn!"

1887 findet in Petersburg die Uraufführung statt. Es gibt zwar Beifall, aber deutlich spürt er, daß es sich nur um seine Person und nicht um das Werk handelt.

Ganz anders verhält es sich mit seiner bereits in den Jünglingsjahren geschriebenen Oper „*Wakúla der Schmied*" (op. 14). Damals war seine Phantasie entflammt, er begeisterte sich für *Gógols* dämonisch-phantastische Novelle „*Nacht vor Weihnachten*", die den Stoff für das abwechslungsreiche Libretto abgab. Er erfand eine sprudelnde, vielfach hinreißende Musik, aber in jenen Jugendjahren war er noch keineswegs ein Meister der Technik, die Musik weist noch viele Unbeholfenheiten auf.

Nun unternimmt er eine Umarbeitung dieses Lieblingswerkes. Die „*Pantöffelchen der Zarin*" — so heißt der neue reizvolle Titel — erfährt eine durchgreifende Umgestaltung und soll in der neuen Form am Moskauer Theater seine erste Aufführung erleben. Da erkrankt der Kapellmeister Altáni, und Peter wird mit Bitten bestürmt, die Leitung selbst zu übernehmen. Schweren Herzens entschließt er sich dazu.

„Seit langer Zeit war man der Ansicht, ich hätte keine Begabung zum Dirigieren", schreibt er. „Ich selbst bin um so mehr davon überzeugt, als mein zweimaliger Versuch, meine krankhafte Schüchternheit zu überwinden, kläglich scheiterte. Wenn meine Gönner, unter ihnen Freund Altáni, mir trotzdem zuredeten, mein Mißtrauen gegen mich selbst zu überwinden und als Dirigent hervorzutreten, so hatten sie dabei im Auge, daß meine Unfähigkeit als Kapellmeister sich stets als ein Hindernis für die Verbreitung meiner Kompositionen erweisen würde. Denn Hervortreten als Kapellmeister bedeutet eine erhebliche Steigerung meines Rufes als Komponist. Ermutigt durch solches Zureden meiner Freunde entschloß ich mich, die Leitung meiner Oper selbst zu übernehmen."

So siedelt Peter zur Übernahme der Proben Anfang Januar 1887 für einige kurze Wochen nach Moskau über und wohnt in Frau Nadjéshdas Haus in der Mjasnítzkaja. Die Hausfrau selbst ist verreist, aber die gesamte Dienerschaft steht zu seiner Verfügung.

„Schon seit acht Tagen genieße ich Ihre Gastfreundschaft", schreibt er der Freundin am 14. Januar. „In Ihrem Hause lebe ich wie an Christi Brust. Ich kann nicht dankbar genug sein für die Aufmerksamkeit, die mir hier zuteil wird. Jeden Morgen unternehme ich einen Spaziergang und sitze um elf Uhr bereits am Dirigentenpult vor dem Orchester. Die Proben dauern bis vier Uhr. Sie ermüden mich dermaßen, daß ich mich zu Hause sofort hinlegen muß, um auszuruhen. Gegen Abend kehren die Kräfte wieder, und erst dann nehme ich wieder Essen zu mir. Gewiß fällt mir das Dirigieren nicht leicht und kostet mich Nervenkraft. Aber ich muß gestehen, es macht mir auch viel Freude. Erstens empfinde ich es als sehr angenehm, daß ich meine angeborene Schüchternheit überwinden muß; zweitens ist es für den Autor einer neuen Oper sehr erfreulich, die Einstudierung eines Werkes selbst zu übernehmen, so daß er nicht gezwungen ist, sich immerfort an den Kapellmeister zu wenden, um diesen oder jenen Fehler zu berichtigen. Und schließlich erweist man mir von allen Seiten soviel aufrichtige Teilnahme, daß ich zutiefst beglückt bin."

Es naht der Tag der Aufführung. Peter ist krank vor Aufregung. Er muß alle Kräfte sammeln, um der Schwierigkeiten Herr zu werden. Aber er spürt die freundschaftliche Einstellung aller Mitwirkenden, die Hochachtung, die ihm allgemein gezollt wird, und so verläuft die Vorstellung reibungslos. Am Schluß gibt es großen Beifall. Man bereitet ihm Huldigungen ohne Ende und überschüttet ihn mit Blumen und Kränzen.

Es folgt das übliche Festessen, erst gegen Morgen sinkt Peter ermattet in sein Bett. Die „Pantöffelchen der Zarin" (auch „Tscherewitschki" genannt) erringen hier und bald darauf in Petersburg einen vorübergehenden Erfolg.

Diese Oper wird später auch im Ausland (z. B. in Deutschland) aufgeführt. Vielleicht findet sich einmal ein talentvoller Regisseur, der, im Bunde mit einem phantasiebegabten Kapellmeister, diese Oper zum Siege führt. Denn sie enthält so viel reizvolle Musik und eine so abseitig schillernde Handlung, daß ein Versuch die aufgewandte Mühe reichlich lohnen würde.

Für Peter aber bedeutet diese Aufführung einen bedeutenden Einschnitt in seinem Leben. Er hat seine Kräfte als Kapellmeister erprobt, sein Selbstvertrauen gestärkt und betätigt sich von nun an im In- und Ausland als Dirigent seiner eigenen Werke. Seine Konzertreisen nehmen einen riesigen Umfang an, seine Schüchternheit scheint überwunden. Aus dem in sich gekehrten, scheuen, feinnervigen, überzarten Freund, wie Frau Nadjéshda ihn kannte, ist ein Weltmann geworden, der zwar widerwillig die Schattenseiten gesellschaftlichen Umgangs und oberflächlicher Huldigungen über sich ergehen läßt, aber doch in vollen Zügen alle Vorzüge des nun errungenen Weltruhms genießt.

Schöpferische Gipfelleistungen 1888—1893

„Ich will jetzt angestrengt arbeiten", schreibt Peter der Freundin am 10. Juni 1888, „und verspüre in mir den größten Drang, nicht nur anderen, sondern auch mir selbst zu beweisen, daß ich mich nicht ausgeschrieben habe. Öfters überkommen mich Zweifel, und ich frage mich: Ist es nicht an der Zeit, aufzuhören? Habe ich nicht meine Phantasie überanstrengt? Ist die Quelle nicht versiegt? Einmal muß das ja eintreten, falls ich noch einige Jahrzehnte leben sollte. Und wer weiß, ob es nicht schon an der Zeit ist, die Waffen niederzulegen?

Ich weiß nicht, schrieb ich Ihnen schon, daß ich an einer Sinfonie arbeite? Anfangs kam ich nur schwer vorwärts, aber jetzt scheint die Erleuchtung über mich gekommen zu sein."

Es handelt sich um die „Fünfte Sinfonie", die im Sommer 1888 in der kurzen Zeitspanne von drei Monaten geschaffen wurde. Sie ist im Dörfchen *Frólowskoje* bei Klin entstanden, wo ein kleines Landhaus für Peter gemietet und von Aljóscha eingerichtet worden war. Es befindet sich also in unmittelbarer Nähe von seinem bisherigen Wohnsitz Maidánowo.

Bereits einige Monate nach Beendigung des Werkes findet die erste Aufführung der Sinfonie in Petersburg unter der Leitung des Komponisten statt, erringt aber nur wenig Beifall. Peter ist schwer enttäuscht und wieder einmal bereit, die Flinte ins Korn zu werfen. Davon erfahren wir in einem Brief an Frau Nadjéshda vom 2. Dezember 1888.

„Nachdem ich meine neue Sinfonie zweimal in Petersburg und einmal in Prag dirigiert habe, bin ich zu der Überzeugung gekommen, daß sie mißglückt ist. Es steckt etwas Abstoßendes in ihr, eine solche Buntheit, Unaufrichtigkeit, eine solche „*Mache*". Die Zuhörer erkennen das unwillkürlich. Mir wurde klar, daß die Beifallsäußerungen meinen früheren Schöpfungen galten, und daß diese Sinfonie nicht zu gefallen vermag. Diese Erkenntnis bereitet mir brennenden Schmerz und Unzufriedenheit mit mir selbst... Gestern blätterte ich in der vierten, *unserer* Sinfonie. Welch ein Unterschied! Wieviel höher steht sie! Das ist sehr, sehr traurig!"

Man sieht, wie Peter von Stimmungen abhängig ist und immer wieder der Melancholie verfällt. Heute wissen wir, daß seine fünfte Sinfonie seine „Vierte" bei weitem übertrifft und von manchen sogar über seine „Sechste" gestellt wird. Sie ist einheitlicher, geschlossener und ungleich bedeutender in der Erfindung als die „Vierte".

*

Der erste Satz beginnt mit einer langsamen Einleitung:

[Notenbeispiel: Andante, Motiv a]

Diese melodische Linie — die idée fixe — bildet, ähnlich dem Schicksalsmotiv der vierten Sinfonie, den Kern der ganzen Komposition; jedoch in einem noch viel umfassenderen Sinn, da sie in allen vier Sätzen ihre treibende zentrale Kraft offenbart.

„Wenn ich die Selbstbildnisse italienischer Maler anschaue", schreibt Peter Iljitsch seiner Freundin, „so frage ich mich oft, mit welchen Mitteln wir Musiker ein Selbstbildnis schaffen können. Man wird über sich selbst wie über Hamlet oder Romeo immer nur ein Thema entwerfen, aber ein Thema ist bei weitem noch keine musikalische Komposition. Somit läßt sich das geistige Ich nicht musikalisch abbilden, sondern es kann nur das innere Erleben geschildert werden. Und unser Ich wird, in Musik übertragen, nicht mehr sein können, als eine idée fixe im Sinne von Berlioz."

Das erste Thema des Allegro-Satzes (Eulenburg, Kleine Partitur, Seite 3) zeichnet sich durch seine rhythmische Beweglichkeit aus:

[Notenbeispiel: Allegro con anima]

Mit großer Kunst wird eine allmählich beginnende Steigerung bis zum dreifachen Fortissimo entwickelt.

Unmittelbar darauf setzt in vollem Gegensatz das lyrische zweite Thema (Seite 16) ein:

[Notenbeispiel: (nur Streicher)]

Bald flammt ein eigentümlich loderndes Motiv (Seite 19) auf, das an vielen Stellen dieses Satzes aufleuchtet:

Ein leidenschaftlich bewegter Abgesang der ganzen Exposition (Seite 21)

steigert sich zu kraftgeballten Explosionen, wobei das Hauptthema sich schließlich seiner Melodik entäußert und nur noch als elementarer Rhythmus ♪♫ ♫ sich durchsetzt, von dem „Flammenmotiv" überwölbt.

Mit diesem beginnt die großangelegte Durchführung (Seite 28). Kunstvoll fügen sich die Motive Stein auf Stein aneinander und türmen den ragenden Bau. Wenn das zweite Thema in Engführung erscheint (die Geigen werden den Bratschen und Celli gegenübergestellt), untermauert vom pochenden Rhythmus des Hauptthemas, mit dem zackigen „Flammenmotiv" in der Tiefe (Bässe und Tuba), ist ein Höhepunkt (Seite 35) erreicht. Eine weitere Kraftentladung (Seite 41) entwickelt das Hauptthema, das, wiederum seines Melos beraubt, sich nur als elementarer Rhythmus fortpflanzt und diminuendo zur Reprise überleitet (Hauptthema pianissimo im Fagott Seite 44).

Nun wiederholt sich der Aufbau mit seinen Themen. Eine Coda (Seite 67), mit dem „Flammenmotiv" in den

Hörnern beginnend, erinnert zunächst an die Durchführung, greift dann das erste Thema auf, das zu gewaltiger Steigerung emporführt, dann aber zurücksinkt und sich schließlich pianissimo (Fagott) in der Tiefe verflüchtigt. Hier klingt bereits die Todesstimmung des Schlusses der sechsten Sinfonie an. Selten ist Tschaikówski ein so geschlossener Satz gelungen.

Das *Andante cantabile* ist nach dem Formenschema a — b — c — a — b entworfen. Zwei Hauptgedanken steht also ein Mittelteil gegenüber, wobei der Verlauf des ganzen Satzes zweimal höchst eindrucksvoll durch die „idée fixe", das Schicksalsmotiv, unterbrochen wird.

Über tiefen Streicherakkorden setzt im achten Takt das Horn mit einer Melodie klassischer Prägung ein:

Noch bevor sie von den Celli aufgenommen und gesteigert wird, erklingt andeutungsweise ein Motiv (Seite 78, Motiv a des nächsten Notenbeispiels), das bald danach (Seite 80, Tempo I) als Beginn des zweiten Themas erkennbar wird.

Dieses zeichnet sich durch geradezu betörenden Schmelz und hinreißenden Schwung aus, namentlich, wenn die Cantilene durch Beteiligung des ganzen Orchesters aus lyrischer Zartheit zu dramatischer Erregung ansteigt. Die Spannung läßt nach und es beginnt der Mittelteil (Seite 85, Buchstabe c des Formenschemas), dessen eigenartig schillerndes Thema (nächstes Beispiel) im dritten und vierten Takt russisch-orientalische Melodik aufgreift.

Im weiteren Verlauf nimmt die Spannung zu durch eine Reihe von Engführungen des Themas und führt bei dreifachem Forte zum Einsatz der „idée fixe", die über dem Orgelpunkt g (mit Paukenwirbel) von den Trompeten (Seite 92) ehern herausgeschmettert wird. Die nun folgende Wiederkehr des ersten Themas (Seite 94), von den Geigen über pizzicato-Akkorden, im Zwiegesang mit Oboen und Klarinetten, piano aufgegriffen, wirkt als Gegensatz zum Vorangegangenen um so eindrucksvoller. Bald wird diese Zurückhaltung aufgegeben, das anschließende zweite Thema (Seite 102) erstrahlt bereits wieder in voller Stärke und mündet bei dreifachem Forte wiederum in die „idée fixe" (Seite 107) über dem verminderten Septakkord und dem Orgelpunkt gis, wobei das Schicksalsmotiv diesmal den Posaunen und Fagotten zugeteilt ist und zwischendurch Trompetenfanfaren die Dramatik steigern.

Die zart gehaltene Coda (Seite 109) des zweiten Satzes zitiert gleichsam als Abglanz das zweite Thema (man beachte die Imitationen zwischen Geigen und Bratschen einerseits und zweiten Geigen und Celli andrerseits) und verliert sich unter allmählich nachlassender Spannung bis zum vierfachen Piano.

Alle Register des Orchesters hat Tschaikówski aufgeboten, um den seelischen Gehalt dieses Satzes bloßzulegen. Man übersehe nicht die vielen Gegenstimmen, die hier wie überall in seinen Kompositionen das Gesamtwerk so überaus beleben, man verkenne auch nicht, wie die kaum abreißenden gesanglichen Linien immer wieder ganzen Gruppen von Instrumenten (oft durch zwei oder drei Oktaven) zugeteilt werden, wodurch das Melos unerhört prägnant hervorgehoben wird. Immer wieder zeigt es sich, daß gerade der *Melodiker* Tschaikówski seine größten Trümpfe ausspielt.

Leider erweist sich das *Scherzo*, ein Walzer, nicht entfernt den beiden ersten Sätzen ebenbürtig. Man kennt die vielen Walzer des russischen Tondichters (darunter den berühmtesten aus dem „Onégin"). Sie alle bedeuten ein Hinabsteigen zu gehobener Unterhaltungsmusik, die in einer Sinfonie nun einmal nicht am Platze ist. Gegen Schluß (Seite 142) erklingt pianissimo, gleichsam schattenhaft, die „idée fixe" (tiefe Klarinetten und Fagotte von pizzicato-Akkorden umspielt).

Das breit angelegte, nicht tief greifende *Finale* beginnt, wie der erste Satz, mit einer langsamen Einleitung, wobei die „idée fixe" sich diesmal in strahlendem E-dur präsentiert und dadurch der ganzen Introduktion festliches Gepräge verleiht.

Das Hauptthema des Allegro vivace (Seite 153), im Stil wirbelnder russischer Tanzweisen entworfen, entwickelt sich aus dem Motiv a der „idée fixe" (siehe Motiv a des Notenbeispiels der „idée fixe").

Rastlos und erregend stürmt die Musik voran. Eine Überleitung mit einem Kanon (Seite 158) in den Geigen, Bratschen und Celli führt zum zweiten Thema (Seite 163), dessen Motive a und b den Hauptgedanken des zweiten Satzes verwandt sind.

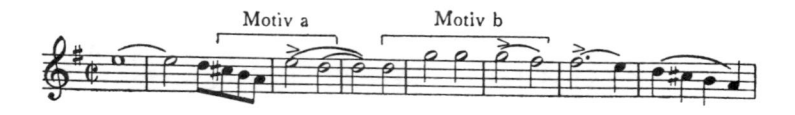

Wieder bringt die „idée fixe" (Seite 169) sich in Erinnerung und zwar als hymnischer Gesang in C-dur, von Trompeten und Posaunen fortissimo vorgetragen. Die Durchführung bevorzugt zunächst die Tanzrhythmen des Hauptthemas, wendet sich aber dann dem Seitenthema zu, das viermal hintereinander bald in der Tiefe, bald in der Höhe marcatissimo aufklingt und schließlich in die Reprise (Seite 186) einmündet. Nach der Wiederholung des ersten und zweiten Themas erscheint noch zweimal die „idée fixe", zunächst (Seite 205) eigentümlich starr vor allem den Rhythmus herausarbeitend, dann aber (Seite 212 und 216) in E-dur, als festlicher Marsch, umrauscht von wirbelnden Figuren der hohen Holzbläser und Streicher. Dieser recht äußerlich aufgebaute Schluß bringt in den letzten Takten (Seite 228) noch eine Überraschung: das in vierfachem Forte grell herausgeschmetterte Zitat des Hauptthemas aus dem ersten Satz.

In Prag dirigiert Peter nicht nur seine *„Fünfte Sinfonie"*, sondern auch noch den *„Onégin"*, der dort besonders einschlägt. Mit wahrem Enthusiasmus schreibt ihm der neu gewonnene Freund *Anton Dvořak* einige Wochen später über seine Eindrücke:

„Mit Freuden bekenne ich, daß Ihre Oper großen und nachhaltigen Eindruck auf mich gemacht hat, einen solchen, wie ich ihn bei einem echten Kunstwerk stets erwarte, und zögere nicht, Ihnen zu sagen, daß mir bisher keines Ihrer Werke so gut gefallen hat, wie Ihr ,*Onégin*'. Es ist ein herrliches Werk, voll warmer Empfindung und Poesie, meisterhaft bis in alle Einzelheiten; kurz, diese Musik ist so anziehend und dringt so tief in die Seele, daß man sie nicht vergessen kann. Höre ich sie im Theater, so fühle ich mich in eine andere Welt versetzt. Ich beglückwünsche Sie und uns zu diesem Stück. Gebe Gott, daß Sie der Welt noch viele solche Schöpfungen schenken. Es küßt sie herzlichst
Ihr ergebener
Anton Dvořak."

Weihnachten 1888 feiert Peter in seinem neuen Heim in *Frólowskoje*. Jürgenson bereitet ihm eine besondere

Überraschung, indem er ihm die Kompositionen seines Abgottes Mozart in der Gesamtausgabe unter den Christbaum legt. Diese Werke immer aufs neue zu studieren, wird Peter nie müde. Einige Bände befinden sich in ständiger Bereitschaft auf seinem Flügel.

Bald darauf, zu Beginn des Jahres 1889 unternimmt er wieder eine große Konzertreise, die ihn über Köln, Frankfurt, Berlin, Hamburg, Genf, Paris schließlich nach London führt. Überall dirigiert er eigene Werke. Als er endlich wieder in Petersburg eintrifft, leitet er zur Feier von *Anton Rubinsteins sechzigstem Geburtstag* zwei Konzerte nur mit dessen Kompositionen und führt bald darauf in Moskau *Beethovens neunte Sinfonie* auf. So betätigt er sich zum ersten Mal auch als Dirigent fremder Werke.

Während seiner Konzertreise hat Peter in Deutschland die Bekanntschaft bedeutender Persönlichkeiten gemacht. In Leipzig trifft er *Edvard Grieg*, zu dem er eine große Zuneigung faßt, und *Johannes Brahms*. Dieser ist ihm als Mensch außerordentlich sympathisch, aber für seine Kompositionen kann er sich nicht erwärmen. In Leipzig lernt er auch *Ferrucio Busoni* kennen und hört sich ein Quartett von ihm an. Darüber schreibt er in seinen „Erinnerungen": „Da ich dank unserer persönlichen Bekanntschaft Grund habe zu glauben, daß dieser junge Komponist einen starken Charakter, einen glänzenden Verstand und einen edlen Ehrgeiz besitzt, so zweifle ich nicht, daß man in kurzer Zeit viel von ihm reden wird. Als ich sein Quartett hörte und mich in höchstem Grade an seinen originellen rhythmischen Kombinationen ergötzte, bedauerte ich freilich, daß Herr Busoni seiner Natur Gewalt antut und sich um jeden Preis bemüht, als Deutscher zu gelten. Ähnliches läßt sich noch bei einem anderen jungen Italiener beobachten, bei *Sgambati*. Sie schämen sich beide, Italiener zu sein, befürchten, daß in ihren Kompositionen so etwas wie eine Melodie aufleuchten könnte."

In dieser Zeit komponiert Peter sein Ballett „*Dornröschen*", wie es heißt: auf Wunsch des Zaren. Dieses Werk erfreut sich in Rußland, dem Land der berühmten Ballett-Tradition, bald großer Beliebtheit. Aber die Musik ist leicht gewogen und zeichnet sich nicht durch Originalität aus.

Nun aber gelingt Peter Iljítsch endlich wieder ein Wurf. Trotz aller Mißerfolge versucht er es erneut mit einer Oper und diesmal wird ihm Erfüllung zuteil. Fluchtartig verläßt er Anfang 1890 die nordische Hauptstadt, mit dem ersten Akt des Librettos zur *„Pique Dame"* in der Tasche. Modést hat es unternommen, aus *Púschkins* gleichnamiger Erzählung ein Textbuch zu formen und verspricht dem Bruder, die weiteren Akte bald nachzusenden. Die Reise führt über Berlin nach Florenz. Ruhe und Einsamkeit — darauf kommt es Peter an. Die findet er diesmal nicht in der Viale dei Colli, sondern in einem unscheinbaren Hotel mit der Aussicht auf den Arno. Nun stürzt er sich auf die Arbeit, die mit Lust und Liebe vonstatten geht. In kaum zwei Monaten ist die Komposition beendet. Er arbeitet so schnell, daß er mehrfach in Verlegenheit kommt, weil Modést mit seinem Textbuch nicht Schritt hält und Mühe hat, ihm Szene für Szene des Textbuches zuzuschicken.

Aus einem Brief an den Großfürsten Konstantin erfahren wir Näheres über die Entstehung des Werkes: „Bald nach meinem letzten Zusammensein mit Ihnen reiste ich ins Ausland mit der Absicht, mich irgendwo in aller Zurückgezogenheit an die Arbeit zu setzen und in möglichst kurzer Zeit eine Oper nach der Erzählung ,*Pique Dame*' zu schreiben. Diese Abgeschiedenheit fand ich in Florenz, wo ich ohne Zögern mit der Komposition begann. Die Arbeit kam sogleich gut in Fluß... Ich schrieb die Oper in weniger denn sechs Wochen, machte dann den Klavierauszug, und nun habe ich schon fast die Hälfte des Werkes instrumentiert. Eine solche Anspannung meiner schöpferischen Kräfte war natürlich mit einer zunehmenden Zerrüttung meiner Nerven verbunden, die schließlich zu einer Störung meiner Gesundheit führte. Jetzt aber fühle ich mich ausgezeichneter Stimmung in der Gewißheit, nach dreimonatiger Trennung von Rußland bald heimkehren zu dürfen und im frohen Bewußtsein der vollbrachten Leistung. Es ist durchaus möglich, daß ‚Pique Dame' eine schlechte Oper ist, und es ist wahrscheinlich, daß ich sie nach einem Jahr hassen werde, wie ich viele meiner Schöpfungen hasse. Jetzt aber scheint es mir, daß dies mein bestes Werk ist. Autor des Libretto ist mein Bruder Modést, der auch das Szenarium unter meiner Beihilfe entworfen hat."

Schon am 7. Dezember 1890 findet die Premiere unter Napráwniks Leitung in Petersburg statt. Es gibt einen sehr großen Erfolg mit ausverkauften Häusern und stürmischen Ovationen. Das Publikum ist vom Glanz und von der Leidenschaftlichkeit der Musik hingerissen. Bald finden Aufführungen in anderen Städten Rußlands und im Ausland statt. Und im Verlauf der Jahre erringt *„Pique Dame"*, ebenso wie *„Eugén Onégin"* einen Welterfolg.

„Pique Dame"

Nach einem kurzen Orchester-Vorspiel mit zwei für die ganze Oper bezeichnenden Motiven (dem Drei-Karten-Motiv und dem Liebesmotiv) beginnt das farbenprächtige erste Bild. Zunächst eine Milieu-Schilderung im „Sommergarten" in Petersburg: das fröhliche Spiel von Kindern, das lustige Treiben von Passanten. Dann der Beginn der Handlung. Der junge, aber mittellose Offizier Hermann ist in eine vornehme junge Dame Lisa verliebt, die bei ihrer strengen Großmutter, der „Pique Dame", einer steinalten, mumienhaften Gräfin lebt. Fürst Jelétzki hat sich mit Lisa verlobt, worüber Hermann verzweifelt ist. Dessen Freund Tomski erzählt uns im Balladen-Ton die Lebensgeschichte der alten Gräfin. In ihrer Jugend in Paris, am Hofe der Pompadour lebend, verliert sie infolge ihrer Spielleidenschaft ihr ganzes Vermögen. Da lernt sie einen jungen Mann kennen, der das Geheimnis von drei glückbringenden Karten besitzt. Um den Preis ihrer Gunst verrät er ihr das Geheimnis der drei Karten und sie erspielt sich damit ein Vermögen. Später aber wird ihr vom „Bösen" prophezeit, daß jeder zukünftige Liebhaber, dem sie die Glückskarten verriete, dem Tode verfallen wäre. Diese Erzählung versetzt Hermann geradezu in Raserei. Er hat nur noch den einen Gedanken, das Geheimnis der drei Karten zu erfahren, sich dadurch ein Vermögen zu erspielen und damit die angebetete Lisa zu gewinnen.

Auch das zweite Bild des ersten Aktes beginnt mit einer reizvollen Milieu-Schilderung. Wir befinden uns in Lisas Zimmer und vernehmen Romanzen und Chorgesänge ihrer Freundinnen, darunter auch ein lustiges „russisches Lied":

Allegro

Kommt der Bursch im Hoch-zeits-wa-gen, Liebchen öff - ne die Tür!

Ei, la la, tra la la la, Liebchen öff - ne die Tür!

Eine hereinstürzende aufgebrachte, aber drollige Gouvernante wirkt erheiternd. Unterdessen bricht die Nacht herein. Lisa ist allein zurückgeblieben, sie liebt ihren Bräutigam nicht und sehnt sich voll Unruhe nach dem ihr bisher unbekannten Hermann, der ihr aus der Entfernung den Hof macht. Ihr leidenschaftlicher Gesang steigert sich zu einem gewaltigen Ausbruch des Gefühls: einer „Anrufung an die Nacht".

O hör mich Nacht, dir will ich mich ver-traun! Viel-leicht weißt

du mir Trost für mei-nen Schmerz. Es hält ein fremder Mann mein

Herz in Bann, doch weiß ich sel - ber kaum

u.s.w.

Herrliche Steigerungen gelingen Tschaikówski. Als die Gipfelung der Musik erreicht ist, erscheint plötzlich von der Verandatür her Hermann. Lisa ist entsetzt und erhebt abwehrend ihre Hände. Nun ist es Hermann, der einen betörenden Liebesgesang anstimmt:

Diese Sequenz wird unendlich variiert und zu immer neuen Steigerungen geführt. Hermann stürzt vor Lisa nieder und umklammert ihre Knie. Ihr Widerstand ist fast gebrochen. Da klopft es an die Tür. Schnell verbirgt Hermann sich hinter einem Vorhang. Die mumienhafte, gebrechliche Gräfin erscheint im Nachtkleid. Sie hat Geräusche gehört, stößt ungeduldig mit ihrem Stock auf den Boden und befiehlt Lisa: „Marsch ins Bett!" In immer neuen Abwandlungen erklingt das „Drei-Karten-Motiv":

Die Gräfin verschwindet. Hermann tritt aus seinem Versteck hervor. Er ist durch den Auftritt der Gräfin zunächst ernüchtert. Bald aber erklingen wieder seine Liebessequenzen. Lisa kann nicht länger widerstehen und gibt sich ihm hin.

Erstes Bild des zweiten Aktes. Ein Maskenball in einem vornehmen Hause. In festlicher Stimmung ergehen sich die Gäste über die Terrasse zum Garten. Fürst Jelétzki richtet Worte der Liebe an seine Braut Lisa, die in ihrer Gewissensqual sich ihm zu entziehen sucht. Eine Balletteinlage (ein Allegro-Satz und eine Sarabande) sorgt für Abwechslung. Auch Hermann be-

findet sich unter den Gästen. Immer mehr gerät er in eine dem Wahnsinn nahe Stimmung und verfolgt grübelnd nur den einen Gedanken, das Geheimnis der Glückskarten zu ergründen. Als Lisa erscheint, verabredet er mit ihr noch in der gleichen Nacht ein Stelldichein und erhält zu diesem Zweck einen Schlüssel zum Eintritt in das Schlafzimmer der Gräfin und von dort durch eine Tapetentür in Lisas Gemach.
Zweites Bild des zweiten Aktes. Schlafgemach der Gräfin. Es ist Nacht. Vorsichtig tritt Hermann ein und sieht sich im Raume um. Neben dem Himmelbett der Gräfin erblickt er ihr lebensgroßes Jugendbildnis, als Pique Dame, im Kostüm des ancien régime. Rastlos erklingt im Orchester das Drei-Karten-Motiv. Als Stimmen hörbar werden, verbirgt sich Hermann, und die Gräfin tritt langsam ein, auf ihren Stock gestützt, gefolgt von ihren Kammermädchen. Die Zofen entkleiden sie und geleiten sie zum Lehnstuhl, da sie in ihm und nicht im Bett schlafen will. Alleingelassen, verliert sie sich in Jugenderinnerungen und summt im Einschlafen ein Liedchen vor sich hin, das Tschaikówski der Oper „Richard Löwenherz" von *Gretry* entnommen hat. Dann tritt Hermann aus seinem Versteck hervor und stellt sich vor die Greisin. Sie erwacht unter seinem Blick und bewegt in starrem Schrecken lautlos ihre Lippen. In flehendem Ton bittet er sie, ihm zu helfen und das Geheimnis der drei Karten zu offenbaren. Sie antwortet nicht. In beschwörendem Ton dringt er auf sie ein. Vergeblich: Sie schweigt, sieht ihn aber voller Hohn an. Das bringt ihn völlig außer Fassung. Drohend steht er vor ihr, er ist am Ende seiner Geduld, reißt eine Pistole aus seiner Rocktasche und bedroht die Greisin. Erschreckt richtet diese sich einen Augenblick auf und sinkt dann vom Schlage getroffen in den Lehnstuhl zurück. Hermann fährt entsetzt zurück und erkennt, daß mit dem Tode der Gräfin das Kartengeheimnis für immer begraben wurde. Als Lisa hereintritt, sinkt sie bestürzt an der Leiche ihrer Großmutter nieder und weist Hermann mit befehlender Gebärde zur Tür.
Erstes Bild des dritten Aktes. Hermanns Zimmer in

der Kaserne. Wir vernehmen die Klänge einer Kirchenmusik, vorgetragen von den Celli und Bratschen, und erinnern uns, daß die *„Ouvertüre 1812"* fast genau in der gleichen Weise beginnt. Es ist spät am Abend. Der Wind heult. Hermann hat einen Brief von Lisa erhalten, in dem sie, voller Reue über ihr Verhalten, um eine Zusammenkunft bittet. Hermann ist verzweifelt. Die grausige Erinnerung an den Tod der Gräfin hat ihn dem Wahnsinn nahegebracht. Nun ertönt aus der nahen Kasernen-Kapelle der Kirchenchor, und es entwickelt sich eine großartige Szene, indem hinter der Bühne der Chor singt, auf der Bühne gleichzeitig aber Hermann, kaum noch bei Sinnen, von Halluzinationen gepeinigt, seine Wahnideen in rezitativischer Deklamation hinausschleudert. Das wächserne Antlitz der toten Gräfin verfolgt ihn. Sie starrt ihn plötzlich an. „Fort, fort, schreckliche Erscheinung", ruft er. Unwillkürlich erinnert man sich in diesem Zusammenhang der beiden Wahnsinnsszenen aus Mussórgskis „Borís Godunóff", in denen der Zar, von Halluzinationen verfolgt, das bleiche Gesicht des von ihm ermordeten Demetrius vor Augen, fast die gleichen Worte rezitativisch hinausschleudert, während gleichzeitig (in der Sterbeszene) ein Kirchenchor hinter der Bühne erklingt.

Plötzlich wird im Halbdunkel eine weiße Gestalt sichtbar. Von Entsetzen gepackt, will Hermann entfliehen, da versperrt der Geist der Gräfin ihm den Weg. Hintergründige Harmonien ertönen. Der Geist teilt Hermann das Geheimnis der drei Karten mit: Drei, Sieben, Herz As. Über diese unerwartete Offenbarung in schauerliche Ekstase versetzt, tanzt Hermann in wilder Freude im Zimmer umher und bricht dann zusammen.

Zweites Bild des dritten Aktes. Am Ufer der Newa. Es ist Mitternacht. Lisa erwartet sehnsuchtsvoll Hermann. Ihr gefühlvolles Arioso steigert sich zu großem Ausdruck. Endlich erscheint Hermann und versetzt Lisa mit seiner fieberhaften Heiterkeit in Schrecken. Triumphierend berichtet er von der geisterhaften Erscheinung der Gräfin, die ihm das Geheimnis der Glückskarten

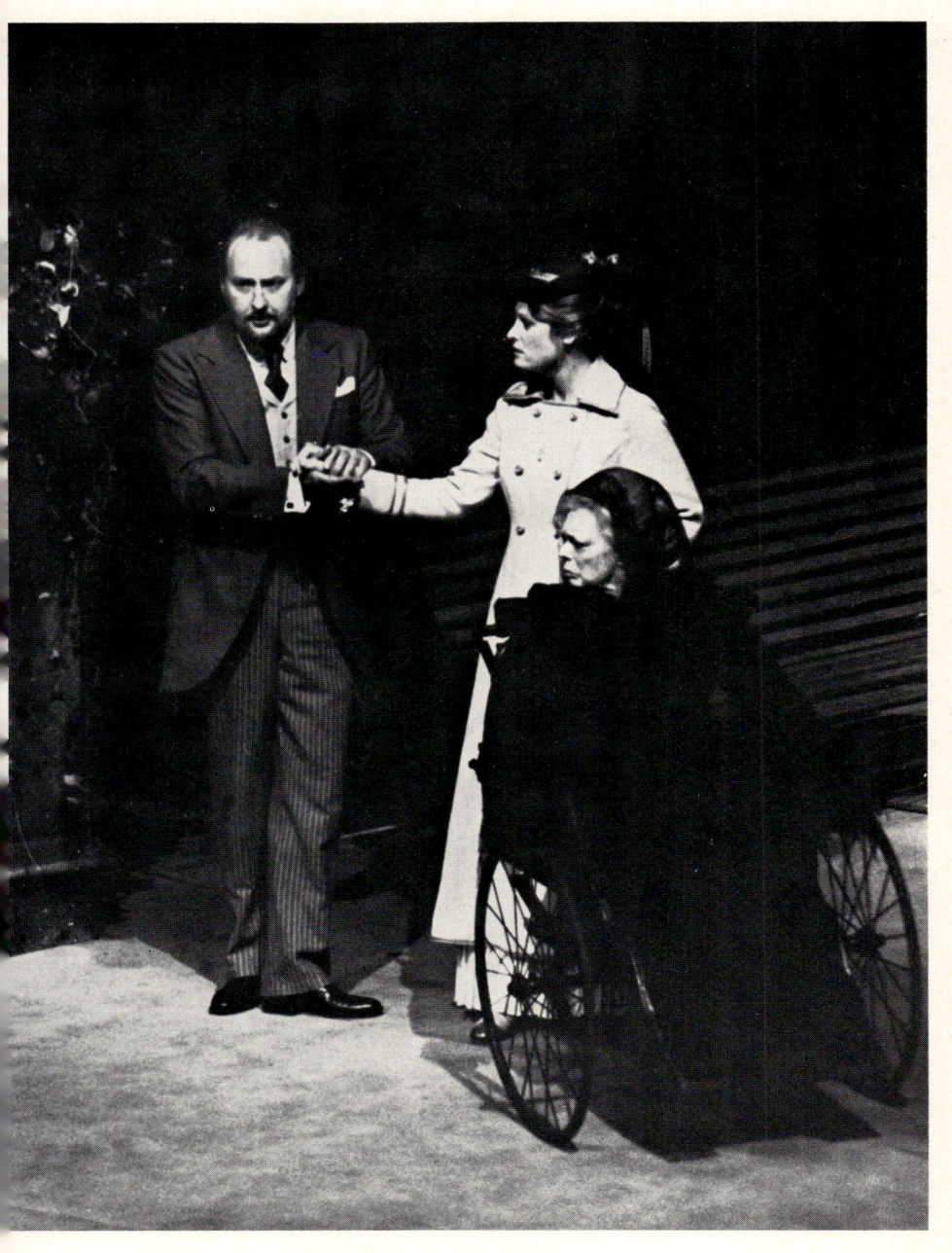

«Pique Dame», op. 68, 1. Bild. Oper der Stadt Köln, April 1978
Leif Roar als Tomsky, Jeanine Altmeyer als Lisa, Martha Mödl als Gräfin.
Regie: Rudolf Noelte, Bühnenbild: Jan Schlubach, Dirigent: Gerd Albrecht)

verriet. In seinem rauschhaften Zustand bewegt ihn nur noch der *eine* Gedanke: die Glückskarten auszuspielen und damit ein Vermögen zu gewinnen. Besinnungslos stürzt er davon. Lisa, allein gelassen, springt in ihrer Verzweiflung in die Newa.

Drittes Bild des dritten Aktes. Ein vornehmer Spielklub in Petersburg. Herren und Damen der Gesellschaft sitzen beim Spiele. Ein lustiges „Spielerlied", von einzelnen Stimmen und vom Chor in sausendem Tempo vorgetragen, artet in Spektakel, Schreien und Tanzen aus. Fesselnd die wechselnde Taktart des Liedes.

Bleich und erregt betritt Hermann den Saal und stürzt zum Spieltisch. Mit Hilfe der Glückskarten gewinnt er gleich mit dem ersten Einsatz eine Riesensumme. Wie im Fieber verdoppelt er den Einsatz und gewinnt wieder. Die Erregung ist aufs höchste gestiegen. Sämtliche Spieler sind aufgesprungen, aber niemand will das Risiko eines weiteren Spieles mit dem Rasenden, der offenbar mit dem Teufel im Bunde steht, auf sich nehmen. Nur Fürst Jelétzki tritt Hermann entgegen; er, dem Hermann das Herz der Braut entfremdete. Siegesgewiß setzt Hermann sein ganzes Geld auf Herz As. Als er aber die Karte aufdeckt, hält er zu seinem Entsetzen Pique Dame in der Hand. Die Sinne verwirren sich ihm, er glaubt den Geist der Gräfin zu sehen. Es ist ihr Werk. Sie hat sich gerächt. Er hört sie höhnisch lachen, und er ersticht sich. Mit den Worten: „O Herr, laß Ruh und Frieden ihn finden" beschließt der Chor, in fast unhörbares Piano zurücksinkend, die Oper.

Mit diesem spannenden, bühnenwirksamen Werk hat Tschaikówski sich selbst übertroffen. „Pique Dame" ist die Krone seiner Bühnenschöpfungen. Auch hier, gleich dem „Onégin", sind es nicht die Arien und die Tänze, die Entscheidendes in der Musik aussagen. In ihnen werden konventionelle Wendungen nicht immer vermieden. Sondern die Ariosi, die Rezitative, viele orchestrale Vorspiele und Untermalungen sind das Einmalige, nicht zu Verwechselnde dieser Partitur. Und dann sehe man sich die musikalische Charakterisierung der einzelnen Personen an, vor allem die der steinalten Gräfin, der Mumie. Sie ist — obgleich nur Episodenfigur — geradezu die innere treibende Kraft des ganzen Stückes, eine dämonische musikalische Charakterstudie, lebenswahr gezeichnet: eigenwillig, despotisch. Daneben dann die schwärmerische Lisa und vor allem Hermann: dieser haltlose Charakter, der sich von Szene zu Szene immer mehr in seine Wahnideen verstrickt, musikalisch scharf profiliert. Seine Begegnungen und Zusammenstöße mit der Gräfin sind als Höhepunkte der Oper anzusprechen, vor allem jene hintergründige, faszinierende Szene, wo er, von Visionen und Halluzinationen gefoltert, den Spuk der toten Gräfin vor sich zu sehen glaubt und diese als Geist dann tatsächlich in Erscheinung tritt.

Als Kuriosum seien einige Takte aus Mussórgskis „*Serenade*" (Lieder und Tänze des Todes) und aus „Pique Dame" (Szene, in der Hermann die Gräfin um Mitteilung der Glückskarten anfleht) einander gegenübergestellt. Von irgendeiner Beeinflussung Tschaikówskis durch Mussórgski kann selbstverständlich nicht die Rede sein, aber es entbehrt nicht eines kleinen pikanten Beigeschmacks, daß Tschaikówski eine musikalische Wendung des ihm so wenig sympathischen Antipoden Mussórgski gebraucht, wobei in beiden Fällen die Begleitung des Gesanges in der Höhe liegt, während die Melodie in der Tiefe (von den Celli) mitgespielt wird.

Mussórgski: Serenade („Lieder und Tänze des Todes", 1875):

Schlaf - los ihr Au - ge in fie - brigem Schim - mer

Tschaikówski: „Pique Dame" (1890) Klavierauszug, Seite 157:

Hermann: Nimmt uns denn dies Wissen das Recht auf Himmelsselig - keit?

*

Nicht nur in den verschiedenen Ländern Europas, auch in Amerika wächst das Interesse für Tschaikówskis Musik. Nun wird er zu einer Konzertreise in die neue Welt eingeladen, man will dort nicht nur seine Musik hören, sondern auch den Tondichter sehen. In Le Havre besteigt er den Ozeanriesen Bretagne, der ihn in sechs Tagen nach New York entführt. Mit Widerwillen ist er abgereist, immer wieder bedrückt ihn die Sehnsucht nach seinem geliebten Heimatland. Als er aber in New York eintrifft, wird er in den wirbelnden Strudel des amerikanischen Lebens hineingerissen und kommt kaum mehr zur Besinnung. Die Zeitungsreporter, Photographen und Autogrammjäger überfallen ihn, es regnet Einladungen, er sieht sich im Mittelpunkt einer Gastlichkeit und von Aufmerksamkeiten aller Art, die ihn geradezu betäuben. In sechs Orchesterkonzerten soll er auftreten, vier davon sind in New York. In den Zeitungen wird er als ein etwas beleibter Herr von etwa sechzig Jahren geschildert, etwas unbeholfen, aber von gewinnendem Äußeren. Da Peter erst die „*Fünfzig*" erreicht hat, ist er von dieser Schilderung nicht gerade angetan. Aber alle neuen Bekannten suchen sich in Gefälligkeiten ihm gegenüber zu überbieten. Man überschüttet ihn mit Geschenken, sein Hotelzimmer füllt sich mit Blumen, und der Milliardär *Carnegie* arrangiert für ihn Festlichkeiten ohne Ende. Vier Wochen verbringt er in diesem ebenso aufregenden, wie gastlichen Lande; er erlebt viele angenehme Stunden, ist aber doch heillos froh, daß diese Ehrungen ein Ende gefunden haben und er sich endlich wieder an Bord des Ozeandampfers befindet, der ihn nach Europa zurückbringt.

In *Frólowskoje* hatten sich unterdessen allerhand kleine Aufregungen und Mißstimmungen abgespielt, so daß Aljóscha schnell entschlossen wieder in das benachbarte *Maidánowo* umgezogen war. Peter geht nun mit dem Gedanken um, in *Klin* ein Haus zu kaufen, um dort ein *neues Heim* zu gründen. Indessen kommt es nicht zu einem Hauskauf, sondern es wird eine geräumige Villa in Klin nur gemietet. Unten richtet sich Aljóscha mit seiner Familie ein, oben haust Peter. Mehrere Gastzimmer stehen zur Verfügung. Am häufigsten erscheint der geliebte Neffe *Wladímir Dawúidoff*, genannt „*Bob*", der Sohn der verstorbenen Schwester Alexándra. Zwischen Bob und dem Onkel besteht ein besonders inniges Verhältnis. Bob besucht in Petersburg als Student die Rechtsschule, gehört zur „*jeunesse dorée*" und führt ein leichtsinniges, oberflächliches Leben. Häufig besucht er in Gemeinschaft mit mehreren Freunden den Onkel in Klin und verweilt dort viele Wochen. Diesen Jünglingen öffnet Peter sein Herz und seinen Geldbeutel. Immer wieder werden gemeinsame Fahrten nach dem nahen Moskau unternommen, wo getafelt und gezecht wird, alles auf Kosten des grenzenlos freigebigen Onkels. Da auch Modést zum großen Teil von seinem Bruder lebt und Bob mit vollen Händen in

Petersburg das Geld, das ihm nicht gehört, ausstreut, ist Peter gezwungen, neue Konzertreisen — vor allem in Rußland — zu unternehmen, um seine Kasse neu zu füllen. Denn um alle diese Ausgaben zu bestreiten, reichen seine jetzigen, sehr hohen Einnahmen nicht ganz aus.

In Rußland reist er von Stadt zu Stadt, es wiederholt sich das uns bekannte Bild. Ob er im Konzertsaal seine sinfonischen Werke oder im Theater seine Opern dirigiert: allerorts überhäuft man ihn mit Ehrungen und feiert ihn als den größten nationalen Tondichter. Die höchsten Einnahmen erzielt er aus den Aufführungen von *„Pique Dame"*.

Inzwischen wird Peter nach England eingeladen, wo die Universität *Cambridge* ihm die Würde eines Doktors der Musik verleihen will. Außer ihm sollen noch *Max Bruch, Edvard Grieg, Camille Saint-Saëns* und *Arrigo Boito* (fünf verschiedene Nationen also) geehrt werden. Peter begibt sich nach London, dirigiert dort ein Konzert und erlebt in Cambridge die mit feierlichem Zeremoniell vollzogene Promotion zum Doktor honoris causa.

Erschöpft und betäubt von diesen Erlebnissen kehrt er nach Klin zurück, wo fast gleichzeitig zwei neue Werke entstehen: das zweiaktige Ballett *„Der Nußknacker"* (nach einem Märchen von E. T. A. Hoffmann) und die einaktige Oper *„Jolanthe"*, deren Libretto wiederum von Modést stammt. Das reizende, erfindungsreiche, später so erfolgreiche Tanzstück (wohl die gelungenste Ballettschöpfung Tschaikówskis) wird in vierzehn Tagen komponiert, aber die Oper bereitet dem Komponisten viel Mühe. Nur langsam reift sie heran; voller Verzweiflung glaubt Peter wieder einmal, seine Kräfte wären erschöpft. Als aber am 6. Dezember 1892 beide Werke gleichzeitig ihre erste Aufführung in Petersburg erleben, lassen die Zuhörer sich von der Fülle glücklich erfundener Melodien hinreißen. Im „Nußknacker-Ballett" führt Peter ein neues Instrument ein, die *Celesta,* die er kurz zuvor in Paris kennengelernt hatte.

In Westeuropa erlebt die „Nußknacker-Suite", als geistvolle Unterhaltungsmusik, weitgehende Verbreitung. In ihr finden Teile der Ballettmusik Verwendung und zwar acht Nummern:
1. „Ouvertüre miniature" (präsentiert sich als „Spieldosenmusik", ohne Verwendung von Instrumenten in tiefer Lage, ohne Celli und Bässe);
2. „Marche caractéristique";
3. Tanz der Zuckerfee (ein Solostück für Celesta mit Begleitung des Orchesters);
4. Trepák (feuriger russischer Tanz);
5. Arabischer Tanz (das ganze Stück über dem Orgelpunkt G);
6. Chinesischer Tanz (das ganze Stück über dem Orgelpunkt B);
7. Tanz der Pfeiffer;
8. Blumenwalzer („Hommage à Johann Strauss", könnte als Motto für dieses Stück angegeben werden).

Die „Nußknacker-Suite" gelangte am 7. März 1892 in Petersburg zur bejubelten ersten Aufführung, wobei fünf von den acht Stücken wiederholt werden mußten.

Indessen: Diese liebenswürdigen Schöpfungen sind doch kaum mehr als Gelegenheitswerke. Sie erfreuen das Ohr, greifen aber nicht in die Tiefe. Peter weiß das genau, sein Streben gilt einem höheren Ziel.

Im Herbst 1892 hat er den größten Teil einer neuen Sinfonie beendet. Aber sie hält seiner strengen Selbstkritik nicht stand und er vernichtet das Manuskript. Einige Monate vergehen, abgrundtiefe Verzweiflung bemächtigt sich seiner, die Leidenschaft tobt in seiner Seele. Er findet keinen Ausweg, die Spannung seines Inneren hat den höchsten Grad erreicht. Doch nun kommt die Erlösung. Plötzlich kann er wieder arbeiten. Alle Kräfte sind gesammelt und entladen sich in einem Taumel von Gefühlen und fieberhafter Erregung. Der heiß ersehnte Höhenflug gelingt, die Erleuchtung hat sich rauschhaft seiner bemächtigt. Ein Besessener ist an der Arbeit: Es ist die *Geburtsstunde seiner sechsten Sinfonie*, der „*Pathétique*".

Mit dieser monumentalen Schöpfung erreicht er den Gipfel aller seiner Leistungen, mit ihr krönt er sein Leben. Aber diese Schöpfung, die ungezählte Menschenseelen der ganzen Welt bis ins tiefste ergreifen und aufwühlen sollte, wird sein Schwanengesang, mit ihr beschließt er sein zwar erfülltes, aber glückloses Leben. Frau Nadjéshda behält recht, als sie viele Jahre zuvor ihm geschrieben hatte, seine Musik spendete so vielen Menschen großes Glück, ihm selbst dagegen wäre im Leben kein Glück beschieden.

Von dieser sechsten Sinfonie wird im letzten Kapitel noch ausführlich die Rede sein.

Abbruch der Freundschaft

Es wurde bereits mehrfach angedeutet, daß der Freundschaftsbund zwischen Peter und Nadjéshda von Meck seine anfängliche stürmische Intensität eingebüßt hatte, die Beziehungen waren lockerer geworden und bröckelten ab. Peter war in den wirbelnden Strudel des Weltruhms hineingeraten, unzählige Briefe erreichten ihn täglich, die beantwortet werden mußten. Da blieb keine Zeit und keine Möglichkeit der Sammlung übrig, um sich langatmigen Meditationen an die Freundin hinzugeben, wie das in den ersten Jahren dieser flammend heißen Freundschaft der Fall gewesen war. Bei Frau Nadjéshda dagegen treten allmählich die Symptome einer alternden Frau hervor, die die Last der bald sechzig Lebensjahre zu tragen hat. Ihre Kränklichkeit nimmt in steigendem Maße zu. Sie ist schwach auf den Lungen, leidet unentwegt an neuralgischen Kopfschmerzen, und das Übel wird immer bösartiger. So verbringt sie Stunden und Tage, um ihre Leiden zu bekämpfen und versucht es mit mehrfachem, langwierig sich hinziehendem Sanatoriums-Aufenthalt im Ausland, der nur zeitweilige Besserung bringt. Ihre leidenschaftliche Liebe zur Musik ist die gleiche geblieben, nach wie vor vergöttert sie die Schöpfungen ihres Freundes, und nichts deutet darauf hin, daß die Beziehungen zu ihm eine schroffe Änderung erfahren könnten. Hatte sie ihm doch damals in jenem Brief mit dem leidenschaftlichen Liebesgeständnis gebeichtet, daß bis an ihr Lebensende *nichts* imstande sein würde, ihre Beziehungen zueinander zu ändern, daß es *niemandem* gelingen würde, ihn aus ihrem Herzen zu verdrängen.

Und doch trat dieses Ereignis gänzlich unerwartet ein. Die psychologische Deutung der Geschehnisse ist außerordentlich schwierig, man ist vielfach nicht imstande, hinter die Dinge zu sehen, um so weniger, als wir auf Vermutungen angewiesen und manche Hintergründe schwer zu enträtseln sind. Die von verschiedenen Seiten versuchten Erklärungen sind entweder abwegig oder unzulänglich, zum Teil sogar kindlich naiv. Nur ein vorsichtiges Abtasten der Vorgänge, ein sich Einfühlen in die vielfach dunklen Regungen des „*Eros*" vermag einigermaßen Klarheit in diese verwickelten seelischen Vorgänge zu bringen.

Wir geben zunächst einen Bericht der Tatsachen, soweit sie uns überliefert wurden.

Peters Konzertreisen hatten ihn bereits zweimal nach Tiflís geführt, wo sein Bruder Anatól den hohen Posten eines Vize-Gouverneurs bekleidete. Sein gastliches Haus ist Mittelpunkt des gesellschaftlichen Lebens. Bei ihm werden Liebhaberaufführungen und Hauskonzerte veranstaltet, hier trifft sich die geistige Elite der Stadt. Peter ist entzückt von der gewaltigen Natur des Kaukasus, von der reizvollen Lage dieser zum größten Teil orientalischen Stadt inmitten der riesenhaften Berge und von der verschwenderischen Fülle der Blumen und Bäume. Hier hat sich im Laufe der Jahre geradezu ein Tschaikówski-Kult entwickelt. Die Opern „*Eugén Onégin*" und sogar „*Mazéppa*" halten sich dauernd auf dem Spielplan. Wiederholt dirigiert Peter Konzerte mit eigenen Werken. Die Ovationen und Festlichkeiten ihm zu Ehren wollen kein Ende nehmen, und die Presse in Tiflís huldigt ihm, als dem großen Schöpfer der nationalen Sinfonie.

Da erreicht ihn im September 1890 in dieser Stadt

unerwartet ein Brief von Frau Nadjéshda, der ihn ins Herz trifft. Dieser Brief sollte der letzte sein, den sie ihm schrieb.

Schon vor Jahren hatte sie ihm einmal mitgeteilt — wir erinnern uns dessen — ihr Vermögen stände vor dem Zusammenbruch. Jetzt schreibt sie, sie hätte wiederum große Geldverluste gehabt und wäre daher nicht mehr imstande, ihm in Zukunft noch weiter die gewohnte Rente zukommen zu lassen. Nicht diese Mitteilung, daß er kein Geld mehr erhalten soll, war es, was Peter so tief verletzte, sondern der ganze Ton dieses Briefes. Unzweifelhaft: Dies war ein Abschiedsbrief fürs ganze Leben. Er schloß mit den Worten: *„Vergessen Sie mich nicht, erinnern Sie sich zuweilen meiner."*

Was war geschehen? Warum aus heiterem Himmel solche Worte? Peter verdient jetzt so viel, daß er auf die seit dreizehn Jahren in großherzigster Weise ihm ausgesetzte Rente verzichten kann. Allerdings: Trotz dieser Rente machte er immer wieder Schulden, weil er mit seinem Gelde nie auskam. Denn ein ganzer Schwarm von Verwandten und Bekannten — unter ihnen Modést und der Neffe Bob — lebten mehr oder weniger von seiner Tasche, und er selbst hatte sich immer mehr an ein Leben als „grand seigneur" gewöhnt. Aber es handelt sich gar nicht um die Rente. Wenn Frau Nadjéshda ihm kein Geld mehr geben konnte, so hätte doch die langjährige Freundschaft bestehen bleiben, so hätte der Briefwechsel seinen Fortgang nehmen können. Wie überaus verletzend für Peter der Gedanke, daß der Freundschaftsbund in dem Augenblick sein Ende nehmen sollte, wo die finanzielle Hilfe aussetzte!

Peter grübelt über diese Dinge, findet keine Lösung und entschließt sich in Tiflís am 22. September 1890 zu einer Antwort.

„Soeben erhielt ich Ihren Brief, teure Freundin. Die Mitteilung, die Sie mir machen, bereitet mir tiefen Kummer, nicht meinetwegen, sondern um Ihretwillen. Das sind keine leeren Worte. Sicherlich wäre ich nicht aufrichtig, wollte ich behaupten, daß eine so beträchtliche Verringerung meiner Einnahmen mir gleichgültig wäre. Meine wirtschaftliche Lage wird dadurch berührt, aber in viel geringerem Maße, als Sie vermutlich annehmen. Denn meine Einnahmen haben sich in den letzten Jahren bedeutend vergrößert, und es ist anzunehmen, daß sie in Zukunft noch weiterhin steigen werden. Sollten Sie sich indessen meinetwegen Sorgen machen, so bitte ich Sie inständig, mir zu glauben, daß ich nicht den allergeringsten Kummer wegen dieser wirtschaftlichen Einbuße empfinde. Seien Sie versichert, daß dies vollkommen der Wahrheit entspricht.

Was mich schmerzt, ist nicht dies, daß ich zeitweilig meine Ausgaben herabsetzen muß, sondern der Umstand, daß Sie bei Ihren Lebensgewohnheiten und Ihrem Lebensstil sich Einschränkungen auferlegen müssen. Das empfinde ich als überaus traurig und kummervoll; und mich ergreift das heftige Verlangen, irgend jemand dafür zu belangen oder anzuklagen, aber ich weiß ja gar nicht, wer an diesen Dingen schuld ist. Meine Empörung hat keinen Sinn, denn ich habe kein Recht, mich in Ihre Familienangelegenheiten einzumischen. Ich will lieber Pachúlski bitten, mir gelegentlich Aufklärung darüber zu geben, wie Sie sich in Zukunft einrichten wollen, wo Sie wohnen werden und in welchem Maße Sie sich Einschränkungen auferlegen müssen. Ich finde keine Worte, um Ihnen zu sagen, wie schmerzlich mich das alles berührt und welche Sorgen ich um Sie habe. Ich kann mir Sie ohne Reichtum gar nicht vorstellen.

Die letzten Worte Ihres Briefes: *„Vergessen Sie mich nicht und erinnern Sie sich zuweilen meiner"* — haben mich etwas verletzt, doch hoffe ich, daß Sie das nicht ernstlich so gemeint haben. Glauben Sie denn wirklich, ich wäre fähig, nur solange Ihrer zu gedenken, als ich Geld von Ihnen empfing? Halten Sie es denn für möglich, ich könnte auch nur einen Augenblick vergessen, was Sie alles für mich getan haben und wieviel ich Ihnen verdanke? Sie wissen, daß Sie mich gerettet haben, daß ich wahnsinnig geworden und zugrunde gegangen wäre, wenn Sie nicht als rettender Engel in mein Leben eingegriffen hätten. Ihre Freundschaft, Ihre große Anteilnahme an meinem Schicksal und Ihr großherziges Mäzenatentum haben meinen erloschenen Lebenswillen aufgerichtet.

Seien Sie versichert, teure Freundin, daß ich das niemals vergessen und bis zum letzten Atemzug Ihrer gedenken werde. Wie froh bin ich, daß ich gerade jetzt, da Sie nicht mehr über Ihren Reichtum verfügen, Ihnen meine unaussprechliche, heiße Dankbarkeit bezeugen darf, die in Worten ausgedrückt nur einen schwachen Abglanz meiner wahren Empfindungen wiedergeben kann. Wahrscheinlich ahnen Sie die unermeßliche Größe Ihrer Wohltat nicht. Sonst wären Sie vermutlich nicht auf den Gedanken verfallen, ich könnte jetzt, da Sie Ihres Reichtums beraubt sind, Ihrer nur *„zuweilen"* gedenken.

Entschuldigen Sie, bitte, meine hastige, unklare Schrift. Aber ich bin zu heftig erregt, um deutlich schreiben zu können."

Vergeblich wartet Peter auf eine Antwort. Als er nach Moskau kommt, erfährt er, Frau Nadjéshda habe keine Geldschwierigkeiten, von Vermögensverlusten könne jedenfalls nicht die Rede sein, da sie noch im Besitz ihres großen Reichtums wäre.

Diese Nachricht trifft Peter wie ein Donnerschlag. Also hat Nadjéshda Filarétowna den angeblichen Vermögensverlust nur als Vorwand benutzt, um die Beziehungen zu ihm abzubrechen. Wie überaus schmerzlich ist diese Erkenntnis! Er will es gar nicht glauben, daß er auf diese kränkende Weise abgetan, im Andenken der Freundin einfach ausgelöscht ist. Immer wieder versucht er durch Briefe die Verbindung mit ihr erneut aufzunehmen. Monate vergehen. Schließlich erhält er von Pachúlski eine kurze Antwort: Nadjéshda Filarétowna danke für seine Briefe, aber sie wäre krank und nicht imstande zu schreiben.

Kaum hat Peter diese Zeilen erhalten, als er sich hinsetzt und am 6. Juni 1891 folgende Worte an Pachúlski richtet, der durch seine Heirat mit Julia inzwischen Schwiegersohn von Frau Nadjéshda geworden ist:

„Soeben erhielt ich Ihren Brief. Ich verstehe, daß

Nadjéshda Filarétowna von Kräften gekommen und nervenleidend ist und mir nicht wie früher schreiben kann. Aber ich bin schmerzlich betroffen und peinlich berührt, ja sogar tief verletzt: nicht, weil sie mir nicht schreibt, sondern weil sie offensichtlich nichts mehr von mir wissen will. Wenn sie den Wunsch hätte, daß ich ihr wie früher schriebe, so ließe sich das leicht durchführen, denn Ihre Frau und Sie könnten ja die Briefe vermitteln. Leider aber hat sie nicht ein einziges Mal den Wunsch geäußert, ich möge ihr schreiben, wie es mir ginge und woran ich arbeitete ...

Ihnen ist natürlich bekannt, daß Nadjéshda Filarétowna mir im September vorigen Jahres mitteilte, sie könne mich in Zukunft nicht mehr unterstützen, da sie ihr Geld verloren hätte. Meine Antwort darauf werden Sie gelesen haben. Ich hob hervor, daß unsere Beziehungen sich in keiner Weise ändern dürften *nur deswegen,* weil ich kein Geld mehr von ihr erhalten sollte. Zu meinem großen Bedauern ist Nadjéshda Filarétowna nicht darauf eingegangen, offenbar, weil sie jede Zuneigung zu mir verloren hat. Daraus ergibt sich gewissermaßen die Tatsache, als ob ich von mir aus jede Verbindung mit ihr abgebrochen hätte, seitdem ich kein Geld mehr von ihr erhalte. Das bedeutet für mich eine große Erniedrigung. Mir ist es geradezu unerträglich und quält mich entsetzlich, daß ich ihre Unterstützung während so vieler Jahre angenommen habe. Ich glaubte, daß weder ihre Krankheit, noch ihre vielen Aufregungen, noch ihre Geldverluste ihre Gefühle zu mir ändern könnten, die sie in zahlreichen Briefen an mich bekundete. Nun sehe ich aber, daß diese Gefühle sich gewandelt haben. In Nadjéshda Filarétowna erblickte ich das Ideal eines Menschen vielleicht deswegen, weil ich sie persönlich niemals gekannt habe. Es kam mir nicht in den Sinn, daß ein solches Ideal sich ändern könne, ich hatte geglaubt, eher würde die Welt untergehen, als daß Nadjéshda Filarétowna sich von mir abwenden könnte. Das ist nun doch eingetreten und hat einen Riß in meinem Innern hervorgerufen. Mein Glauben an das Gute im Menschen ist untergraben, der

Frieden meiner Seele gestört, das wenige Glück, das mir im Leben zufloß, vergiftet. Nadjéshda Filarétowna hat grausam an mir gehandelt. Nie fühlte ich mich so erniedrigt, nie ist mein Stolz so gedemütigt worden. Am schmerzlichsten bewegt es mich, daß ich ihr bei ihrem leidenden Zustand nicht alles das anvertrauen kann, was mich quält. Denn ich möchte ihr nicht weh tun und ihre jede Aufregung ersparen...

Sollte sie nach mir fragen, so sagen Sie ihr, ich wäre wohlbehalten aus Amerika heimgekehrt, ich wohnte in Maidánowo und arbeitete."

Pachúlski antwortet auf dieses Bekenntnis und schickt ihm den Brief zurück. Er fügt hinzu, er wage es nicht, Frau Nadjéshda jene Zeilen zu übergeben. Sie wäre dermaßen krank und erschöpft, litte seelisch und körperlich an so vielen Übeln, daß nur dadurch ihre Abgeneigtheit zu erklären wäre, die früheren Beziehungen wieder aufzunehmen.

Mit dieser lahmen Erklärung Pachúlskis muß Peter Iljítsch sich zufrieden geben. Es war der letzte Ruf, eine letzte Mitteilung aus jener nun versunkenen Welt, die dreizehn Jahre lang sein Leben verschönt, seine Kräfte zu höchstem Schaffen angespornt und ihn selbst vor dem Abgrund bewahrt hatte. Nun ist diese Welt versunken, die Brücken sind abgebrochen, kein Laut mehr dringt von dort an Peters Ohr.

Wir stehen vor einem Rätsel. Wird jemals der Schleier, der über diesen Vorgängen schwebt, gelüftet werden? Man kann nur Vermutungen anstellen, aber die dürften doch eindeutig sein und stimmen.

Im Kapitel „*Eros und Liebe*" ist auf Tschaikówskis Veranlagung hingewiesen worden. Den männlichen Eros hat er in einem ähnlichen Sinne aufgefaßt, wie die Griechen des Perikleischen Zeitalters. Auch ihn beseelte dieses hohe „Ethos der Selbstzucht", das wir aus den im „*Gastmahl des Platon*" gehaltenen Reden kennen.

Frau Nadjéshda hat von diesen Dingen keine Ahnung gehabt. Sie war die liebende Frau, die von verzehrender Eifersucht erfaßt wurde, als Peter ihr alle näheren

Umstände seiner Heirat mitteilte. Und sie atmete auf, als diese Ehe zerbrach. Sie selbst gesteht, daß sie Peters Frau gehaßt habe. Ob sie jetzt ähnliche Gefühle bestürmen? Wir wissen es nicht. Dreizehn Jahre lang hatte sie liebevoll ein ganz bestimmtes Bild ihres vergötterten Freundes in ihrem Herzen getragen und dieses Bild gehütet wie einen Schatz.

Unterdessen sind ihre zahlreichen Kinder herangewachsen, die meisten haben sich verheiratet, so daß die Zahl ihrer nächsten Verwandten sich beträchtlich vermehrte. Allen diesen Kindern, Schwiegersöhnen und Schwiegertöchtern waren ihre Beziehungen zu Peter Iljítsch — wir nannten sie „unnormal" — bekannt. Sie wußten auch um Tschaikówskis Veranlagung, denn schon längst hatte in Petersburg und Moskau der gemeine Klatsch sich dieser Dinge bemächtigt, um so mehr, als Peter eine Weltberühmtheit geworden war. Frau Nadjéshdas Kinder wußten auch, daß er, der russische Meister, gewaltige Gelder verdiente, seitdem sein Ruhm sich so verbreitet hatte. Sie, die nie mit ihrer Einnahme auskamen und zu Frau Nadjéshdas Verzweiflung ihr Geld leichtsinnig vergeudeten, haben ihr unzweifelhaft Vorhaltungen darüber gemacht, daß sie dem Freunde noch immer jene Rente zahle, obgleich er selbst im Reichtum schwimme. Bis 1890 haben diese Vorhaltungen nichts gefruchtet, sie hielt dem Freunde die Treue.

Nun aber kam der Tag, wo Frau Nadjéshda von ihren Kindern über Peters Veranlagung rückhaltlos aufgeklärt wurde. Man kann sich die Wirkung, die diese Enthüllung, diese plötzliche Erkenntnis einer ihr bisher verborgenen Tatsache, nicht *vernichtend* genug vorstellen. Diese Erkenntnis muß sie wie ein Blitzschlag getroffen haben: als ob unerwartet vor ihren Augen ein Vorhang zur Seite gerissen würde, hinter dem sich ungeahnte Abgründe auftaten.

Für sie, diesen despotischen, schroffen, leidenschaftlichen Herrenmenschen gab es keine Konzessionen. So schnell und stürmisch sie damals bereit war, unter dem Einfluß der Musik ihres Freundes als völlig Besessene ihr Liebesgeständnis ungehemmt hinauszuschleudern, ebenso schnell und rücksichtslos faßte sie jetzt den Entschluß, alle Brücken für immer abzubrechen. So und nur so kam ihr letzter Brief an Peter vom September 1890 zustande, den wir oben erwähnten.

Peter ist bis ins Mark getroffen und hat diesen Schlag nie verwunden. Soviel er auch grübelt, er findet keine Erklärung für dieses Verhalten. Der einzige Mensch, der *„beste Freund"*, der ihm Aufschluß geben könnte, ist verstummt, hat sich abgewendet, ist für ihn entschwunden.

Frau Nadjéshda lebt nur noch wenige Jahre. Fern der Heimat stirbt sie am 1. Januar 1894 in Wiesbaden, nur wenige Monate nach dem in Petersburg erfolgten Tode ihres einst so vergötterten Freundes. An der tückischen Cholera erkrankt, sich in Schmerzen windend, schon fast bewußtlos, stammelt Peter immer wieder fassungslos den Namen der geliebten Freundin, die ihm so bald im Tode folgen sollte. Ihre Abkehr von der Freundschaft mußte er als schmerzlichen Verrat empfinden.

Ende und Ausblick

„Wie kurz ist das Leben!" bekennt Peter in seinem Tagebuch, „Wieviel habe ich noch zu leisten, zu denken, zu schaffen! Man schiebt es immer wieder auf, während der Tod schon hinter der Hecke lauert."

Um die gleiche Zeit schreibt er einem Freunde: „Ich sehne mich jetzt sehr nach freundschaftlicher Teilnahme und nach Verkehr mit nahestehenden Menschen. Denn ich befinde mich in einer höchst rätselhaften Verfassung — auf dem Wege zum Grabe. Es geht etwas Seltsames, Unbegreifliches in mir vor. Etwas wie Lebensüberdruß hat mich ergriffen. Ich leide zeitweise unter zermürbendem Kummer, aber das ist nicht jenes Leiden, aus dem ein neuer Lebenswille emporsprießt, sondern etwas Hoffnungsloses, Endgültiges und, wie immer in einem Finale, etwas Banales."

Ungeachtet seiner triumphalen Konzertreisen, seines Weltruhmes, ungeachtet aller überschwenglichen Huldigungen, die ihm in seiner Heimat und jenseits der Grenzen zuteil werden, empfindet Peter deutlich den vorgezeichneten Weg, die nur noch kurz bemessene Spanne Zeit, das unentrinnbare Fatum, das zum Tode führt.

Äußerlich beginnt ein Verfall der Kräfte. Als der russische Meister damals Wien besucht, beschreibt ein alter Bekannter sein Aussehen: „Er war so gealtert, daß ich ihn nur an seinen himmelblauen Augen erkannte. Ein Greis von fünfzig Jahren! Ich gab mir alle Mühe, es ihn nicht merken zu lassen."

Am Schluß des Kapitels „*Schöpferische Gipfelleistungen*" schilderten wir Peters abgrundtiefe Verzweiflung, aber auch den letztmalig errungenen Aufschwung, den fieberhaft ersehnten, endlich geglückten Höhenflug, der ihn befähigte, sich noch einmal selig in Tönen zu verströmen, noch einmal die letzten Kräfte zu sammeln, um im Taumel der Inspiration eine schöpferische Gipfelleistung zu vollbringen: die „*Sechste Sinfonie*", die „*Pathétique*", mit der er vom Leben Abschied nimmt.

Im Februar 1893 schreibt Peter aus Klin seinem geliebten Neffen Bob: „Ich wünschte, ich könnte dir den angenehmen Seelenzustand schildern, in den meine neue Arbeit mich versetzt hat. Du erinnerst dich, daß ich im Herbst eine zum größten Teil bereits vollendete und instrumentierte Sinfonie vernichtete. Ich tat sehr gut daran, denn sie war nicht sehr wertvoll: ein leeres Getändel von Tönen ohne wahrhafte Inspiration.

Während meiner Reise nach Paris kam mir der Gedanke an eine neue Sinfonie mit einem Programm, das aber für alle ein Rätsel bleiben soll — mögen sie sich nur die Köpfe darüber zerbrechen.

Dieses Programm gibt durch und durch meine innersten Gefühle wieder. Unterwegs während der Arbeit, in Gedanken komponierend, habe ich oft heftig geweint. Jetzt nach meiner Rückkehr machte ich mich an die Niederschrift der Skizzen und arbeitete so ungestüm, daß der erste Satz in weniger als vier Tagen vollständig

Sechste Symphonie h-Moll op. 74 «Pathétique».
Autograph der Partitur, Seite 24

fertig wurde und die übrigen Sätze in meinem Kopf bereits ausgeprägte Gestalt angenommen haben.

Die Form dieser Sinfonie bringt viel Ungewohntes: So wird das Finale kein lärmendes Allegro, sondern ein langes Adagio werden. Du kannst dir nicht vorstellen, wie glücklich mich die Überzeugung macht, daß es mit mir noch nicht zu Ende ist und ich noch schaffen kann."

Und am 22. Juli 1893 bekennt der Tondichter: „Ich bin bis zum Halse in meine Sinfonie vergraben. Je weiter ich komme, um so schwerer fällt mir die Instrumentation. Vor zwanzig Jahren schrieb ich einfach ohne Überlegung darauf los und es wurde gut. Jetzt bin ich feige und unsicher geworden."

Dem Neffen Bob schreibt er, er liebe diese Sinfonie, wie er noch nie eine seiner Schöpfungen geliebt habe, und an den Großfürsten Konstantin:

„Mich verwirrt ein wenig der Umstand, daß meine letzte Sinfonie, die soeben fertig geworden ist, besonders das Finale, von einer Stimmung durchdrungen ist, die derjenigen eines *Requiems* nahekommt."

Ursprünglich sollte diese Sinfonie die *„Tragische"* heißen, wurde aber schließlich auf Anregung Modésts *„Pathétique"* benannt. Kein Zweifel, daß Tschaikówski in keinem seiner Werke so rückhaltlos und packend sein Inneres offenbart hat, wie hier; das Finale, das berühmte *Adagio lamentoso*, ist von Todesahnungen überschattet.

Düster beginnt die kurze Einleitung des *ersten Satzes* (ein Adagio) mit einem Motiv des Fagotts in der Tiefe, das von geteilten Bässen umspielt wird.

Aus diesem Motiv wird das Hauptthema des Allegro entwickelt,

Allegro

[musical notation]

das durch Hinzutreten einiger neuer Motive stetig an Erregung und Stärkegraden zunimmt, sich schließlich aber pianissimo in der Tiefe verliert (tiefe Posaunen und Celli), worauf drei Takte der Bratschen im espressiven Rezitativstil den Eintritt des Seitenthemas vorbereiten.

Diese zweite Themengruppe (Andante), nach dem Formenschema a — b — a angelegt, beginnt zunächst mit der Hauptmelodie,

[musical notation: Andante, mit Sordinen p, Motiv a]

[musical notation: Motiv a, u.s.w.]

einer betörend einschmeichelnden Cantilene, worauf (Moderato mosso) ein Seitengedanke einsetzt,

[musical notation: u.s.w.]

dem wiederum jene betörende Melodie folgt, die sich zu pathetischem Ausdruck steigert und allmählich in sechsfachem Piano in der Tiefe erstirbt.

Mit einem Schlag des ganzen Orchesters setzt die Durchführung (Eulenburg, Kleine Partitur, Seite 35) ein. Wild zucken die Motive auf; ein stürmisches Fugato (Seite 37), aus dem Allegro-Thema gebildet, entäußert sich nach mehrfachen Ansätzen seiner melodischen Substanz und verflüchtigt sich in eine ostinat wiederholte Sechzehntelfigur in der Höhe, wobei die Trompeten (Seite 44) in größter Stärke das ein wenig veränderte Motiv a des Gesangsthemas herausschmettern. Die aufwühlenden Sechzehntelfiguren treten immer wieder in Erscheinung, doch allmählich läßt der Sturm nach. Motive des ersten Themas lassen sich pianissimo vernehmen (Seite 55) und bereiten auf den Eintritt der Reprise vor (Seite 58).

In dreifachem Forte (h-moll) erklingt das Hauptthema. Nach elementaren Ausbrüchen einer geradezu rasenden Leidenschaft verebbt die Flut und bereitet das Gesangsthema vor, das diesmal in H-dur (Seite 72) erscheint und von bebenden chromatischen Figuren unterbaut wird.

Erst die Coda (Andante mosso Seite 79) in strahlendem H-dur bringt Entspannung und vorübergehende Beruhigung des erregten Gemütes.

Der zweite Satz, das berühmte *Allegro con grazia* im 5/4-Takt vertritt die Stelle des Scherzos.

Die Einführung des prickelnden 5/4-Taktes und anderer Rhythmen (z. B. des 7/4-Taktes) in der russischen Musik geht auf den wechselnden, vielgestaltigen Rhythmus des russischen Volksliedes zurück. Hier knüpfen

Glinka und Borodín in ihren Opern mit ihren Frauenchören im ⁵/₄-Takt an. Dieselbe Taktart bevorzugt Mussórgski in seinem ergreifenden Lied „Ssáwischna", während er in anderen Gesängen fast ununterbrochen den Takt wechselt. Diese rhythmische Vielgestaltigkeit ist ursprünglich den Volksliedern aller Völker eigen. Leider haben viele Bearbeiter es für nötig befunden, die Volkslieder in das Prokrustesbett einförmiger, gleichmäßiger Rhythmen einzupassen. Man denke z. B. an den protestantischen Choral, der vielfach durch Umtextierung alter deutscher Volkslieder entstand und zum Zweck des Gemeindegesanges einem leblosen, gleichbleibenden Rhythmus angepaßt wurde, wodurch die rhythmische Ungebundenheit der ursprünglichen Melodien verloren ging.

In Rußland und vielen slawischen Ländern werden die alten Volkslieder noch heute gesungen, während in den germanischen Ländern (z. B. in Deutschland) die alten herrlichen Volksgesänge in Vergessenheit geraten sind und erst von der Jugendbewegung nur für kleinere Kreise neu entdeckt wurden.

Im zweiten Satz der sechsten Sinfonie, dem „Allegro con grazia", steht auch das Trio im ⁵/₄-Takt. Über dem unentwegt pochenden Orgelpunkt der Bässe und Fagotte auf dem tiefen D, der durch den klopfenden Pulsschlag der Pauke verstärkt wird, wölbt sich in starrem Rhythmus eine klagende, tief erregende Melodie:

Als Übergang vom Trio zur Wiederholung des Hauptsatzes verwendet Tschaikówski abwechselnd Motive beider Teile. An eine fast notengetreue Wiederholung des Hauptsatzes schließt sich eine Coda, die wiederum diese Themen in gleicher Weise aufklingen läßt.

Der nun folgende dritte Satz: „*Allegro molto vivace*" ist das eigentliche *Finale* dieser Sinfonie. Es beginnt spritzig im $^{12}/_8$-Takt — man kann an den prickelnden Champagner-Rhythmus mancher Schlußsätze in Haydns Sinfonien denken. Aber nicht dies ist das Wesentliche. Schon im neunten Takt meldet sich unscheinbar die Oboe mit einem Marschmotiv (Motiv a des nächsten Notenbeispiels), das von anderen Instrumenten zunächst fast beiläufig aufgenommen wird. Doch der prickelnde $^{12}/_8$-Rhythmus läßt sich unablässig weiter vernehmen, das Marschmotiv blitzt bald hier, bald dort auf, eine Steigerung bis zum Fortissimo (Seite 141) bricht schnell ab, und nun erst erklingt zum ersten Mal piano die vollständige Marschmelodie in den Klarinetten (Seite 142, E-dur):

Das Seitenthema (Seite 148)

hat nur episodischen Charakter. Schon dominiert wieder der Marsch, anfangs ganz zart, aber stets prägnant. Dann erleben wir (Seite 158) eine Wiederholung des ganzen Anfangsteiles. Aufrüttelnde, wilde Tonleiterpassagen der Streicher und Holzbläser münden schließlich in die Marschmelodie, die sich mit ehernem Rhythmus fast gewaltsam durchsetzt und unter Einbeziehung des Seitenthemas (Seite 188) zu einem brutalen Schluß führt. Dieser Satz mit seinen vielfachen Pianissimo-Wirkungen, seinem dröhnenden Marschrhythmus und seinen geradezu raffiniert hinausgezögerten Steigerungen bis zu asiatischer Wildheit steht in seiner Art einzig und ohne Parallele da.

Die übliche Reihenfolge der Sinfoniesätze hat Tschaikówski in der „*Pathétique*" umgestellt. Erst an vierter Stelle erscheint der langsame Satz, ein *Adagio lamentoso*. Das erste Thema,

eine erschütternde Klage, nimmt zuweilen den Charakter eines *Trauermarsches* an. Infolge von Stimmenkreuzungen tritt anfangs die Thematik nicht klar hervor, erst bei den Wiederholungen (Seiten 224 und 231) werden die Motive erkennbar. Es ist der ergreifende Gesang eines Sterbenden, der mit dem Leben abgeschlossen hat. Wir erinnern uns der an den Großfürsten Konstantin gerichteten Worte von der Requiem-Stimmung des letzten Satzes.

Über stoßweise bebenden Horntönen (Triolen) erklingt das zweite Thema, das sich zum mächtigen Ausdruck steigert und unter heftigen Zuckungen der dahinstürmenden Streicher in einem Fortissimo-Schlag des ganzen Orchesters (Seite 223) einen vorläufigen Abschluß findet. Fermaten unterbrechen den Fortgang. Die Pulse stocken. Mit jähem Aufschrei (anlaufende Sechzehntelfiguren der Streicher) wird wieder das erste Thema (Seite 224, Buchstabe G) aufgegriffen, noch fünfmal wiederholt sich dieser Ansturm, als Ausdruck höchster Verzweiflung. Dann ermattet die Klage. Düstere, leise Posaunenakkorde über einem lange vibrierenden Tamtamschlag leiten zur Coda (Seite 234). Über dem klopfenden Orgelpunkt H der Bässe wird das erste Motiv des zweiten Themas (Andante) in starrem Ablauf langsam und unerbittlich in die Tiefe geführt. Wir hören über dem unentwegt pochenden Rhythmus im tiefsten Register gleichsam nur noch ein Gestammel des zu Tode Getroffenen, das sich in vierfachem Piano fast unhörbar verliert. Das Leben setzt aus. Der Griffel ist der Hand entglitten. Mit diesen Tönen und diesem ergreifenden Gesang hat der Tondichter sich sein eigenes Grablied gesungen.

Im August wird die Sinfonie in Klin beendet. Am 9. Oktober reist Peter Iljítsch nach Petersburg, wo Modést, Bob und dessen Freunde ihn auf dem Bahnhof erwarten. Vor kurzem war in der kleinen Morskája eine Wohnung für Modést und Bob gemietet worden, in der Peter stets ein Zimmer zur Verfügung steht.

Nun beginnen die täglichen Proben. Die Sinfonie soll unter Peters Leitung am 16. Oktober 1893 ihre erste Aufführung erleben. Schon während der Proben spürt er, daß die Orchestermusiker nicht recht mitgehen und wenig Verständnis für diese Musik aufbringen. Und nach der Aufführung ist der Widerhall beim Publikum gering, es fehlt die rechte Begeisterung. Bedrückt und in sich gekehrt fährt Peter nach dem Konzert zum unvermeidlichen Festessen, wo die bekanntesten Musiker Petersburgs, an ihrer Spitze Rímski-Kórssakoff, Glasunóff und Napráwnik ihn erwarten. Es will keine rechte Stimmung aufkommen, sogar die Freunde sind betreten, und es zeigt sich wieder einmal, daß es selbst für gewiegte Kenner nicht leicht ist, die Bedeutung eines Werkes schon beim ersten Hören zu erfassen. Aber Peter läßt sich nicht beirren. Er ist dieses Mal weit stärker davon überzeugt, daß diese Sinfonie alles übertrifft, was er bisher geschaffen hat. Unklar bleibt ihm nur, ob die Aufführung unter seiner Stabführung höchsten Anforderungen genügte.

Zwei Tage später schreibt er an Jürgenson: „Mit dieser Sinfonie verhält es sich ganz seltsam. Sie hat nicht gerade mißfallen, aber einiges Befremden erregt. Was mich betrifft, so bin ich stolz auf sie wie auf kein anderes meiner Werke."

Die Sinfonie wird Bob gewidmet. Diesem Lieblingsneffen vermacht er testamentarisch die gesamten Einnahmen aus seinen Kompositionen. Er ahnt nicht, welchen Ausgang dieser allgemein vergötterte und verwöhnte Jüngling nehmen sollte. Nach dem Tode des Onkels setzt Bob sein leichtfertiges Leben im Kreise seiner ebenso leichtlebigen Kameraden fort. Von Natur begabt und aufgeschlossen, wäre er imstande gewesen, einen ernsten Beruf auszufüllen. Aber die Atmosphäre Petersburgs hat ihn frühzeitig vergiftet, er gibt sich oberflächlichen Zerstreuungen hin und vertändelt seine Tage. Sein Körper wird durch Rauschgifte zerstört, und er erschießt sich in Peters letztem Wohnsitz in Klin.

Die katastrophalen Begebenheiten, die nach der Aufführung der „Pathétique" so unerwartet, gleichsam aus heiterem Himmel sich abspielten, sind nicht ganz leicht zu enträtseln, Modést hat einige Jahre nach dem Tode des Bruders eine recht unbeholfene, weitschweifige Biographie Peters veröffentlicht, die in manchen Teilen nur mit Vorsicht zu verwerten ist. Bruderliebe verleitet ihn, manches zu verschweigen und viele Geschehnisse so darzustellen, wie sie sich in Wirklichkeit nicht abgespielt haben. Hinzu kommt, daß er Rücksicht auf damals noch lebende Personen nehmen mußte. So bleibt manches in Dunkel gehüllt, und man ist auf Vermutungen angewiesen.

Auffallend und wenig überzeugend ist die von Modest in seinem Buch betont vorgebrachte Behauptung, Peter habe sich in den Tagen nach der Aufführung seiner sechsten Sinfonie in heiterster Gemütsverfassung befunden, — das Gegenteil war der Fall. Todesahnungen umschatteten ihn, sein Lebenswille war gebrochen, trostlos blickte er in die Zukunft. Nur die Gewißheit, daß ihm mit seinem letzten Werk eine Gipfelleistung gelungen war, konnte zeitweilig seine umdüsterte Stimmung aufhellen. Auch war Peter genug Weltmann, um sich in Gesellschaft nicht anmerken zu lassen, was in seinem Innern vorging.

Wir erfahren, daß er in den Tagen nach der Aufführung Freunde und Bekannte sieht und mehrfach das Theater besucht. Am 20. Oktober, nach einer Vorstellung im Alexandertheater, trifft er sich mit Modést, Bob und anderen jungen Leuten im Restaurant Leiner, um das Abendessen einzunehmen. In Petersburg herrschte damals die Cholera, und es wurde aufs peinlichste vermieden, ungekochtes Newawasser zu trinken, das nicht frei von Cholerabazillen war. Plötzlich stürzt Peter sich auf eine Karaffe, schenkt sich ein Glas Wasser ein und stürzt es in einem Zuge herunter. Der Vorgang spielt sich so schnell und unerwartet ab, daß niemand von den Anwesenden ihm in den Arm fallen konnte.

„Das ist ja ungekochtes Wasser", ruft man ihm entsetzt zu. Aber es war schon zu spät.

Bereits am nächsten Morgen zeigen sich die Folgen: Es stellen sich Magenbeschwerden ein. Peter will noch einen kurzen Besuch machen, kehrt aber nach kurzer Zeit wieder zurück und legt sich zu Bett. Übelkeit, Erbrechen und Durchfall setzen ein. Dr. Leo Bertenson, die Petersburger Berühmtheit, wird herbeigerufen. Es ist derselbe Dr. Bertenson, der zwölf Jahre früher den sterbenden Mussórgski betreut hatte, und der 1925 als hochbetagter Greis in einem Altersheim untergebracht wurde, von wo er mir auf meine Anfrage in einem Brief auch alle Einzelheiten des Todes Mussórgskis beschrieb, die ich in meiner Mussórgski-Biographie verwerten konnte.

Bertenson erkennt sofort die Krankheit: Es ist die Cholera. Er trifft alle Gegenmaßnahmen und ruft einige andere Ärzte zur Beratung herbei. Unterdessen haben fürchterliche Krämpfe eingesetzt, der Kranke leidet entsetzlich. Doch tritt am nächsten Tage eine leichte Besserung ein. Schon schöpft man Hoffnung. Modést, Bob und viele Freunde sind ständig am Krankenlager versammelt. Was in Menschenkräften steht, wird versucht, um eine Wendung zum Guten herbeizuführen. Peter ist meist bei Bewußtsein. Er erinnert sich, daß vierzig Jahre zuvor seine heißgeliebte Mutter in der gleichen Stadt an Cholera dahingegangen ist und fühlt deutlich, daß es für ihn kein Entrinnen mehr geben kann. Noch einige Tage dauert der Kampf, der Körper wehrt sich nach Kräften gegen das eingedrungene Gift. Dann setzt die Tätigkeit der Nieren aus, und schwarze Flecken — die berüchtigten Symptome der Cholera — entstellen das Gesicht des Kranken. Alle ärztliche Kunst ist vergeblich. In der Nacht zum 25. Oktober, acht Tage nach der Aufführung seiner sechsten Sinfonie, schließt Peter für immer die Augen.

Einige Tage später findet unter großer Beteiligung der Bevölkerung die Beerdigung auf dem Friedhof des Alexander-Newski-Klosters statt. In Klin, der letzten Wohnstätte des russischen Meisters, wird bald ein Tschaikówski-Museum eingerichtet, in dem die bedeutendsten Manuskripte und viele Andenken an den verewigten Tondichter vereinigt werden. Anfangs verwaltet es der getreue Aljóscha, später geht es in den Besitz von Modést und Bob über.

Gibt man sich Gedanken über die Todesart des russischen Meisters hin, so wird man mit größter Wahrscheinlichkeit annehmen dürfen, daß Peter freiwillig aus dem Leben geschieden ist. Allerdings nicht nach reiflich gefaßter Überlegung, sondern im Zustand einer abgrundtiefen Depression. Wir wissen, daß seit vielen Monaten fast unausgesetzt Todesahnungen auf ihm lasteten, und so hat er in spontanem Entschluß jenes Glas Wasser getrunken und damit das Schicksal herausgefordert. Es konnte ja sein, daß er sich durch diesen Trunk nicht ansteckte. Denn nicht jeder, der dieses Trinkwasser ungekocht trank, erkrankte an der Cholera.

Um allen etwaigen Gerüchten entgegenzutreten, betonte Modést mündlich und später in seiner Biographie auch schriftlich, der Bruder habe sich in den Tagen nach der Aufführung der *„Pathétique"* bis zu seiner Erkrankung in heiterster Laune befunden und neue musikalische Pläne entworfen. Wenn diese Behauptung auf Wahrheit beruht, dann konnte niemand auf den Gedanken verfallen, Peter habe freiwillig seinem Leben ein Ende gesetzt.

Diese undurchsichtigen Zusammenhänge klären sich für den, der den letzten Satz und die letzten Takte der *„Pathétique"*, dieses Sterbelied eines Gezeichneten, mit dem inneren und äußeren Ohr in sich aufgenommen hat. Der weiß auch, daß der russische Meister sich mit diesen Tönen sein eigenes Requiem gesungen und sein erfülltes Leben beschlossen hat. Der erkennt, daß darüber hinaus ein Verweilen in dieser Welt nicht mehr möglich war.

*

Es ist nicht ganz leicht, über Tschaikówskis Bedeutung in der Musikgeschichte Rechenschaft abzugeben und die Wesenszüge seines Musikstils zu umreißen. Immerhin haben wir heute, mehr als fünfzig Jahre nach seinem Tode, genügend Abstand gewonnen und können manche Dinge mit unparteiischen Augen übersehen, die seinen Zeitgenossen verborgen blieben.

Zunächst sei festgestellt, daß die Bedeutung des russischen Meisters für sein Heimatland naturgemäß eine andere sein muß, als für die übrige Welt. Denn, wie gezeigt wurde, ist die Enstehung der russischen Kunstmusik jüngeren Datums, sie erfolgte erst vor etwas mehr als hundert Jahren. So konnte die Musik dort noch nicht entfernt eine so reiche Entwicklung und reife Früchte hervorbringen, wie in manchen Ländern Westeuropas. Es ist daher ersichtlich, daß die relativ wenigen russischen Meister eine besonders große Anerkennung in ihrem Heimatland gefunden haben und daß Tschaikówski für Rußland sehr viel mehr bedeutet, als für die übrige Welt.

Es sei auch darauf hingewiesen, daß die russischen Tondichter in ihrer Gesamtheit, so Großartiges sie im einzelnen auch hervorgebracht haben, mit ihrer *Gesamtschöpfung* durchaus nicht an die überragenden Leistungen der gewaltigen Phalanx ihrer Dichter und Erzähler heranreichen — etwa eines *Púschkin, Lérmontoff, Gógol, Tolstói, Dostojéwski, Ljesskóff, Turgénieff, Gontscharóff* und *Tjútscheff* bis zu *Tschéchoff, Alexander Block, Maxím Górki, Búnin* und manchen neueren Lyrikern. Bei aller Fragwürdigkeit derartiger Vergleiche kann doch gesagt werden, daß innerhalb der Kultur eines Volkes Dichtung und Musik unter einem gemeinsamen Gesichtspunkt beurteilt werden können, soweit nämlich die Kunst Ausdruck des seelischen Empfindens ist. Wenn dieser Vergleich sich also auf das russische Musikschaffen in seiner *Gesamtheit* bezieht, dann reichen nur einzelne Gipfelwerke, wie z. B. *Mussórgskis „Borís Godunóff"* und *Tschaikówskis „Pathétique"* an die Höchstleistungen der Dichtkunst heran.

In Tschaikówskis Leben haben seine Entwicklungsjahre eine entscheidende Rolle gespielt. Es wurde bereits aufgezeigt, daß er durch seinen Eintritt in das Petersburger Konservatorium schon in frühestem Jünglingsalter in einer Umgebung aufwuchs, in jenen Kreis um Anton Rubinstein geriet, der kein Verständnis für die Betonung des Nationalen in der Musik besaß, der internationale Tendenzen bei weitem bevorzugte. Man kann es als tragisch empfinden, daß der russische Meister von Jugend an in einen Gegensatz zu jenen Tondichtern geriet, die als „Mächtiges Häuflein" eine Abkehr von der Anbetung und Nachahmung fremdländischer Musik — vor allem von der in Petersburg herrschenden „Italomanie" — forderten.

Tschaikówskis Werke besitzen keinen einheitlichen Stil. So findet sich in einem Brief an Nadjéshda von Meck die absurde Bemerkung, er wolle eine Orchestersuite „*im Stile von Lachner*" komponieren, also eines gänzlich unbedeutenden deutschen Komponisten. Und im ersten Satz seiner „Serenade für Streichorchester" sucht er *Mozarts Stil* zu imitieren. Derartige Nachahmungen beeinträchtigen den Wert seines Gesamtwerkes.

Überblickt man heute Tschaikówskis Gesamtschaffen, so fällt auf, daß er mit seinen etwa achtzig Werken eine Riesenleistung vollbracht hat, zumal sich darunter elf Opern und mehrere abendfüllende Ballette befinden. Aber die Zahl seiner wirklich *lebensfähigen* Schöpfungen ist erstaunlich gering. Außerhalb Rußlands werden fast immer nur die gleichen Werke gespielt: Zwei von den elf Opern („*Eugén Onégin*" und „*Pique Dame*"), drei von den sechs Sinfonien; außerdem einige sinfonische Dichtungen, Orchestersuiten und die Streichserenade, ferner das erste Klavierkonzert, das Violinkonzert, die drei Streichquartette, allenfalls noch das Klaviertrio. In häuslichen Kreisen werden sicherlich manche seiner zahlreichen Salonstücke für Klavier gespielt und einige seiner reizvollen Lieder gesungen, die im Grunde gar keine Lieder sind, sondern — wie man in Rußland sagt — „*Romanzen*".

Suchen wir abschließend Tschaikówskis Inneres zu enträtseln und die entscheidenden Merkmale seines Schaffens festzuhalten, so bietet sich unserem Auge als erstes das Bild eines Künstlers, der sein Leben lang sich in verzehrendem Kampf befindet mit den Dämonen in seiner Brust und den Mächten, die ihn von außen bedrängen. Wir sehen ihn ausgezeichnet mit einem reichen Naturtalent und in hohem Maße ausgerüstet mit den musiktechnischen Errungenschaften seiner Zeit. Ein Talent, das nur selten in die Tiefe dringt, dessen sprudelnde Lebhaftigkeit vielfach an Oberflächenwirkungen sein Genüge findet. So entstehen viel reizvolle Wirkungen, viel fortreißende Musik, viel pikante Rhythmen mit nicht selten brutaler, ungezügelter Durchschlagskraft — *im ganzen aber kein einheitlicher Stil großen Formats.* Westeuropäische Einflüsse nehmen bei ihm einen allzu breiten Raum ein: die Lyrik eines Schumann, die Melodik französischer Chansons, die Tradition italienischen Opernstiles. Dies alles durchsetzt mit slawischen Elementen, deren mitunter faszinierende Großartigkeit nicht immer ungebrochen in Erscheinung tritt. Unwillkürlich denkt man an eine Parallelerscheinung in der russischen Erzählerkunst: an *Turgénieff*, der ebenfalls halber Europäer wurde und nur zum Teil Russe blieb. Allerdings hat Tschaikówski selbst sich stets für einen Vollblutrussen gehalten.

An Unausgeglichenheit und Exaltiertheit des Temperaments ähnelt er vielen russischen Tondichtern, doch äußert sich seine vermittelnde, allen Extremen abgeneigte Künsternatur in einer viel weniger schroffen Weise, wie sie etwa bei Mussórgski anzutreffen ist. Tschaikówskis Musikstil zeichnet sich durch Geschmeidigkeit und ausgeglichene Verbindlichkeit aus, revolutionäre Vorstöße in musikalisches Neuland sind ihm ein Greuel. Nicht auf *charakteristische*, sondern auf *schöne* Musik kommt es ihm an.

Aber im Bereiche seiner Begabung hat er mit einzelnen Werken — vor allem auf dem Gebiet der Instrumentalmusik — Gipfelleistungen hervorgebracht, die noch für lange Zeit die Gemüter bewegen, bezaubern und in hellstes Entzücken versetzen werden. Noch eine Stufe höher führen die erschütternden Ausbrüche seines leidenschaftlichen Temperaments in jenen wenigen Schöpfungen, die er selbst als *„musikalische Seelen-*

beichte" bezeichnet hat, in denen sein Inneres sich in Tönen verströmen konnte, so wie ein Dichter sich in Versen verströmt; Werke, in denen die Erleuchtung ihn übermannte, die Inspiration ihn in „Höhen bis unter die Wolken" entführte, in denen, fern aller kühlen Verstandesarbeit, frei von jeder erklügelten Konstruktion, sein Genius sich in ungeahnte Sphären erhob.

Denn — sagt er — *„nur solche Musik kann rühren und erschüttern, die durch die Kraft der Erleuchtung in der Tiefe einer aufgewühlten Künstlerseele empfangen worden ist".*

Nachwort

Dieses Buch ist keine Biographie im üblichen Sinne, sondern vielmehr eine psychologische Studie. Es wurde daher kein Wert darauf gelegt, etwa das Gesamtwerk Tschaikówskis zu erläutern und seine Werke aufzuzählen, sondern es wurden unter seinen zahlreichen Kompositionen nur die bedeutendsten einer eingehenden Betrachtung unterzogen. Meine Arbeit fußt auf der weit mehr als tausend Seiten umfassenden Veröffentlichung des Briefwechsels *Peter Tschaikówski — Nadjéshda von Meck,* der 1935 in drei Bänden im Russischen Staatsverlag in Moskau erschien. Bei der Übertragung aus dem Russischen ins Deutsche ging ich von dem Grundsatz aus, daß es weniger darauf ankäme, jedes einzelne Wort genau aus der russischen Sprache in die deutsche zu übersetzen, als vielmehr, Sinn und Gedankengänge plastisch herauszuarbeiten. Die russische Sprache ist so grundverschieden von der deutschen, daß es in vielen Fällen unmöglich ist, wörtlich zu übersetzen, ohne der deutschen Sprache Gewalt anzutun. Das zeigt sich auch besonders bei der Übertragung von Werken eines so typisch russischen Schriftstellers wie *Nikolái Wassíljewitsch Gógol*. Die meisten deutschen Ausgaben dieses Dichters bereiten demjenigen Leser eine große Enttäuschung, der das russische Original kennt. Eine Ausnahme macht die von Otto Bueck im Propyläen-Verlag in Berlin herausgegebene Übertragung sämtlicher Werke Gógols (sechs Bände), der ich die in diesem Buch angeführten Zitate entnommen habe. Die hier angeführten Briefe von *Mussórgski* wurden meiner Mussórgski-Biographie entlehnt (1. Auflage, Deutsche Verlagsanstalt, Stuttgart), bei deren Übersetzung ich mich von denselben, oben angeführten Grundsätzen leiten ließ. Es sei auch darauf hingewiesen, daß die Übertragung einzelner Partien aus *Platons „Gastmahl"* der Feder Rudolf Kassners (Verlag Diederichs, Jena) entstammt. Herrn Dr. Dieter Kramer sage ich herzlichen Dank für vielerlei Hilfe, die er mir beim Zustandekommen des Buches zuteil werden ließ.

Kurt von Wolfurt

München, im Januar 1952

Register

Albrecht, Lehrer am Moskauer Konservatorium 132
Alexander II., Zar 14, 221 - 222, 233
Alexander III., Zar 14, 233, 237
Ambrosius, Bischof 81
Aristophanes 61
Artôt Désirée, Sängerin 28, 29, 91
Auer Leopold, Violinvirtuose 110, 111
Balákireff Milji 35, 37, 40 - 42, 43 - 44, 46, 239
Beaconsfield, Lord (Disraeli) 49 - 50
Beethoven 98, 138, 139, 189, 196, 204, 250
Berlioz, Hector 155 - 156, 185 - 186, 244
Bertenson, Dr. Leo 281, 282
Bessel, Verleger 38, 188
Bismarck 49 - 50
Bizet 196 - 197, 202, 205
Block Alexander (Russischer Lyriker) 284
Boito Arrigo 261
Borodín, Alexander 35, 40, 44, 46, 276
Bortnjánski, Kirchenkomponist 228 - 229
Brahms, Johannes 155, 250
Brodski, Geiger 110, 111
Bruch, Max 261
Bruckner, Anton 82, 155
Bülow, Hans von 90, 154 - 155, 237
Bunin 284
Busoni, Ferrucio 250
Byron 204, 239
Carnegie, Milliardär 260

Chausson, Ernest 201
Chopin 204
Colonne, Dirigent 155, 156, 158, 183, 189 - 190, 227
Cui, César 35, 40, 41, 44, 46
Dargomúishski, Alexander 38
Dawúidoff, Direktor des Petersburger Konservatoriums 122 - 123, 128
Dawúidoff, Leo Wassíljewitsch (Schwager Tschaikówskis) 24
Dawúidoff, Alexandra (Schwester Tschaikówskis) 23, 24, 59, 66, 69, 78, 79, 176, 230, 237
Dawúidoff, Anna 177, 231
Dawúidoff, Natáscha 175, 176
Dawúidoff, Wladímir (Bob) 260, 261, 265, 272, 273, 279, 280, 281, 282
Debussy 22, 52, 151, 199 - 206
Diotima 60
Dostojéwski 22, 221, 284
Dvořak 249
Fet, russischer Lyriker 92
Fetis 189
Glasunóff, Alexander 280
Glínka, Michael 11, 135 - 136, 139, 163, 197 - 199, 205, 276
Gógol Nikolái 10, 12, 132, 240, 384
Górki, Maxim 284
Gontscharóff 284
Gortschakóff, Fürst, Staatsmann 49
Gretry 255
Grieg 250, 261
Hanslick, Eduard 110, 111
Hubert, Lehrer am Moskauer Konservatorium 89, 90
Jürgenson, Peter, Verleger 27, 156, 163, 186, 188, 194, 228, 231, 249, 280
Káschkin, Musikkritiker 29, 71, 124, 132
Katkóff, bekannter Publizist 233, 234
Konstantin, Großfürst 192, 239, 251, 273
Kótek, Geiger 15, 65, 109
Lachner, deutscher Komponist 116, 285

Lalo, französischer Komponist 150, 151
Laróche, Musikkritiker 26, 124
Lérmontoff, Michael 107, 284
Liszt, Franz, 51, 155, 232
Ljesskóff 284
Ljwoff, Alexei 209
Lukaschéwitsch 220
Massenet 200, 202, 204, 227
Meck, Karl Georg von (Gatte von Nadjéshda von Meck) 19, 21
Meck, Julia von 69, 99
Meck, Nikolái von (Kólja) 175, 176, 177, 231
Meck, Wladímir von 21, 223
Mendelsson 138, 159
Michelangelo 189
Mozart 54 - 55, 189, 196, 198, 203, 204, 210, 250, 285
Mussórgski, Modest 9, 14, 24, 35 - 46, 98, 151, 152, 200, 201, 221, 258, 259, 276, 281, 281, 282, 286

Werke:

Borís Godunóff: 11, 37, 38, 42 - 43, 98, 151, 201, 256, 284
Chowánschtschina: 42
Der Jahrmarkt von Ssorotschínzy: 98

Napráwnik, Kapellmeister des Marientheaters in Petersburg 72, 219, 220, 221, 252, 280
Nikolaus I., Zar 14, 20, 24, 209
Nikolaus II., Zar 14
Ostrówski, russischer Dramatiker 27
Pachúlski, Geiger, später Schwiegersohn von Nadjéshda von Meck 99, 144, 155, 172, 173, 174, 205, 267, 269
Padilla, spanischer Bariton 29
Palestrina 233
Pausanias 61
Peter der Große, Zar 10, 12
Pfitzner, Hans 52
Platon 60, 61, 91, 269

Pobedonószeff, Oberprokurator des Heiligen Synod 233
Púschkin, Alexander 24, 39, 71, 162-164, 237, 251, 284
Raff, Joachim 155
Raffael 189
Rheinberger 155
Richter, Hans, Kapellmeister 51, 110
Rilke, Rainer Maria 10
Rímski Kórssakoff 35, 37, 39 - 40, 43, 44 - 45, 46, 280
Rousseau, Jean Jacques 160
Rubinstein, Anton 14, 25, 26, 28, 36, 45 - 46, 118, 161, 162, 205, 207, 226, 250, 284
Rubinstein, Nikolái 14, 22, 26, 27, 30, 50, 59, 73, 74, 76, 86 - 90, 94, 103, 114, 117, 118, 119, 128 - 129, 131, 132, 161, 192, 193, 225 - 227, 233
Saint Saëns 155, 261
Schiller 215
Schilówski, Konstantin 58, 98, 162
Schopenhauer 93
Schubert, Franz 98, 196
Schumann, Robert 98, 138, 196, 204
Sgambati 250
Shukówski, russischer Dichter 215
Sokrates 60
Strauss, Richard 52
Stássoff, Dimitri 46
Stássoff, Wladímir, Freund Mussórgskis, Schriftsteller 35, 37, 41, 45, 46
Tanéjeff, Ssergéi, Komponist, Schüler Tschaikówskis 30, 53, 131, 132, 151, 152, 161, 188
Tjútscheff, russischer Lyriker 284
Tolstói, Leo 30, 47 - 48, 162, 284
Tretjakówa, Gattin des Moskauer Oberbürgermeisters 226
Tschaikówski
   Iljá Petrówitsch (der Vater) 23, 64, 219
   Alexándra Andréjewna, geb. Assier (die Mutter) 23, 24, 282
   Nikolai (Bruder) 23
   Hypolit (Bruder) 23

Tschaikówski
Anatól (Bruder) 23, 27, 59, 64, 66, 69, 71, 72, 82, 85, 87, 105, 111, 115, 132, 144, 147, 193, 264
Modést (Bruder) 23, 27, 59, 66, 69, 73, 76, 83, 85, 86, 105, 147, 150, 168, 180, 187, 189, 194, 216, 232, 251, 252, 261, 265, 273, 279, 280, 281, 282
Antonína, Gattin Tschaikówskis, geb. Miljukóff 62 - 72, 73, 77, 78, 104, 111 - 112, 115, 122, 129 - 130, 231

Tschaikówski, Peter: Werke

Opern:

Der Wojewóde 27, 218
Oprítschnik 18, 38, 213
Wakúla der Schmied (Tscherewitschki) 132, 240 - 242
Eugén Onégin 58 - 59, 70, 71, 83, 84, 86, 93, 132, 140, 141, 142, 154, 155, 161 - 165, 213, 214, 248, 249, 252, 258, 264, 285
Die Jungfrau von Orleans 152, 154, 160, 166, 168, 194, 204, 205, 214 - 221
Mazeppa 237, 264
Die Zauberin (Tscharodéika) 240
Pique Dame 236, 251 - 259, 261, 285
Jolanthe 261

Ballette:

Dornröschen 250
Der Nußknacker 261

Sinfonien:

2. und 3. Sinfonie 34, 188
4. Sinfonie („Meinem besten Freunde") 58 - 59, 77, 84, 93 - 98, 137 - 138, 150, 180 - 181, 182 - 184, 189 - 190, 202, 243
5. Sinfonie 236, 243 - 249
6. Sinfonie („Pathétique") 236, 262, 263, 272 - 280, 281, 282, 283, 284

Programmatische Werke (Sinfonische Dichtungen):

Das Gewitter, Ouvertüre zu Ostrówskis Drama 26
Romeo und Julia, Fantasie-Ouvertüre 30, 92
Der Sturm (nach Shakespeare) 17, 35, 113, 118 - 119, 138, 158, 159, 160, 184
Francesca da Rimini (nach Dante) 19, 31 - 34, 53, 92, 138
Manfred (nach Byron) 239 - 240

Orchestersuiten:

1. Suite („im Stile Lachners") („Meinem besten Freunde") 116 - 117, 146, 148, 152, 153, 166, 188 - 189, 191, 192, 202
2. und 3. Suite 237

Andere Orchesterwerke:

Capriccio italien 190, 193, 213
Serenade für Streichorchester 118, 209 - 210, 212, 213
„Ouvertüre 1812" 207 - 209
Serbischer Marsch 106, 133, 183
Nußknacker-Ballettsuite 261 - 262

Konzerte mit Orchester:

Klavierkonzert Nr. 1 b-moll 34, 88 -90, 118, 131, 155
Klavierkonzert Nr. 2 G-Dur 185, 186
Violinkonzert 109 - 111, 148

Kammermusik:

1. Streichquartett (mit „Andante cantabile") 30, 47, 84
2. u. 3. Streichquartett 34 - 35
Klavier-Trio 210 - 212, 233

Vokalwerke:

Kinderlieder 152

Geistliche Gesänge op. 52. 82
Liturgie des Johannes Chrysostomos op. 41 (Joan Slatoúst) 80, 81
„An die Freude", Kantate 26

Tschéchoff, Anton 284
Turgénieff 157, 158, 162, 163, 227, 284, 286
Verdi 53, 138, 165, 220
Viardot-Garcia, Sängerin 157, 158, 227
Voltaire 115
Weber, Karl Maria 138
Wilhelm II. 50
Wagner, Richard 51 - 53, 138, 154, 155, 156 - 157, 169, 200.

Abbildungen

Nadjéshda von Meck 16
Peter I. Tschaikowski 32
Tschaikowski mit seiner Frau Antonina, 1877 . . . 64
Tschaikowskis Arbeitszimmer 80
Die Brüder Tschaikowski 80
Szenenbild aus «Eugen Onegin», Zürich 1976 . . . 161
Szenenbild aus «Pique Dame», Köln 1978 256
Sechste Symphonie «Pathétique». Eine Seite des Autographs der Partitur 272

Die Vorlagen der ersten fünf Bilder wurden vom Ullstein-Bilderdienst zur Verfügung gestellt. Von Susan Schimert-Ramme, Zürich, stammt das Bild aus «Eugen Onegin», und von Stefan Odry, Köln, dasjenige aus «Pique Dame». Das Autograph der Partitur der «Pathétique» befindet sich im Staatlichen Zentralmuseum für Musikkultur in Moskau.